ŒUVRES
DE
CHATEAUBRIAND

Le Congrès de Vérone. — La Vie de Rancé

TOME VINGTIÈME

PARIS
DUFOUR, MULAT ET BOULANGER, LIBRAIRES-ÉDITEURS
6, RUE DE BEAUNE, PRÈS LE PONT-ROYAL
(Ancien hôtel de Neale)

MDCCCLVIII

ŒUVRES
DE
CHATEAUBRIAND

TOME XX

LAGNY. — TYPOGRAPHIE DE VIALAT

VELLEDA
(Les Martyrs)

ŒUVRES
DE
CHATEAUBRIAND

Le Congrès de Vérone. — La vie de Rancé

TOME VINGTIÈME

PARIS
DUFOUR, MULAT ET BOULANGER, ÉDITEURS
6, RUE DE BEAUNE, PRÈS LE PONT-ROYAL
(Ancien hôtel de Nesle)

M DCCC LVIII
1859

NÉGOCIATIONS

COLONIES ESPAGNOLES

I

Expédition militaire.

Ici cessent les lettres écrites depuis le commencement de la guerre d'Espagne jusqu'à la fin de cette guerre. Pendant le cours de cette correspondance, nos soldats marchaient à la victoire dont nos dépêches leur aplanissaient le chemin.

Du quartier général de Bayonne, le 3 avril 1823, monseigneur le dauphin publia cet ordre du jour :

« Soldats ! la confiance du roi m'a placé à votre tête pour remplir la plus noble mission. Ce n'est point l'esprit de conquête qui nous a fait prendre les armes ; un motif plus généreux nous anime : nous allons replacer un roi sur son trône, réconcilier son peuple avec lui, et rétablir, dans un pays en proie à l'anarchie, l'ordre nécessaire au bonheur et à la sûreté des deux États.

« Soldats ! vous respecterez et ferez respecter la religion, les lois et les propriétés, et vous me rendrez facile l'accomplissement du devoir qui m'est imposé, de maintenir les lois et la plus exacte discipline. »

Le 7, la Bidassoa fut passée, et le blocus de Saint-Sébastien commencé. Le second corps de l'armée, commandé par le comte Molitor, pénètre en même temps en Espagne par la vallée de Roncevaux. Les Français et les Italiens, réunis au pont de la Bidassoa, avaient crié, à la vue de l'artillerie française : *Vive l'artillerie !* Le maréchal de camp Vallin répondit : *Feu !* Ce mot décida du succès de la campagne ; le génie de Louis XIV, de l'île de la Conférence et des murs de Fontarabie, semblait protéger la destinée de son petit-fils.

Irun, Tolosa, Villa-Franca, Pancorbo, Vittoria, Guetaria, sont pris les 9, 10, 14 et 17 avril. Le roi d'Espagne, enlevé de Madrid par les cortès, était arrivé à Séville.

Figuières fut pris le 25 avril, et Olot occupé le 3 mai, en Catalogne. Logrono, en Aragon, fit quelque résistance. Le 9 mai, le duc d'Angoulême établit son quartier général à Burgos, et le 17, à Buitrago, dans la Nouvelle-Castille.

Mina se battit bien en voulant reprendre Vich. Le général Donnadieu le poursuivit avec vivacité, intelligence et bravoure.

Le général Bourke et le général de La Rochejaquelein, le Balafré, continuèrent leur mouvement sur les Asturies.

Le général Molitor, ayant en face Ballesteros, occupa le royaume de Valence.

Le 24 mai, monseigneur le duc d'Angoulême entra dans Madrid à la tête du corps de réserve.

Le 17 juin, le roi d'Espagne et sa famille, prisonniers, sont emmenés à Cadix. Le comte Bordesoulle pénètre en Andalousie, occupe Cordoue, et le comte de Bourmont s'établit à Mérida, en Estramadure.

Le maréchal comte Molitor arrive à Murcie. Il y eut, le 13 juillet, une affaire assez considérable à Lorca, emporté d'assaut par nos troupes.

Le 16 juin, nous étions arrivés devant l'île de Léon et au Trocadero. Monseigneur le duc d'Angoulême était présent. Molitor à la suite.

Ballesteros s'approchait de Cadix par le royaume de Grenade, et Bordesoulle arrivait de l'autre côté, par l'Estramadure. Les combats s'étaient multipliés, et une convention avait été conclue entre Ballesteros et Molitor.

Le 19 août, la tranchée fut ouverte devant le Trocadero. Le 31, le Trocadero est enlevé, ainsi que le fort Saint-Louis. Il avait fallu traverser une coupure, dont la largeur était de trente-cinq toises, et la profondeur de quatre pieds et demi dans les plus basses eaux ; on vit reparaître cette intrépidité française, qui vient de briller encore une fois à la prise de Constantine. Avec de pareilles troupes, on s'étonne que la France s'obstine à demeurer telle que Waterloo l'a faite. Son Altesse Royale montra de la valeur dans cette affaire qui nous livra, pour ainsi dire, cette Espagne tout entière, échappée à la gloire et au génie de Napoléon.

Le prince de Carignan, aujourd'hui roi de Sardaigne, traversa lui-même la coupure avec nos troupes. Il conserve encore dans son palais et montre avec orgueil les épaulettes de grenadier dont il fut alors décoré par nos soldats.

La tranchée fut ouverte, le 10 septembre, par le général Lauriston, devant Pampelune.

Le duc d'Angoulême, voulant assiéger Cadix et s'emparer de l'île de Léon, enlève, le 20 septembre, le fort Santi-Pétri. Le 23, nos vaisseaux bombardèrent Cadix, et l'Angleterre, reine des mers, nous vit, sans oser le secourir, triompher dans son empire.

Le 28, le duc d'Angoulême, visitant la ligne d'attaque contre l'île de Léon, s'exposa, pendant un long espace de onze cents toises, au feu des batteries espagnoles. Un boulet l'ayant couvert de débris, il dit : « Vous conviendrez, Messieurs, que, si je suis tué, je finirai en bonne compagnie et à la française. »

Pourquoi ce boulet le manqua-t-il ?

Le 1ᵉʳ octobre, menacées d'un siége dans Cadix, abandonnées de leurs armées, qui avaient capitulé, les cortès, après diverses allées et venues, rendirent le pouvoir et la liberté à Ferdinand ; il avait été tour à tour déclaré fou, déchu, captif, dans une de ces scènes ignominieuses que l'on retrouve dans notre révolution ; au bout de cette promenade à la Vitellius, il se retournait et revenait radieux. Roi de ses geôliers, accompagné de la reine, des princes et des princesses de sa famille, il mit à la voile ses prames dorés, au bruit des salves d'artillerie de la place et de toute la côte : au milieu des nuages de fumée, on eût dit un vainqueur qui sort triomphant d'une grande bataille. Le ciel était magnifique. A onze heures et demie, Ferdinand aborda le port Sainte-Marie : il y fut reçu par monseigneur le duc d'Angoulême. Le petit-fils de Louis XIV mit un genou en terre et présenta son épée à l'autre petit-fils du grand roi ; beau spectacle à l'extrémité de l'Europe, au bord de cette mer, la couche du soleil, *solisque cubilia Cades.*

Ainsi fut accomplie la délivrance de Ferdinand sur le dernier rocher des Espagnes, dans le lieu même où la révolution avait commencé.

Et le monarque délivré, où est-il ? et le prince libérateur, où est-il ? Ayant fait hommage de son épée, il s'est trouvé désarmé quand le sort l'a saisi.

II

Joie. — Diverses aptitudes des hommes. — Comment nous sommes reçu à la cour.

DÉPÊCHE TÉLÉGRAPHIQUE.

Port Sainte-Marie, 1ᵉʳ octobre 1823.

« Le roi et la famille royale sont arrivés aujourd'hui, à onze heures et demie, au port Sainte-Marie. »

Cette dépêche, et les cent coups de canon qui annoncèrent la délivrance de Ferdinand, pensèrent nous faire trouver mal de joie, non certes que nous attachassions un intérêt personnel à la rescousse d'un monarque haïssable, non que nous crussions tout fini ; mais nous fûmes dans un véritable transport à l'idée que la France pouvait renaître puissante et redoutable ; que nous avions contribué à la relever de dessous les pieds de ses ennemis, et à lui remettre l'épée à la main : nous éprouvions un tressaillement d'honneur égal à notre amour pour notre patrie.

Nous étions en même temps soulagé d'un poids énorme ; si nous avions dit un mot, si nous avions paru avoir peur, si nous avions pressé M. de Villèle d'accepter la médiation de l'Angleterre, il eût embrassé le parti de la paix : malheureusement, ce qui convenait à sa modération ne convenait pas à quelque chose qui parlait en nous. Mais que serions-nous devenu en cas de revers ? Nous nous serions jeté dans la Seine.

Après ce premier saisissement de plaisir, nous eûmes une certaine satisfaction légitime : nous pûmes nous avouer qu'en politique nous valions autant qu'en littérature, si nous valons quelque chose. Il était maintenant impossible de nier l'unité de notre plan au dehors ; nous avions au dedans tout aussi bien réglé un budget et compris les détails intérieurs d'un ministère qu'un homme du métier. Nous disons ceci pour enhardir les gens de lettres, et leur apprendre la juste portée des *esprits positifs*. Quant à nous, nous ne tenons pas le moins du monde à garder une place dans leurs rangs, n'ayant pas la moindre considération pour le génie ordinaire politique : tout commis est un aigle sur cette taupinée.

« Je ne voulais pas leur donner à entendre, dit Alfieri (refusant les ministres du roi de Sardaigne, qui prétendaient le favoriser d'une ambassade), que leur diplomatie et leurs dépêches me paraissaient, et étaient certainement pour moi, moins importantes que mes tragédies, ou même celles des autres ; mais il est impossible de ramener ces espèces de gens-là ; ils ne peuvent et ne doivent pas se convertir. »

Les sots de France, espèce particulière et toute nationale, ne feront point de concessions d'habileté aux Oxenstiern, aux Grotius, aux Frédéric, aux Bacon, aux Thomas Morus, aux Spenser, aux Fakland, aux Clarendon, aux Bolingbroke, aux Burke et aux Canning de France. Notre vanité ne reconnaîtra point à un homme, même de génie, deux aptitudes, et la faculté de faire, aussi bien qu'un esprit commun, des choses communes. Si vous dépassez d'une ligne les conceptions vulgaires, mille imbéciles s'écrient : « Vous vous perdez dans les nuées ! » ravis qu'ils se sentent d'habiter en bas, où ils taillent leur plume d'un air important et s'entêtent à penser. Ces pauvres diables, en raison de leur secrète misère, se rebiffent contre le mérite. Dans leur désespérance de monter plus haut, ils renvoient avec compassion Virgile et Racine à leurs vers. Mais, superbes sires, à quoi faut-il vous renvoyer? A l'oubli: il vous attend à vingt pas de votre logis, tandis que vingt vers de ces poëtes les porteront à la dernière postérité.

Ces chamaillis sur les diverses aptitudes ont eu lieu parce qu'on n'a pas fait une observation ; le *talent* proprement dit est une chose à part, un don du ciel : il est souvent séparé de tout autre mérite, de même qu'il se trouve souvent mêlé à toutes les espèces de mérite. On peut être un imbécile en faisant de beaux vers: on peut être un premier écrivain, un orateur admirable en gagnant des batailles comme César, en gouvernant un pays comme Cicéron ; Solon, l'élégiaque, était un législateur fameux; Thucydide, un général renommé ; Dante, un guerrier illustre ; Ercilla, Camoëns furent de braves soldats. Les exemples seraient trop nombreux à citer tous. Qui fut plus savant ministre que le chancelier-poëte Lhopital? qui fut plus habile négociateur que d'Ossat? Richelieu même avait entassé des volumes au point d'en être ridicule ; mais il ne fallait pas trop rire à cause de la potence. Le son d'une lyre n'a jamais rien gâté.

Dans notre ardeur, après la dépêche télégraphique, nous avions couru au château : là nous reçûmes sur la tête un seau d'eau froide qui nous calma et nous fit rentrer dans l'humilité de nos habitudes : le roi et Monsieur, trop charmés, ne nous aperçurent point ; madame la duchesse d'Angoulême, éperdue de joie du triomphe de son mari, ne distinguant quoi que ce soit, était très-touchante à voir, lorsqu'on songeait combien peu de bonheur elle avait goûté dans sa vie. Cette victime immortelle écrivit sur la délivrance de Ferdinand une lettre terminée par cette exclamation sublime dans la bouche de la fille de Louis XVI : « Il est donc prouvé qu'on peut sauver un roi malheureux! »

Le dimanche, nous retournâmes avec le conseil faire la cour à la famille royale : l'auguste princesse dit à chacun de mes collègues un mot obligeant, et d'autant plus gracieux qu'il échappait à des lèvres inaccoutumées au sourire ; elle ne nous adressa pas une parole. Elle a dit depuis à M. de Montmorency qu'elle se sentait mal à l'aise avec nous. Nous ne méritions pas tant d'honneur : le silence de l'orpheline du Temple ne peut jamais être ingrat ; le ciel a droit aux adorations de la terre, et ne doit rien à personne.

III

Lettre de Louis XVIII à Ferdinand. — Explications sur cette lettre.

Ferdinand, après sa délivrance, écrivit à Louis XVIII ; le roi nous chargea de la réponse ; nous la lûmes à S. M. ; elle n'y changea pas un mot, et la signa d'un air satisfait. On jugera si nous voulions l'absolutisme ;

Fin d'octobre 1823.

« Mon frère, etc.

« Un des moments les plus heureux de ma vie est celui où j'ai appris que le ciel avait béni mes armes, et que, par les efforts du digne capitaine placé à la tête de mes vaillants soldats, de ce fils de mon choix, l'honneur de ma couronne et l'espoir de la France, Votre Majesté était rendue à l'amour de ses peuples. La main de la Providence a été visible dans cet événement ; et c'est à celui qui protége les rois que nous devons attribuer, avec la plus vive reconnaissance, des succès aussi prompts et aussi éclatants.

« Désormais ma tâche est finie, la vôtre commence : vous devez le repos et le bonheur à vos sujets. Si je n'avais pas, comme chef de ma maison, le droit de parler à Votre Majesté avec sincérité, ma vieillesse, mon expérience et mes longs malheurs m'en imposeraient encore le devoir. Comme Votre Majesté, j'ai retrouvé mon pouvoir royal après une révolution ; à l'exemple de notre aïeul Henri IV, j'ai pardonné à ceux qui avaient pu être égarés dans des temps difficiles, et qui, confiants dans la miséricorde de leur souverain, s'empressaient de réparer leurs erreurs. Votre Majesté comprendra le danger qu'il peut y avoir à convaincre des classes entières d'hommes que rien ne peut effacer le souvenir de leur faiblesse. Les princes chrétiens ne peuvent régner par les proscriptions : c'est par elles que les révolutions se déshonorent, et que les sujets persécutés reviennent, tôt ou tard, chercher un abri sous l'autorité paternelle de leurs souverains légitimes. Je crois donc qu'un décret d'amnistie serait aussi utile aux intérêts de Votre Majesté qu'à ceux de son royaume.

« Votre Majesté a pensé que de longues commotions politiques et l'anarchie des guerres civiles affaiblissent les institutions, en relâchant les liens de la société ; elle me paraît avoir été pénétrée de cette vérité quand elle m'a écrit sa lettre particulière du 23 juillet 1822 ; elle repoussait les systèmes dangereux, ces théories démocratiques, ces innovations funestes dont l'Europe a eu tant à souffrir ; mais elle voulait chercher dans les anciennes institutions de l'Espagne le moyen de contenter ses peuples et d'affermir la couronne sur sa tête. Si elle persiste dans ce noble projet, elle verra bientôt toutes les espérances de ses sujets se tourner vers le trône.

« Il n'appartient à personne de donner, sur ce point, des conseils à Votre Majesté. C'est dans sa sagesse et dans la plénitude de ses droits qu'il lui convient d'en délibérer ; mais je puis lui dire qu'un arbitraire aveugle, loin d'augmenter la puissance des rois, l'affaiblit ; que si cette puissance n'a point de règles, que si elle ne reconnaît aucune loi, bientôt elle succombe sous ses propres caprices ; l'administration se détruit, la confiance se retire, le crédit se perd, et les peuples, inquiets et tourmentés, se précipitent dans les révolutions. Les souverains de l'Europe, qui se sont sentis menacés sur leur trône par la révolte militaire de l'Espagne, se croiraient de nouveau exposés, dans le cas où l'anarchie viendrait à triompher une seconde fois dans les États de Votre Majesté.

« Si, éloignant d'elle de pénibles souvenirs, Votre Majesté appelle à ses conseils des hommes prudents et habiles, une noblesse qui est l'appui naturel de son autorité, un clergé dont la piété et le dévouement lui promettent tant de sacrifices au bien public; si toutes les classes d'une nation grande et fidèle bénissent également l'autorité du souverain légitime, l'Europe verra dans le règne de Votre Majesté la garantie de son repos, et moi je m'applaudirai d'avoir obtenu un si glorieux résultat de mes sacrifices.

« Louis. »

Nous n'avions pas été tout à fait à notre aise en écrivant la minute de cette lettre; nous aurions voulu aller plus loin, proposer dans les vieilles cortès quelques changements analogues à l'esprit du siècle; mais nous étions retenu par l'Europe continentale, dont nous avions encore besoin au sujet de l'affaire des colonies : nous la blessions déjà assez en parlant des *vieilles cortès;* elle ne voulait de cortès à aucun prix, ni vieilles, ni jeunes ; elle désirait purement et simplement le roi *netto* aidé du conseil de Castille et du conseil des Indes, avec les rouages d'une machine usée. Ses envoyés à Madrid devinrent hostiles aussitôt qu'ils eurent connaissance de la lettre de Louis XVIII.

Quant à nous, en demandant le rétablissement des anciennes cortès, nous avions préparé la fusion des anciennes mœurs et des mœurs modernes de l'Espagne : les uns y retrouvaient le passé ; les autres étaient à même d'y puiser l'avenir. Un corps délibérant, quelle que soit sa composition, ne reste pas stationnaire; nos états généraux convoqués devinrent l'Assemblée nationale. L'idée de nous ériger en fabricateurs de chartes au delà des Pyrénées était une niaiserie qu'aucune tête d'expérience ne pouvait enfanter. Les gouvernements libéraux, réinstallés depuis dans la Péninsule, n'ont-ils pas été forcés de réformer les cortès de Cadix, d'établir deux chambres, d'en venir jusqu'aux lois d'exception et à la suppression de la liberté de la presse ? Cette nation de muletiers et de bergers-soldats, où chaque individu jouit de la plus entière indépendance, où chaque commune, gouvernée par ses lois municipales, d'origine romaine, mêlées d'arabe, est une petite république; cette nation n'a ni le besoin, ni le sentiment de nos libertés artificielles ; elle ignore cette haine des classes supérieures, notre tourment à nous autres Gaulois : le paysan castillan n'a point connu le joug féodal; il se croit l'égal des grands, et ne reconnaît de supérieur que le roi. Encore ce roi, renfermé dans Madrid, est-il comme le sultan à Constantinople; à trente lieues de sa capitale, on n'obéit plus à ses ordres. Le génie et les habitudes de l'Ibérie sont moins opposés au despotisme royal qu'à l'arbitraire légal d'une assemblée représentative dont l'orgueil castillan méprise les individus et dédaigne le partage.

Ces raisons de l'homme d'État l'emportèrent chez nous sur l'homme des théories. Nous ne mesurions pas les esprits de la Péninsule hispanique d'après une règle inflexible. On nous mandait que tel personnage avait tels défauts, qu'il avait fait telles sottises : cela est vrai par rapport à des Français, à des Anglais, à des Allemands; cela n'était pas vrai par rapport à des Espagnols. De là dérivait la nécessité de tirer promptement la question française de la question espagnole : celle-ci se résoudrait selon les mœurs du pays, quand nos principaux intérêts auraient été mis en sûreté. Une seule chose était à craindre dans le premier moment : en démuselant Ferdinand, on pouvait livrer ses royaumes à sa folie. Mais les vieilles cortès, si elles eussent été convoquées, auraient suffi pour l'entrayer. Encore une fois, ce ne devait pas être à nos yeux la première question; il était d'ailleurs plus probable que Ferdinand retomberait sous le joug des insurrections, qu'il ne parviendrait à les étouffer.

IV

Ordre des souverains. — Lettre de Henri IV.

Sorti triomphant de l'entreprise la plus hasardeuse, tout cédait à nos succès; les ennemis s'avouaient vaincus et convenaient qu'ils s'étaient trompés. Le duc de Rovigo, arrivé de Berlin, mandait que le langage et les manières des Prussiens étaient devenus tout à coup respectueux ; que *les provinces Rhénanes étouffaient leur joie en silence, et croyaient que le canon de la Bidassoa avait résonné pour leur délivrance; que Mayence était sans garnison, sans approvisionnement et prêt à être évacué : tout vit là,* disait-il, *en attendant. La France redevient glorieuse en Espagne; c'est sur le Rhin qu'elle redeviendra forte.*

Nous avions expédié aux rois et aux ministres la nouvelle de l'heureuse fin de la guerre. Des diverses cours nous arrivèrent des marques de considération : l'Espagne nous envoya la Toison-d'Or; le Portugal, l'ordre du Christ; la Russie, l'ordre de Saint-André; la Prusse, l'Aigle-Noir; la Sardaigne, l'Annonciade; François II seul s'abstint : la lettre qu'il nous adressa est froide et ne dit pas un mot de nous; la lettre du prince de Metternich contient un petit compliment qui couvre mal un secret dépit. Fidèle à son instinct, le prince avait la prétention de recevoir le cordon bleu avant de nous transmettre les ordres d'Autriche ; or, comme les autres puissances avaient pris l'initiative vis-à-vis des Tuileries, nous ne pensâmes pas qu'il fût convenable de céder à des exigences sans raison : elles nous paraissaient surtout extraordinaires, vu la manière dont avait agi envers nous le cabinet de Vienne.

Les rois et leurs ministres nous écrivirent : on verra plus loin leurs lettres.

Par ces distinctions et par ces aveux, les rois ont jugé du moins que nous avions rendu un important service à la société monarchique : ils ont raison, à ne considérer que ce qui leur revenait immédiatement de la guerre d'Espagne ; mais s'ils avaient connu notre dernière pensée, loin de nous bénir, ils nous auraient maudit. Cependant notre politique leur eût été, en résultat, aussi favorable qu'à la France : il leur faudra rendre compte un jour du mandat d'amener des peuples qu'ils n'avaient pas le droit de saisir. Des conquêtes violentes peuvent satisfaire l'amour-propre d'un gouvernement et une ambition sans prévoyance, mais elles préparent des catastrophes. À quoi servent les domaines des Jagellons à la Russie ? à mettre une plaie au sein de l'empire des czars : les Moscovites ne se guériront de la Pologne qu'en en faisant un désert. Il n'y a d'incorporations durables que les incorporations accomplies dans l'utilité de la main qui les opère. Les assimilations entre des peuples désunis par le langage, les mœurs, le climat, la topographie, sont insensées dans l'état actuel de la civilisation.

L'empire de Buonaparte est tombé en poussière : autant en arrivera aux pays entrés de force dans la circonscription des grandes puissances, tandis que nous, nous avons été déboutés de nos demandes en héritage. Les politiques de Vienne apprendront que la France n'est pas un cercle du Rhin, qu'on ne méprise pas impunément trente-trois millions d'hommes nés des dents du dragon et sortis tout armés de la terre.

Nous avons conservé les lettres des princes : témoignage irrécusable de l'appréciation de nos travaux, elles constatent nos services : elles réduisent au silence les ennemis d'un certain côté, comme nos explications sur la guerre d'Espagne satisferont, nous l'espérons, d'autres adversaires. Après cela, au lieu de ces lettres, nous aimerions mieux avoir reçu de Henri IV ce billet dont nous possédons l'original :

« Monsieur l'aumonyer, je me rejouys avec vous de quoy vous estes maryé ; il ne faut plus parler d'estre amoureus, car il ne siet pas bien aux gens mariés d'avoyr mettresse : pour ce que je me gouverne aynsy, je conseille à tous mes amys et serviteurs de fayre le semblable ; vous en croyrés ce qu'il vous playra ; bien vous prierége de fayre estat de ce, plus que de personne du monde. Je desyreroys fort vous voyr et vostre cousyn. Adieu, mon amy. Aymés-moy bien toujours. — Votre plus asseuré amy à jamays. « HENRY. »

Le Béarnais ne se prend pas au sérieux, comme les potentats nos illustres correspondants : il se moque de lui, de ses légèretés et de ses couronnes.

LETTRES DES ROIS ET DES MINISTRES.

L'EMPEREUR ALEXANDRE A M. DE CHATEAUBRIAND.

Vosnesensk, le 16-28 octobre 1823.

Votre courrier, monsieur le vicomte, m'a remis, au milieu de mon voyage, la lettre par laquelle vous avez bien voulu m'annoncer l'heureuse délivrance du roi d'Espagne et de toute sa famille. Recevez-en mes plus vives félicitations, et chargez-vous de les offrir au roi, votre auguste maître ; il recueille le fruit d'une politique généreuse. Le règne du crime est passé : l'Espagne affranchie ; le Portugal rendu au salutaire empire de la légitimité. Abréger les malheurs des autres sera toujours une des plus belles prérogatives que la divine Providence puisse nous accorder ici-bas. Sa Majesté Très-Chrétienne l'exerce en ce moment. Le ciel lui devait cette compensation.

Vous avez puissamment contribué à ces grands résultats, et vos talents, comme vos efforts, ne sauraient avoir de meilleure récompense.

C'est avec un vrai plaisir que je saisis, monsieur le vicomte, cette occasion de vous réitérer l'assurance de ma haute estime.

ALEXANDRE.

LE ROI FRÉDÉRIC-GUILLAUME A M. DE CHATEAUBRIAND.

Berlin, le 16 octobre 1823.

Monsieur le vicomte de Chateaubriand, j'ai reçu l'avis que vous avez bien voulu me donner de la délivrance du roi d'Espagne avec un intérêt proportionné à l'importance de cet événement et à l'impatience avec laquelle j'en avais attendu l'information. J'éprouve d'autant plus de plaisir à vous en remercier, que je sais très-bien que la victoire décisive sur le système révolutionnaire, que l'Europe doit aujourd'hui aux efforts de Sa Majesté Très-Chrétienne, est aussi le triomphe de vos principes et a fait le premier objet de vos soins. L'estime qui depuis longtemps vous est acquise de ma part ne s'en trouve que mieux justifiée. Je prie Dieu, monsieur le vicomte de Chateaubriand, qu'il vous ait en sa sainte et digne garde.

FRÉDÉRIC-GUILLAUME.

L'EMPEREUR FRANÇOIS A M. DE CHATEAUBRIAND.

Przemisl, en Gallicie, le 18 octobre 1823.

Monsieur le vicomte de Chateaubriand, c'est avec le sentiment de la plus vive satisfaction que j'ai appris, par votre lettre du 8 de ce mois, l'heureuse délivrance de Sa Majesté Catholique et de sa famille. La Providence, en bénissant les généreux efforts du roi Très-Chrétien, ceux du prince généralissime et de l'armée valeureuse qu'il commande, vient d'assurer le triomphe de la plus juste et de la plus sainte des causes. Je partage sincèrement la satisfaction personnelle que doit en éprouver le roi. En vous remerciant de votre attention, il m'est agréable de pouvoir à cette occasion vous assurer, monsieur le vicomte de Chateaubriand, de toute mon estime.

Votre affectionné,

François.

M. DE BERNSTORFF A M. DE CHATEAUBRIAND.

Berlin, le 18 octobre 1823.

Monsieur le vicomte,

Je ne saurais trop vivement remercier Votre Excellence de ce qu'elle a si bien senti qu'en me donnant de sa main l'avis si impatiemment attendu de la délivrance du roi d'Espagne, c'était en rehausser encore le prix. Ferdinand VII libre! que de résultats dans ces trois mots! Voilà donc Vérone justifiée, une nouvelle gloire immortelle acquise à la France, le triomphe du système monarchique assuré, et le ministère de Votre Excellence environné d'une splendeur qui répond si bien à l'éclat que son nom seul y avait déjà imprimé : ce dernier intérêt est aussi devenu européen.

Rien de plus inaltérable que la haute considération et le parfait dévouement avec lequel j'ai l'honneur d'être, monsieur le vicomte, de Votre Excellence, le très-humble et très-obéissant serviteur.

Bernstorff.

M. ANCILLON A M. DE CHATEAUBRIAND.

Berlin, le 18 octobre 1823.

Monsieur,

Au milieu de toutes les félicitations qui lui arrivent de toutes parts, Votre Excellence distinguera peut-être une voix qui ne lui fut pas indifférente; au milieu de tous les travaux et de toutes les sollicitudes qui l'assiégent, elle me pardonnera de lui enlever un moment, car elle n'est pas faite pour oublier facilement ceux qui eurent le bonheur de lui inspirer quelque intérêt, et qui en conserveront toute leur vie un doux et honorable souvenir.

Si je pouvais un moment séparer votre bonheur de celui de la France, qui attend de vous *pacem cum dignitate,* je ne vous féliciterais pas de l'élévation où vous êtes. Dans le siècle où nous vivons, au milieu des mouvements de la fin d'une révolution qui ressemble quelquefois à un nouveau commencement, les hommes qui se vouent aux hautes places sont, plus ou moins, tous des victimes généreuses qui se dévouent pour leur patrie. Vous particulièrement, Monsieur, qui en avez fait assez pour votre gloire, et qui croyez n'en faire jamais assez pour le devoir; vous qui êtes trop élevé pour descendre à l'ambition, vous faites à votre roi et à votre pays le plus grand des sacrifices. L'Europe compte sur vous, Monsieur, comme sur un de ces pilotes habiles, en petit nombre, qui lui restent encore pour l'empêcher d'échouer encore une fois contre les mêmes écueils et pour conjurer la tourmente; vous ne tromperez pas ses espérances. L'isolement et les demi-mesures ont déjà une fois perdu le monde civilisé; il n'y a de salut pour les puissances que dans l'identité du but, dans l'accord des moyens, dans l'union des sentiments, et dans la force de la modération, ou, ce qui revient au même, dans la force de la justice et de la raison. Avec des principes aussi purs, des affections aussi nobles, des vues aussi vastes que les vôtres, vous ne sacrifierez jamais l'avenir aux embarras du moment, et vous prouverez au monde que l'art de bien faire est lié, par des affinités secrètes, à l'art de bien penser et de bien dire, et que l'énergie du caractère tire son feu et sa force des conceptions hautes de l'esprit, comme il reçoit de lui sa direction.

Le roi, qui estime Votre Excellence à raison de ce qu'il la connaît; la cour et la ville, où il vous a suffi de quelques mois pour prendre racine dans tous les cœurs, se réjouissent de vos succès. Pour moi (s'il m'est permis de me nommer), qui ne perdrai jamais l'ancienne habitude de vous admirer et de vous aimer, je vous souhaite ce qu'il y aura toujours pour vous de plus difficile, c'est de vous satisfaire vous-même.

Agréez l'assurance, etc. Ancillon.

M. DE METTERNICH A M. DE CHATEAUBRIAND.

Lemberg, le 20 octobre 1823.

Monsieur le vicomte,

Le courrier de Votre Excellence qui m'a remis, le 18 dans la matinée, la lettre qu'elle m'a fait l'honneur de m'écrire le 8 de ce mois, ainsi que celle qui s'y trouvait jointe pour l'empereur, mon auguste maître, est arrivé ici au moment même où Sa Majesté venait de partir pour retourner dans sa capitale. Ne pouvant pas douter de la vive satisfaction avec laquelle l'empereur apprendrait l'heureuse délivrance du roi Ferdinand et de sa famille, je me suis fait un devoir de lui expédier sur-le-champ votre lettre par courrier, et, venant de recevoir dans le moment même la réponse que vous adressez Sa Majesté, je ne perds pas un instant pour vous la transmettre. Je vous demande la permission, monsieur le vicomte, d'y joindre mes félicitations les plus sincères sur un événement aussi glorieux pour les armes du roi, qu'il est satisfaisant pour son cœur et important pour le repos de l'Europe. La coïncidence de la délivrance de S. M. C. avec l'aplanissement des nombreuses et graves complications qui depuis trois ans menaçaient de troubler le repos de l'Europe dans l'Orient, est une de ces conjonctures heureuses que la Providence paraît avoir miraculeusement amenées pour mettre enfin un terme aux maux que souffre l'Europe depuis trente ans, et pour assurer le triomphe des principes éternels du bien sur le génie du mal. Ce triomphe est en partie votre ouvrage, monsieur le vicomte, et je partage sincèrement la vive satisfaction que vous devez en éprouver!

Veuillez agréer, avec mes remerciements, l'assurance de ma haute considération. METTERNICH.

VICOMTE DE CHATEAUBRIAND,

Moi, Don Jean, par la grâce de Dieu, roi du royaume uni du Portugal, Brésil et Algarves, en deçà et au delà de la mer d'Afrique, seigneur de Guinée, et de la conquête, navigation et commerce de l'Éthiopie, Arabie, de la Perse et de l'Inde, etc.

Je vous salue :

Prenant en considération vos qualités distinguées, vos mérites et services agréables à mon auguste frère et allié le roi de France, qui vous a confié la direction des affaires de son royaume ; et voulant vous donner un témoignage authentique du haut prix que j'attache aux services que, comme son ministre d'État, vous avez rendus à la cause de Sa Majesté Catholique et de sa royauté ; j'ai trouvé bon de vous élever à la dignité de grand'croix de mon royal ordre de Notre-Seigneur Jésus-Christ. Et, afin que vous l'ayez pour entendu et puissiez porter les insignes que je vous envoie, et qui, comme tels, vous appartiennent, je vous fais cette lettre, et que Dieu vous tienne dans sa sainte garde.

Écrit à notre palais de Bemposta, le 13 novembre 1823.

LE ROI.

Contre-signé : JOACHIM PEDRO GOMÈS DE OLIVEIRA.

Saint-Pétersbourg, le 24 novembre 1823.

Dans le cours des graves événements qui depuis l'année dernière ont fixé l'attention de l'Europe, j'ai eu plus d'une fois occasion d'applaudir à vos talents et à vos principes. Les plus heureux succès ont couronné la noble persévérance avec laquelle vous avez soutenu la cause de l'ordre; et tous ceux qui partageaient avec vous le désir de la voir triompher vous doivent des témoignages de leur estime. C'est à ce titre que je vous prie de recevoir, monsieur le vicomte, les décorations ci-jointes de l'ordre de Saint-André. Veuillez les regarder comme la meilleure preuve des sentiments que je vous porte.

ALEXANDRE.

Berlin, ce 24 novembre 1823.

M. le vicomte de Chateaubriand, vous connaissez l'estime que depuis longtemps j'ai pour vous. J'ai un véritable plaisir à vous en offrir aujourd'hui une nouvelle marque, en vous faisant tenir mon ordre de l'Aigle-Noir. J'aime, du reste, à me dire que vous n'aviez pas besoin de cette preuve pour être convaincu que j'ai parfaitement reconnu et apprécié les services signalés que, par votre coopération éclairée au succès de l'entreprise contre l'Espagne révoltée, vous avez rendus à l'Europe. Sur ce, je prie Dieu, monsieur le vicomte de Chateaubriand, qu'il vous ait en sa sainte et digne garde.

FRÉDÉRIC-GUILLAUME.

Palais de Madrid, ce 31 janvier 1824.

Mon très-cher et très-aimé bon cousin; afin d'effectuer l'élection que j'ai faite de votre personne pour vous associer en l'aimable compagnie de mon très-noble et ancien ordre de la Toison-d'Or: J'ai fait dresser mes lettres patentes de procure, en vertu desquelles j'ai requis mon bien-aimé frère et cousin, S. A. R. comte d'Artois, de vous recevoir en mon nom dans ledit ordre, et vous en délivrer le collier aux cérémonies accoutumées; et, de tout ce qu'il vous dira de ma part sur ce particulier, vous en ferez le même état comme s'il fût dit et déclaré par ma propre personne. Je prie Dieu, mon bon cousin, qu'il vous ait en bonne, sainte et digne garde.

Votre bon cousin,

FERDINAND.

JACQUES DE LA QUADRA, *greffier*.

LE ROI CHARLES-FÉLIX A M. DE CHATEAUBRIAND.

Turin, le 14 février 1824.

Monsieur le vicomte de Chateaubriand, le plaisir que j'ai eu à vous voir au congrès de Vérone a dû vous prouver combien étaient distingués les sentiments que vous m'avez déjà inspirés par le plus noble dévouement à la cause sacrée de l'autel et du trône. Vous avez accru ces sentiments, soit par les principes que vous avez professés dans cette réunion solennelle, soit par l'éclat avec lequel le même dévouement et vos talents ont ensuite paru à cette époque, non moins importante et difficile que glorieuse pour la France et pour son roi. Mon auguste et bien-aimé beau-frère a voulu dernièrement vous réitérer de hauts témoignages de sa satisfaction; j'en éprouve, de mon côté, une bien vive à vous donner la plus haute marque de mon estime, en vous nommant chevalier de mon ordre suprême de l'Annonciade, dont les décorations vous seront transmises par mon cousin, le comte de La Tour. Il m'est aussi très-agréable d'avoir par là une occasion de vous exprimer directement les souhaits que je forme pour vous, en priant Dieu qu'il vous ait, mon cousin, en sa sainte garde.

Charles-Félix de La Tour.

M. DE LA TOUR A M. DE CHATEAUBRIAND.

Turin, le 15 février 1824.

Monsieur le vicomte,

J'ai l'honneur d'adresser ci-jointes, à Votre Excellence, une lettre du roi et les décorations de son ordre suprême de l'Annonciade, que Sa Majesté me charge de vous faire passer.

En vous nommant chevalier de cet ordre illustre, le roi a voulu, monsieur le vicomte, vous donner la plus haute marque publique de son estime, et prouver publiquement aussi que, surtout dans des circonstances majeures comme celles de l'année dernière, où tant de sagesse et de talents ont signalé votre ministère, la satisfaction du roi Très-Chrétien, son très-aimé beau-frère, ne saurait ne pas se confondre avec la sienne.

Connaissant les sentiments que je lui ai sincèrement voués, surtout depuis le premier moment que j'ai eu l'honneur de la voir à Vérone, et le souvenir plein de gratitude que je conserverai toujours de ceux que, dès lors, elle a bien voulu me témoigner, Votre Excellence jugera aisément de toute la joie que j'éprouve maintenant, en remplissant auprès d'elle un des devoirs les plus doux que mon auguste souverain pût m'imposer.

En vous priant, monsieur le vicomte, d'agréer mes compliments les plus empressés, et en me félicitant vivement de pouvoir compter un rapport de plus, et si particulier, parmi ceux que j'avais déjà le bonheur d'avoir avec Votre Excellence, je lui offre de nouvelles assurances de la très-haute considération avec laquelle j'ai l'honneur d'être,

Monsieur le vicomte,
De Votre Excellence,
Le très-humble et très-obéissant serviteur,
De La Tour.

V

Ma chute. — Les cordons.

Nous n'aurions point parlé de ces cordons, s'ils n'avaient amené un orage qui fut au moment de nous renverser et de terminer ainsi subitement l'affaire d'Espagne. Ces cordons firent éclater des jalousies. M. de Villèle était pourtant fort au-dessus de ces lacets de cour.

La Russie fit passer l'ordre de Saint-André à M. le duc de Montmorency, ainsi qu'elle chargea son ambassadeur de me le remettre à moi-même. Louis XVIII prit cette grâce étrangère comme un reproche fait à sa personne. Le roi déclara qu'il voulait témoigner sa satisfaction des succès de la guerre d'Espagne en créant M. de Villèle chevalier des Ordres. M. de Villèle avait tous les droits à cette distinction ; mais le dessein du roi était de nous blesser : il nous comptait pour trop peu. Nous nous soucions d'un cordon comme des nœuds du ruban de Léandre ; nous ne nous mesurons pas à l'aune d'un bandeau de soie ; mais nous sommes sensible à l'injure quand elle part de haut. Par nous seul l'Europe s'était maintenue en paix. L'amertume de S. M. nous étonna ; elle semblait s'augmenter en proportion de nos services. Louis XVIII et son frère nous connaissaient mal. Le dernier disait de notre personne : « Bon cœur et tête chaude. » Ce lieu commun des hommes hors d'état de discerner les hommes était faux : notre tête est très-froide, et notre cœur n'a jamais beaucoup battu pour les rois.

Nous méprisions trop les places pour les conserver au prix d'un affront, même d'un affront royal. La grande demoiselle se réjouissait d'avoir les dents noires, parce que cela prouvait sa descendance du sang des Bourbons : nous nous serions peu félicité de tenir de si près à la couronne : il ne nous seyait pas d'être un mannequin dans le conseil. L'achèvement de notre entreprise nous avait fait nous résoudre à rester ; nous oubliions tout à coup le puissant motif de notre présence au ministère, et nous nous en allions parce qu'on prétendait nous humilier : tel nous sommes. Cette zone bleue dont on aurait remarqué l'absence sur notre poitrine aurait prouvé que Sa Majesté était peu satisfaite de nous, et que les autres rois s'étaient trompés en nous conférant leurs premiers ordres.

Huit jours après notre déclaration, le roi nous gratifia du cordon bleu. Ces misères, à l'époque du renversement des trônes, font pitié ; elles donnèrent suite néanmoins à la défaveur qu'avaient annoncée nos succès ; elles nous ramenaient et ramenaient la cour arriérée à ces guerres de la Fronde, alors que la distinction du tabouret de madame de Pons prépara la France à une seconde révolte, et fit arrêter le grand Condé. Souvent on est plus agité d'une faiblesse secrète que du destin d'un empire ; l'affaire légère est au fond de l'âme l'affaire sérieuse. Si l'on voyait les puérilités qui traversent la cervelle du plus grand génie au moment où il accomplit sa plus grande action, on serait saisi d'étonnement. En fin de compte on aurait tort : rien n'a d'importance réelle ; un royaume ne pèse ni ne vaut plus qu'un plaisir.

Quand le ridicule conflit fut terminé, j'écrivis à M. de La Ferronnays la lettre suivante :

« Tout est arrangé et beaucoup mieux que je ne l'espérais. Le roi, blessé de la nomination du duc Matthieu, et Villèle, oublié dans la promotion, ont été au moment d'amener un grand orage : nous nous serions brisés contre un ruban après avoir échappé à de si grands écueils : telle est la nature humaine. J'ai été obligé de parler, et on a bientôt reconnu qu'aller sans moi était impossible, et la tempête s'est apaisée. Il en résultera un bien, c'est qu'on sera convaincu qu'il faut rester unis si nous voulons achever l'ouvrage que nous avons si bien commencé.

« Il n'y a plus qu'une chose à faire, c'est que vous demandiez à l'empereur, en mon nom et pour m'obliger, le cordon de Saint-André pour Villèle. Ne craignez pas ; je ne serai pas blessé, et c'est moi qui joue ici le beau rôle. Il faut être juste, d'ailleurs, Villèle après le premier mouvement d'humeur est revenu vite au sentiment de l'intérêt commun et de l'amitié. C'est en tout un homme d'un mérite supérieur ; et comme désormais il faut bien qu'il m'abandonne entièrement la conduite de la politique étrangère, nous ne pouvons plus avoir de rivalité et notre union est indispensable au repos de la France.

« Cette lettre est toute *confidentielle;* elle ne doit être montrée à personne. Vous mettrez, comme de coutume, mon autre lettre particulière sous les yeux de l'empereur. Le petit mouvement d'humeur que le roi avait eu contre vous est totalement dissipé.

« J'insiste pour que vous demandiez le cordon de Saint-André pour Villèle, en mon nom, et pour que l'empereur daigne l'accorder sur ma propre demande. Si vous réussissez, vous voudrez bien me le dire formellement dans *votre lettre officielle* qui sera mise sous les yeux du roi. Cela sera bon pour vous et pour moi, excellent aussi pour l'empereur. Je lui demande un nouveau cordon, pour le bien de l'union et de la paix ; qu'il me l'accorde : cela est conséquent à ce qu'il a déjà fait, en même temps qu'utile pour la France.

« Tout à vous, mon cher comte,

« Chateaubriand. »

Ainsi, tandis que les amis de M. de Villèle disaient que nous étions son ennemi, que nous voulions sa place, et tandis qu'ils machinaient notre ruine, nous faisions nos efforts à Pétersbourg pour lui faire donner l'ordre de Saint-André : nous déclarions, dans une lettre qui ne devait jamais être connue, que le président du conseil était *un homme d'un mérite supérieur*. Les dates sont ici des arguments sans réplique ; elles montrent à la la fois notre amitié non démentie, et notre loyale sincérité.

VI

Je veux rendre le portefeuille à M. le duc de Montmorency, et me résous à demeurer. — Pourquoi.

Nous eûmes d'abord l'idée de remettre au roi le portefeuille des affaires étrangères, et de supplier Sa Majesté de le rendre au vertueux duc de Montmorency. Que de soucis nous nous serions épargnés ! que de divisions nous eussions épargnées à l'opinion ! L'amitié et le pouvoir n'auraient pas donné un triste exemple, et la légitimité serait peut-être encore là. Couronné de succès, nous serions descendu du ministère de la manière la plus brillante, pour livrer au repos le reste de nos jours. C'était l'espoir de ce repos qui nous avait rendu si heureux à la capitulation de Cadix. L'intérêt des colonies espagnoles, en nous arrêtant, a produit l'avant-dernier bond de notre quinteuse fortune.

Quand nous songeâmes à la retraite, des négociations étaient entamées ; nous en avions établi et nous en tenions les fils. En diplomatie, un projet conçu n'est pas un projet exécuté ; les gouvernements ont leur routine et leur allure ; les protocoles n'emportent pas d'assaut les cabinets étrangers, comme nos armées prennent les villes ; la politique ne marche pas aussi vite que la gloire à la tête de nos soldats. Nous nous figurâmes qu'ayant préparé notre ouvrage, nous le connaîtrions mieux que notre successeur ; nous nous laissâmes séduire à l'idée de donner de nouvelles monarchies constitutionnelles aux Bourbons, en attachant notre nom à la liberté de la seconde Amérique, sans compromettre cette liberté dans les colonies émancipées. Deux fléaux sont à craindre pour la liberté, l'anarchie et le despotisme : ils peuvent également priver un État de son indépendance. Or, l'indépendance appuie l'indépendance ; un peuple libre est une garantie pour un peuple libre ; on ne renverse pas une constitution généreuse, quelque part que ce soit, sans porter un coup à l'espèce humaine.

Comme tout s'enchaîne dans la destinée d'un homme, il était possible que M. Canning, en s'associant à nos projets, eût évité les inquiétudes dont ses derniers jours ont été fatigués. Les talents se hâtent de disparaître ; il s'arrange une toute petite Europe à la guise de la médiocrité : pour arriver aux générations fécondes, il faudra traverser un désert.

Enfin, le désir de rendre à la France ses frontières ne nous quittait plus. L'empereur de Russie nous écoutait, nous avons dit sur quoi nos espérances étaient fondées ; nous pouvions braver l'Angleterre, et une guerre avec celle-ci ne nous eût point effrayé ; nous aurions voulu faner les lauriers de Waterloo.

Telles furent les causes qui nous déterminèrent à rester. Selon nos illusions, nous pensions que nos collègues nous laisseraient achever une œuvre favorable à la durée de leur puissance. Nous avions la naïveté de croire que les affaires de notre ministère, nous portant au dehors, ne nous jetaient en France sur le chemin de personne. Comme l'astrologue, nous regardions le ciel, et nous tombâmes dans un puits. L'Angleterre applaudit à notre chute, il est vrai que nous avions garnison à Cadix.

VII

Frais de guerre. — Ce qu'ont coûté à Louis XIV et aux Anglais leurs expéditions successives dans la Péninsule. — Le problème de l'ordre social ne se résout point par des chiffres.

La guerre étant favorablement terminée, au grand étonnement des têtes les plus solides de l'opposition, les calculateurs vinrent à leur secours. Les marchés Ouvrard se présentèrent, et l'on chercha à prouver, comme dédommagement à une réussite inattendue, l'énormité des frais de l'expédition.

L'entreprise militaire de 1823 a montré deux choses qui ne s'étaient jamais vues dans notre monarchie : une guerre faite en présence de la liberté de la presse, une guerre accomplie sous un régime constitutionnel.

Jusqu'alors nous n'avions point eu de véritable gouvernement représentatif : ni la Convention, ni le Directoire, ne permettaient de contrôle. Il n'y avait point de tribunal public où l'on fût obligé de venir justifier la dernière obole dépensée. On n'examinait point à la tribune les mémoires des fournisseurs. Si l'on mettait sous nos yeux l'état des sommes employées dans les campagnes les plus brillantes de Louis XIV et de Buonaparte, nous serions épouvantés.

Louis XIV employa neuf ans, perdit le duc de Vendôme, dépensa plus d'un milliard et demi de notre monnaie, fut sur le point de quitter sa capitale menacée, pour asseoir Philippe V sur le trône de Charles II : Louis XVIII a conservé son neveu ; il ne lui a fallu que 200 millions et quatre mois pour rendre au petit-fils de Philippe V sa couronne.

Combien Napoléon a-t-il enfoui de millions dans cette Espagne dont il fut obligé de sortir ?

Le gouvernement britannique forma, à l'usage de son armée, un équipage de dix mille mulets de bât, et rendit, au moyen des presses, le foin transportable des ports de l'Irlande aux ports de Lisbonne et de Cadix. Ce fut en répandant l'argent à pleines mains que les Anglais obtinrent des succès contre une armée inaccoutumée aux revers, mais dépourvue de transports et vivant de réquisitions.

La Péninsule ibérienne n'a pas une seule rivière navigable dans son cours entier ; quelques grandes routes et l'ébauche d'un seul canal servent à ses communications ; les défilés de ses *sierras* sont presque impraticables. Pour se nourrir, année courante, la Péninsule manque du blé nécessaire ; elle est obligée de tirer de l'étranger vingt-deux millions de fanègues de grain, une masse considérable de viande fraîche et de viande salée. Les trésors de l'Amérique n'ont fait que traverser l'Espagne. L'or et l'argent monnayé ou travaillé, existant dans ce royaume avant la guerre de Buonaparte, était estimé tout au plus à 500 millions ; et cependant le Mexique et le Pérou y avaient versé 56 milliards, d'après les calculs de Jérôme Ustaritz, et en comptant les 6 milliards qui ont pu entrer en Espagne depuis 1742, époque à laquelle Ustaritz écrivait. L'Angleterre portait tout à son armée, l'avoine qui nourrit le cheval, l'argent qui entretient le soldat : les frais d'une seule campagne de Wellington ont surpassé ceux de l'expédition complète du duc d'Angoulême.

L'Angleterre a-t-elle trouvé qu'elle avait payé trop cher ses succès ? Toutefois, dans cette guerre, il ne s'agissait pas de l'existence des Royaumes-Unis, tandis qu'il s'agissait de notre vie dans notre course à Cadix. La révolution renaîtra-t-elle en France, ou la légitimité triomphera-t-elle ? C'était la question : 208 millions, sur lesquels on nous en devait 34, afin d'empêcher notre patrie de retomber dans ses premiers malheurs ; le marché n'a pas été mauvais. Il y a économie à se passer des révolutions naturellement dépensières ; 200 millions, c'est à peine ce que les jacobins ont fait payer à la France pour frais d'expropriations, de démolitions, de déportations, de geôliers, de prisons, d'échafauds et autres menus crimes.

Dans la guerre de la révolution, M. Pitt présentait en masse des sommes énormes employées en subsides et en solde de corps étrangers : le parlement n'entrait point dans la discussion des détails; il s'agissait du salut de l'Angleterre ; on ne comptait pas les schellings, on comptait les victoires.

En supposant que nous n'eussions pas, dans la guerre d'Espagne, cherché nos intérêts matériels (et le contraire est abondamment prouvé), dans le cas où nous n'aurions poursuivi que les intérêts moraux de la légitimité, nous dirions encore qu'une des plus dangereuses erreurs serait de vouloir tout ramener au *positif*; résoudre les problèmes de l'ordre social par des chiffres, c'est se proposer un autre problème insoluble ; les chiffres ne produisent que des chiffres. Avec des nombres, vous n'élèveriez aucun monument; vous banniriez les arts et les lettres comme des superfluités dispendieuses; vous ne demanderiez jamais si une entreprise est juste et honorable, mais si elle rapportera quelque chose ou si elle ne coûtera pas trop cher. Un peuple accoutumé à voir seulement le cours de la rente et l'aune de drap vendue se trouve-t-il exposé à une commotion, il ne sera capable ni de l'énergie de la résistance, ni de la générosité du sacrifice : repos engendre couardise; au milieu des quenouilles, on s'épouvante des épées.

Les sentiments généreux naissent du péril affronté ; une foule de vertus tient aux armes. Il n'est pas bon de dorloter son âme, de s'apoltronir dans les habitudes timides du foyer, dans l'exercice casanier des professions. Quand on n'a jamais à chanter, jamais à défendre la patrie; quand on n'est plus ni poëte, ni soldat, les idées d'honneur se perdent, les caractères s'abâtardissent; une nation dégénère en une ignoble race, se trouve mal à la vue du sang, à moins qu'il ne soit versé aux émeutes. La liberté acoquinée à la gloire ou enthousiasmée du pot au feu se corrompt de deux manières différentes : par la guerre, elle prend le génie d'un tyran, par la paix, le cœur d'un esclave.

Il est donc vrai que le sentiment moral chez un peuple doit être cultivé, même au profit des intérêts matériels de ce peuple : c'est donc un bien réel que l'honneur, surtout en France. En pesant l'expédition d'Espagne, mettons d'un côté l'honneur, de l'autre les écus, et voyons lequel des deux poids fera pencher la balance.

VIII

Ferdinand. — Le règne des camarillas succède à celui des cortès. — Colonies espagnoles. — La forme monarchique plus convenable à ces colonies que la forme républicaine. — J'en expose les raisons.

La nouvelle plaie, prête à s'ouvrir à quelque distance de la plaie temporairement cautérisée par notre fer, était attendue ; mais notre devoir était d'agir, sans avoir égard à la prévision du mal. Ferdinand s'opposait à toute mesure raisonnable. Qu'espérer d'un prince qui, jadis captif, avait sollicité la main d'une femme de la famille de son geôlier? Il était évident qu'il brûlerait son royaume dans son cigare : les souverains de ce temps semblent nés de sorte à perdre une société condamnée à périr. Le règne des *camarillas* commença quand celui des cortès finit. Les ambassadeurs étrangers entrèrent dans les cabales ; caressant, flattant ou repoussant un favori, ils cherchèrent à se faire auprès de Ferdinand une autorité indépendante de la France. Les hommes des juntes nous avaient moins tourmentés ; avec eux, la force avait suffi : entortillés dans les intrigues, nous avions peine à rompre des liens invisibles se renouant d'eux-mêmes, artistement tissus, labyrinthés et redoublés.

Mais enfin, le premier but était atteint ; il ne restait qu'à maintenir l'Espagne dans notre politique, et à terminer l'affaire de ses colonies.

On sait notre projet : nous voulions arracher celles-ci à l'Angleterre et les transformer en royautés représentatives sous des princes de la maison de Bourbon. Nous estimions la forme monarchique plus convenable à ces colonies que la forme républicaine : nous en avons exposé les raisons dans notre *Voyage en Amérique*. Quand la première éducation manque à un peuple, cette éducation ne peut être que l'ouvrage des années.

Dès 1790, Miranda avait commencé à traiter avec l'Angleterre de l'affaire de l'émancipation. Cette négociation fut reprise en 1797, 1801, 1804 et 1807. Enfin Miranda fut jeté, en 1809, dans les colonies espagnoles ; l'entreprise se termina mal pour lui, mais l'insurrection de Vénézuéla prit de la consistance ; Bolivar l'étendit.

La question avait alors changé ; l'Espagne s'était soulevée contre Buonaparte ; le régime constitutionnel avait commencé à Cadix ; ces idées de liberté étaient reportées en Amérique.

L'Angleterre ne pouvait plus attaquer ostensiblement les colonies espagnoles, puisque le roi d'Espagne, prisonnier en France, était devenu son allié ; aussi publia-t-elle des bills afin de défendre aux sujets de S. M. B. de porter des secours aux Américains ; toutefois six à sept mille hommes, enrôlés malgré ces bills, allaient soutenir l'insurrection de la Colombie.

Après la première restauration de Ferdinand, l'Espagne fit de grandes fautes : le gouvernement, rétabli par l'insurrection des troupes de l'île de Léon, se montra inhabile ; les cortès furent encore moins favorables à l'émancipation coloniale que ne l'avait été le gouvernement absolu. Bolivar, par son activité et ses victoires, acheva de briser tous les liens.

Les colonies espagnoles n'ont donc point été, comme les États-Unis, poussées à l'émancipation par un principe naturel de liberté ; ce principe n'a pas eu dans l'origine la vitalité, la force de volonté congéniale d'une nation. Les colonies se détachèrent de l'Espagne, parce que l'Espagne était envahie par Buonaparte; ensuite elles se donnèrent des constitutions, comme les cortès en donnaient à la mère patrie; enfin, on ne leur proposait rien de raisonnable, et elles ne voulurent pas reprendre le joug.

L'influence du climat, le défaut de chemins et de culture, rendraient infructueux les efforts que tenteraient les Espagnols contre ces *républiques malgré elles*. Vingt années de révolution ont créé des droits, des propriétés, des places qu'une camarilla ou un décret de Madrid ne détruirait pas facilement. La génération nouvelle, née dans le cours de la révolution d'outre-mer, est pleine du sentiment d'une indépendance dont elle n'espérerait rien si elle dépendait de la mère patrie.

Mais pouvait-on établir cette liberté dans l'Amérique espagnole par un moyen plus facile et plus sûr que le moyen républicain ; moyen royaliste modéré, qui, appliqué en temps utile, aurait fait disparaître une foule d'obstacles? Nous le pensions.

La monarchie représentative eût été mieux appropriée au génie espagnol, à l'état des personnes et des choses, dans un pays où la grande propriété territoriale domine, où le nombre des Européens est petit, celui des nègres et des Indiens considérable, où l'esclavage est d'usage public, où l'instruction manque dans les classes populaires.

Les colonies espagnoles, formées en des monarchies constitutionnelles, auraient achevé leur éducation politique à l'abri des orages dont les républiques naissantes peuvent être bouleversées.

L'histoire a trop vérifié nos prévisions : dans quel état sont aujourd'hui ces colonies? Une guerre civile éternelle, des tyrans successifs derrière le nom permanent de la liberté.

Par toutes les considérations précédentes, nous avions donc raison de penser qu'en créant des monarchies sous le sceptre des Bourbons, nous travaillions autant au bonheur de ces contrées qu'à l'agrandissement de la famille de saint Louis.

IX

Suite des objections. — L'expédition d'Espagne n'a point précipité les colonies espagnoles dans les bras de l'Angleterre. — Preuves par les dates et les faits. — M. Canning. — Son discours.

On a dit, après l'événement, que l'expédition d'Espagne a perdu les colonies espagnoles et les a jetées dans les bras de l'Angleterre.

Et d'abord, si nous étions resté au pouvoir, nous avons tout lieu de croire que ces colonies se seraient rangées dans nos plans; mais, sans repousser l'attaque par cette fin de non-recevoir, il suffit de rappeler les dates : les dates sont capitales en affaires.

Nous venons de montrer que les premiers troubles éclatèrent à Buenos-Ayres, dans la Colombie et autres États, en 1810, et, depuis l'époque de l'invasion de l'Espagne par Buonaparte, l'Angleterre a fait des deux Amériques l'objet constant de ses spéculations. Nous étions ambassadeur à Londres, lorsqu'en 1822 un bill du parlement ouvrit les portes des trois royaumes aux pavillons de l'indépendance américaine ; les emprunts de la Colombie étaient cotés dans les fonds publics. L'Angleterre, s'appuyant sur ce bill, déclara ses sentiments au congrès de Verone, le 24 novembre 1822, comme elle les avait mentionnés au congrès d'Aix-la-Chapelle, en 1818. Des pièces officielles furent échangées ; la France déposa au protocole, le 26 du même mois (novembre 1822), la note dont la rédaction nous fut confiée. Il est remarquable que les ministres de Sa Majesté Britannique ne l'ont *pas comprise* parmi les papiers déposés sur les bureaux de la chambre des communes, dans les premiers jours du mois de mars 1824 ; ils eurent raison : cette note les condamnait ; elle attestait notre modération et l'intelligence que nous avions de nos devoirs politiques. La France ne sacrifia ni son indépendance ni ses droits sur l'avenir. Évitant de trancher brusquement des questions qui pouvaient ébranler l'Europe, nous l'établîmes sur une base propre à attendre les événements ; base que nous avions faite assez large pour y placer les intérêts des peuples en général, ceux de notre pays en particulier, ceux de l'Espagne, les droits des nations et les principes de la légitimité. M. de Villèle, on l'a vu, fut très-satisfait de cette note.

Plusieurs fois les ministres de Sa Majesté Britannique ont déclaré que depuis longtemps ils avaient notifié au gouvernement espagnol lui-même leur projet de reconnaître l'indépendance des colonies américaines. Enfin c'est sous le gouvernement des cortès, sous ce régime de liberté, lequel aurait dû plaire aux colonies, que ces colonies ont rompu les derniers nœuds dont elles étaient enchaînées à l'Espagne, comme Saint-Domingue s'est séparé de la France pendant notre révolution.

Il est donc démontré que notre expédition militaire n'a point détaché de l'Espagne, le Chili, le Pérou, Buenos-Ayres, la Colombie et le Mexique ; le temps même n'y est pas : à peine a-t-on su en Amérique la marche de notre armée, qu'on y a appris la délivrance de Ferdinand.

Il est donc démontré que notre présence momentanée dans la Péninsule n'a point amené l'Angleterre à des résolutions prises et manifestées par des actes antérieurs à la campagne de 1823 ; il est au contraire prouvé que mes négociations avaient suspendu ces résolutions.

Ceci répond, par contre-coup, à un discours célèbre : M. Canning ramassa, dans un *speech*, les idées jetées au hasard par notre opposition française : préférant l'éclat à la vérité, il perdit comme homme d'État ce qu'il gagna en homme aux belles paroles; s'il abandonna la première qualité que Quintilien reconnaît dans l'orateur, il couvrit du moins la vantance et le sophisme d'une grande éloquence.

« Un des moyens de redressement, dit M. Canning, était une guerre contre la France. Il y avait encore un autre moyen; c'était de rendre la possession de ce pays inutile entre ses mains rivales; c'était de la rendre plus qu'inutile; c'était enfin de la rendre préjudiciable au possesseur.

« J'ai adopté ce dernier moyen : ne pensez-vous pas que l'Angleterre ait trouvé en cela une compensation pour ce qu'elle a éprouvé en voyant entrer en Espagne l'armée française et en voyant bloquer Cadix ?

« J'ai regardé l'Espagne sous un autre aspect, j'ai vu l'Espagne et les Indes : j'ai, dans ces dernières contrées, appelé à l'existence un nouveau monde, et j'ai ainsi réglé la balance. J'ai laissé à la France tous les résultats de son invasion.

« J'ai trouvé une compensation pour l'invasion de l'Espagne, pendant que je laisse à la France son fardeau dont elle voudrait bien se débarrasser, et qu'elle ne peut porter sans se plaindre : c'est ainsi que je réponds à ce qu'on dit sur l'occupation de l'Espagne. Je ne puis que redouter la guerre quand je pense au pouvoir immense de ce pays. Je sais qu'il verra se ranger sous ses bannières, pour prendre part à la lutte, tous les mécontents et tous les esprits inquiets du siècle, tous les hommes qui, justement ou injustement, ne sont pas satisfaits de la condition actuelle de leur patrie.

« L'idée d'une pareille situation excite toutes mes craintes, car elle montre qu'il existe un pouvoir entre les mains de la Grande-Bretagne, plus terrible peut-être qu'on n'en vit jamais en action dans l'histoire de la race humaine *(écoutez)*. Mais s'il est bon d'avoir une force gigantesque, il peut y avoir de la tyrannie à en user comme un géant. La conscience de posséder cette force fait notre sécurité, et notre affaire est de ne point chercher d'occasion de la déployer, excepté partiellement, et d'une manière suffisante pour faire sentir qu'il est de l'intérêt des exagérés des deux côtés de se garder de convertir leur *arbitre* en compétiteur *(écoutez)*. La situation de notre pays peut être comparée à celle du maître des vents, telle que l'a décrite le poëte :

« Celsâ sedet Æolus arce,
Sceptra tenens; mollitque animos, et temperat iras :
Ni faciat, maria ac terras cœlumque profundum
Quippe ferant rapidi secum, verrantque per auras. »

« Voici donc la raison, raison inverse de la crainte, contraire à l'impuissance, qui me fait appréhender le retour de la guerre. Si cette raison était sentie par ceux qui agissent d'après des principes opposés, avant que le temps d'user de notre pouvoir arrive, cela ferait beaucoup, et je m'armerais longtemps de patience; je souffrirais presque tout ce qui ne toucherait pas à notre foi et à notre honneur national, plutôt que de déchaîner les furies de la guerre dont le fouet est dans nos mains, lorsque nous ne savons sur qui tomberait leur rage, et que nous ignorons où s'arrêterait la dévastation. »

La blessure que nous avions faite à l'Angleterre était profonde : M. Canning, deux ans après notre expédition, est encore obligé de s'excuser de n'avoir pas pris les armes. C'est par sa permission même que nous sommes entrés en Espagne comme des enfants qu'on trompe et dont on se joue. Et pourquoi M. Canning nous a-t-il permis ce succès puéril? Pour nous le *rendre préjudiciable*, et pour *appeler à l'existence un nouveau monde*. Ensuite l'Angleterre, dans sa probité politique, a tremblé devant son propre pouvoir; Éole n'a pas voulu déchaîner les vents qu'il tient sous ses lois; de sorte que la conduite du ministère britannique a été un chef-d'œuvre d'habileté et de magnanimité.

Vous venez de voir, par la seule exposition des dates, combien l'assertion de M. Canning sur les colonies avait peu de fondement : l'Amérique espagnole était émancipée; les ports de l'Angleterre étaient ouverts à ses vaisseaux, à l'époque même où M. Canning, non encore ministre, allait s'embarquer pour les Indes.

Les paroles de notre honorable ami ne peuvent que nous attrister profondément; elles décèlent un homme trop affecté d'avoir eu le dessous dans une affaire dont il se fût tiré avec plus de succès s'il avait eu le courage ou de l'approuver ou de la combattre. C'est la première fois que des aveux aussi dédaigneux, des malédictions aussi franches, ont été prononcés à une tribune publique : ni les Chatham, ni les Fox, ni les Pitt n'ont exprimé contre la France des sentiments aussi pénibles. Lorsque lord Londonderry faisait au parlement anglais le récit de la bataille de Waterloo, que disait-il dans l'exaltation de la victoire? « Les soldats français et les soldats anglais lavaient leurs mains sanglantes dans le même ruisseau, en se félicitant mutuellement de leur courage. » Voilà le langage d'un noble ennemi.

L'Angleterre est un *géant*, soit : nous ne lui disputons point la taille qu'elle se donne; mais ce géant ne fait aucune frayeur à la France : un colosse a quelquefois les pieds d'argile.

L'Angleterre est *Éole :* nous y consentons; mais Éole n'aurait-il point des tempêtes dans son empire? Il est imprudent de parler des mécontents qui peuvent se trouver en d'autres pays, quand on a chez soi cinq millions de catholiques opprimés, cinq millions d'hommes que l'on contient à peine par un camp permanent en Irlande; quand on est dans la nécessité de faire fusiller des populations ouvrières mourant de faim, quand une taxe des pauvres, sans cesse augmentée, annonce une misère croissant toujours.

Eh quoi! si l'étendard britannique se levait, on verrait se ranger autour de lui tous les mécontents du globe? C'est une chose déplorable, d'avoir à craindre pour auxiliaires les passions et les malheurs des hommes, d'apercevoir des succès qui pourraient prendre leur source dans le bouleversement de la société, de posséder un drapeau d'une telle vertu qu'il serait à l'instant choisi pour la discorde. Il est malheureux d'avouer qu'on trouverait la puissance dans la confusion et le chaos. Si le géant de l'Angleterre, en sortant de son île, affirme qu'il peut brûler l'univers, ne justifie-t-il pas le *blocus continental* d'un autre géant?

La France, quand nous étions ministre, avait des prétentions différentes: sur les champs de bataille, elle aurait voulu rallier autour de son drapeau, non les perturbateurs des divers pays, mais les hommes fidèles à l'honneur et à la patrie, les amis des libertés publiques dans un ordre sage et légal. Si jamais nous eussions été obligés de combattre l'Angleterre elle-même, nous n'aurions point essayé de soulever sur le sol où elle est assise, aux foyers et dans la poussière sacrée de ses aïeux, les millions de mécontents qu'elle a faits; nous n'aurions point éclairé nos succès du flambeau de la guerre civile : une victoire qui ne serait pas le prix de notre propre sang serait indigne de nous. Le monde reconnaissant s'obstinera à ne devoir à la patrie des Bacon, des Shakspeare, des Milton, des Newton, des Byron, des Canning, que des lumières. La nation anglaise a fait trop d'honneur à la nature humaine, pour qu'on tente jamais de la perdre par des troubles excités dans son sein.

X

Difficultés existantes à *priori* pour reconnaître l'indépendance des colonies espagnoles. — Erreurs où tombent les esprits qui ne sont pas initiés aux secrets des négociations.

A l'époque où nous avions l'honneur de siéger dans le conseil du roi, des difficultés de toutes sortes se présentaient à la reconnaissance de l'indépendance de ces colonies espagnoles, émancipées moins par goût et par nécessité intérieure que par le hasard des événements. Quelques-unes admettaient encore la souveraineté, telle quelle, de la mère patrie; il y en avait d'autres où les royalistes luttaient à main armée contre les *liberales*, tandis que d'autres étaient entièrement séparés de la métropole, bien qu'en proie à des divisions intestines. Ces colonies de trois sortes devaient-elles être comprises dans la même catégorie, traitées par le même droit politique et le même droit des gens ? Était-ce une seule république, comme celle des États-Unis, qu'il s'agissait de reconnaître, ou cinq ou six républiques dont on savait à peine les noms ? Les représentants des nations étrangères auraient-ils eu des lettres de créance en blanc, pour en remplir le protocole à volonté, toutes les fois qu'un capitaine aurait chassé un autre capitaine, qu'une tyrannie de mamelouks aurait pris la place d'une république de citoyens ?

Telles étaient les difficultés existantes, *à priori*, dans la matière, sans parler de celles que les différentes cours apportaient à la résolution de la question : il était de notre devoir de les peser.

Des esprits non initiés aux secrets des négociations tombent dans des erreurs considérables en raisonnant sur les affaires diplomatiques; ils ne tiennent compte des obstacles. Un peuple, dans l'état actuel de la société, ne peut faire un mouvement sans produire des effets à calculer; le courage des passions ou l'inflexibilité des doctrines renverserait tout. Raffinerez-vous des systèmes ? alors vous deviendrez ce que Bayle appelle en religion des *distillateurs de saintes lettres*. Pour parvenir à son but, on doit souvent temporiser, prendre des détours, s'arrêter quelquefois; comme, en d'autres occasions, l'habileté est d'aller vite. Un *non* mis en travers dans les affaires, par une incapacité à sceptre, les retient tout court; ce *non* prend de l'inviolabilité, de la sainteté de la couronne. Il faut des mois pour lever le *veto* d'un sot, en employant confesseurs et maîtresses, ministres et valets.

Un moyen plus court de trancher la question reste sans doute : la force; mais quand vous aurez abattu, tué, bouleversé, où en serez-vous ? Ne venez pas nous dire que vous vous en trouverez mieux, à nous qui vivons après les révolutions. Une position insulaire, défendue par une marine sans rivale, met à l'aise; une position continentale, demande réserve et mesure. Enfin les transactions se trouvent aujourd'hui retardées par des entraves dont elles étaient libres autrefois. Jadis il ne s'agissait que d'intérêts matériels, d'un accroissement de territoire ou de commerce; maintenant on traite des intérêts moraux : les principes de l'ordre social ont leur part dans les dépêches; on mêle les doctrines aux affaires, et la civilisation croissante, devançant les lenteurs des cabinets, vient jeter son influence à travers la petite diplomatie qui, cinquante ans passés, suffisait à des peuples stationnaires.

Pour s'occuper des colonies espagnoles, il y a plusieurs obligations à remplir; les conseillers d'un roi légitime ne pouvaient blesser dans un autre souverain, dans un autre petit-fils de Louis XIV, les droits de la légitimité. Si d'un côté prendre les armes contre les Amériques eût été folie à la France, de l'autre côté reconnaître subitement l'illégitimité à Lima ou à

Mexico, quand on avait soutenu la légitimité à Madrid, serait devenu une inconséquence monstrueuse. Notre rôle naturel était de chercher à favoriser tout arrangement généreux entre l'Espagne et ses colonies.

XI

Opposition des puissances continentales. — Opposition de l'Angleterre. — Instructions secrètes données aux consuls anglais. — Notre projet d'occuper Cadix pour forcer l'Angleterre à un arrangement général. — L'Angleterre a agi trop vite.

Lorsque nous entreprîmes d'exécuter notre plan relativement aux colonies, les oppositions me vinrent de quatre côtés différents : des puissances continentales, de l'Angleterre, de l'Espagne, et des colonies espagnoles.

Les puissances continentales ne voulaient pas traiter sur la base de *l'indépendance*; des monarchies *constitutionnelles* sous des princes de la maison de Bourbon n'étaient pas leur affaire : ces puissances rêvaient de je ne sais quoi d'impossible, d'une conquête des Américains à main armée, du rétablissement de l'arbitraire du conseil des Indes. Nous ne cherchions pas trop à pénétrer leur absurde principe, nous contentant d'être appuyé d'elles dans ce premier refus de traiter sur une large base, parce que leur opposition empêcherait l'Angleterre d'aller trop vite durant les négociations, et de nous devancer dans la reconnaissance absolue de l'indépendance coloniale, au cas où nous serions obligé d'y venir nous-même.

Alexandre se plaignait de notre dépêche conciliatrice adressée au cabinet de Saint-James, comme si nous pouvions tenir à Londres le même langage qu'à Pétersbourg. Le torrent de l'opinion coulait violemment contre nous en Angleterre. L'amour-propre de M. Canning cherchait à faire illusion au peuple anglais sur nos succès, flattant la Cité d'avoir en compensation le Pérou et le Mexique. Là gisait la difficulté; le mauvais vouloir intérieur était si grand, que, dans des instructions secrètes du cabinet de Saint-James aux consuls destinés pour l'Amérique méridionale (instructions que nous nous étions procurées), on lisait ce paragraphe :

« Ils doivent prendre immédiatement des mesures et employer tous leurs efforts pour obtenir des informations exactes sur tous les agents français qui pourraient se trouver dans le pays; savoir ce qu'ils ont et ce qu'ils font, leurs liaisons et leurs rapports, leurs moyens d'obtenir des informations, l'influence qu'ils peuvent avoir, les dispositions qui peuvent exister en leur faveur dans le pays; connaître exactement l'objet réel de leur mission, et si, sous le prétexte de ménager le retour des colonies sous le gouvernement du roi d'Espagne, ils ne sont pas secrètement et activement occupés à préparer les esprits du peuple à recevoir un gouvernement bourbon indépendant. Dans le cas où ce serait là leur but, savoir quel prince est proposé, et quelle est la nature et l'étendue des moyens employés pour y parvenir.

« Les informations que nous avons reçues jusqu'ici nous portent à supposer que la grande majorité du peuple est, ou serait bientôt, attachée à une forme monarchique de gouvernement, pourvu que le chef du gouvernement fût de leur choix, et ne fût décidément ni de la branche française, ni de la branche espagnole des Bourbons.....

« Il est du devoir des consuls de favoriser les intérêts commerciaux, et sous ce rapport ils ont à rivaliser avec deux nations, la France et l'Amérique. C'est surtout sur la première que l'attention doit être parfaitement fixée, parce qu'elle réunit en même temps une opposition commerciale et une opposition politique, et que ses agents sont non-seulement adroits, mais infatigables. Le succès dépendra donc en grande partie du secret, et l'aide puissante que l'on sera en état de fournir aux différents États pour effectuer l'œuvre de leur indépendance, à laquelle on les encouragera par tous les moyens possibles, ne leur sera jamais accordée s'ils se lient avec la France. Les consuls prendront un soin particulier pour que les avantages commerciaux qui leur seront accordés soient tels que, dans le cas où l'Angleterre serait impliquée dans une guerre, ils assurassent aux ministres de Sa Majesté le soutien de l'intérêt commercial du royaume. »

L'Angleterre ne savait pas que nous connaissions si bien ses bonnes intentions à notre égard : mais, pour l'obliger d'assister aux conférences générales demandées par l'Espagne, comme on va le voir, à nos sollicitations, nous tenions en réserve un dernier moyen : nous aurions dit au cabinet de Saint-James : « Ou traitez en commun avec l'Europe de l'Espagne et de ses colonies, ou nous occuperons Cadix et l'île de Léon; nous ferons de Cadix un autre Gibraltar : venez nous en déloger. »

Il était facile de mettre à exécution cette menace ; les Espagnols eussent souffert notre occupation prolongée de Cadix, pour les arranger avec le Mexique et le Pérou, une fois leur parti pris de traiter avec les colonies; l'Europe nous eût vus sans regret, sinon sans jalousie, forcer l'Angleterre d'entrer dans les intérêts généraux des nations continentales : nous tenions le taureau par les cornes ; point ne fallait le lâcher.

L'Angleterre a-t-elle agi avec prévoyance en se hâtant de prendre un parti uniquement fondé sur des intérêts matériels? S'il est au monde quelque puissance qui doive craindre une force maritime indépendante, c'est la Grande-Bretagne : ses véritables rivales sont des nations placées entre deux Océans, offrant à l'Europe des alliances nouvelles, inquiétant Londres sur les mers des Iles Britanniques et sur les mers de l'Inde.

Dans un demi-siècle, quand la Grande-Bretagne aura nourri sous sa protection les nouvelles républiques ; quand elle aura guidé les autres nations aux Amériques espagnoles; quand elle aura montré à ces nations comment on fait des traités avec ces Amériques; quand elle aura vu, par des amitiés ou des inimitiés engendrées dans le sol, les États-Unis soutenir ou subjuguer les démocraties mexicaines, la Grande-Bretagne en sera aux regrets; elle se repentira d'avoir sacrifié l'avenir d'une longueur durable, au présent vite évanoui : la rapidité du coup d'œil nuit quelquefois à l'étendue du regard; mais, dans un demi-siècle, il s'agira bien de tout cela !

XII

Opposition de l'Espagne. — Nous obtenons deux décrets fameux : l'un pour une demande en médiation, l'autre pour la liberté du commerce au Nouveau-Monde. — Où devaient conduire ces décrets.

En Espagne, les préjugés nationaux, libéraux ou absolutistes, luttaient contre nous : entrer en pourparlers avec les colonies révoltées paraissait monstrueux. Afin de retarder l'impatience du cabinet anglais, et de nous donner le temps d'arriver à des conférences générales, deux choses, presque impossibles à obtenir, étaient nécessaires.

Il s'agissait d'abord d'une déclaration de liberté de commerce aux États de l'ancienne domination espagnole : Montesquieu l'avait conseillée (*Espr. des lois*, liv. XXI). L'Amérique ouverte ôtait à l'Angleterre l'argument des exigences de son industrie.

Les scrupules de l'Europe étant levés, il nous était licite, à nous autres, France, ainsi qu'à l'Alliance continentale, d'envoyer des consuls dans le Nouveau-Monde.

Après cette première déclaration, il fallait amener le cabinet de Madrid à la demande d'une médiation des cours étrangères, d'où fût résulté un accord définitif entre l'Espagne et ses colonies. La France ne pouvait pas songer à créer seule des monarchies bourboniennes d'outre-mer, sans avoir sur les bras toute l'Europe : l'affaire complexe requérait l'assentiment de tous. La demande en médiation eut lieu, et le décret de la liberté du commerce aux Amériques la suivit. Au grand honneur du gouvernement de S. M. T. C., ces deux actes resteront dans l'histoire diplomatique; actes qu'en tout autre temps on aurait remarqués, vantés, applaudis. Fontenay-Mareuil, qui nous a laissé le plus beau portrait du génie politique de Henri IV, dit, en parlant des Espagnols : « Aussi n'y voit-on pas prendre légèrement le change, ni manquer de patience et de courage quand il faut en avoir. D'où sont venus tous ces grands avantages qu'ils ont eus si longtemps sur tout le reste du monde; ils se sont peu étonnés de toutes leurs disgrâces, ne pouvant croire ce qu'ils voyaient, préoccupés d'esprit que leur sagesse et leur habileté prévaudraient enfin par-dessus leur mauvaise fortune. »

La puissance des souvenirs et des traditions est grande chez un pareil peuple, et les succès obtenus en combattant cette puissance doivent compter double.

XIII

Suite de l'opposition d'Espagne. — Nous conseillons des emprunts espagnols pour compenser les emprunts des colonies en Angleterre. — A quelles sommes montaient ces derniers emprunts.

Toujours pour disposer de plus en plus l'Angleterre à écouter l'Espagne, nous pressions le cabinet de Madrid de faire des emprunts ; moyen de diviser et d'inquiéter à Londres le lucre commercial fourvoyé dans des comptes ouverts avec le Mexique, le Pérou et la Colombie. De 1822 à 1826, dix emprunts avaient été faits en Angleterre au nom des colonies espagnoles; ils montaient à la somme de 20,978,000 liv. sterl. Ces emprunts, l'un portant l'autre, avaient été contractés à 75 cent. Puis on défalqua, sur ces emprunts, deux années d'intérêt à 6 pour cent ; ensuite on retint pour 7,000,000 de liv. sterl. de fournitures. De compte fait, l'Angleterre a déboursé une somme réelle de 7,000,000 de liv. sterl. ou 175,000,000 de fr. ; mais les républiques espagnoles n'en restent pas moins grevées d'une dette de 20,978,000 liv. sterl.

A ces emprunts, déjà excessifs, vinrent se joindre cette multitude d'associations ou de compagnies destinées à exploiter les mines, pêcher les perles, creuser les canaux, défricher les terres de ce Nouveau-Monde qui semblait découvert pour la première fois. Ces compagnies s'élevèrent au nombre de vingt-neuf; le capital nominal des sommes employées fut de 14,767,500 liv. sterl. Les souscripteurs ne fournirent qu'environ un quart de cette somme ; c'est donc 3,000,000 sterl. (environ 75,000,000 de fr.) qu'il faut ajouter aux 7,000,000 sterl. (175,000,000 de fr.) des emprunts. En tout, 200,000,000 de francs avancés aux colonies espagnoles ; et l'Angleterre répète une somme nominale de 35,745,500 liv. sterl., tant sur les gouvernements que sur les particuliers.

La Grande-Bretagne a des vice-consuls dans les plus petites baies, des consuls dans les ports de quelque importance, des consuls généraux, des ministres plénipotentiaires à la Colombie et au Mexique. Tout le pays est couvert de maisons de commerce anglaises, de commis voyageurs anglais, de minéralogistes anglais, de militaires anglais, de fournisseurs anglais, de colons anglais, auxquels on a vendu 3 schillings l'acre de terre, qui revenait à 12 sous et demi à l'actionnaire. Le pavillon anglais flotte sur toutes les côtes de l'Atlantique et de la mer du Sud; des barques descendent et remontent toutes les rivières navigables, chargées de produits des manufactures anglaises, ou de l'échange de ces produits ; des paquebots partent régulièrement chaque mois d'Albion, et vont toucher aux différents points des colonies espagnoles.

Si l'abandon du billon américain, en faisant baisser de moitié l'intérêt de l'argent, réduisit de moitié la valeur du capital, et amena la banqueroute de Philippe II, il était naturel que les richesses du Nouveau-Monde, changées de nature, produisissent à peu près le même effet.

De nombreuses faillites ont été la suite des entreprises immodérées des Anglais ; en plusieurs endroits les régnicoles ont brisé les machines à épuisement ; les mines vendues ne se sont point trouvées ; des procès ont commencé entre les négociants de Mexico et les négociants de Londres ; des discussions se sont élevées au sujet des emprunts.

Il résulte de ces faits qu'au moment de leur émancipation, les colonies espagnoles sont devenues des espèces de colonies anglaises. Les nouveaux maîtres ne sont point aimés, car on n'aime point les maîtres ; l'orgueil britannique humilie ceux qu'il protége ; la suprématie étrangère comprime dans les républiques nouvelles l'élan du génie national. Ces antipathies naissantes me donnaient l'espoir de réussir plus facilement dans mes projets.

Des emprunts espagnols, contre-balançant les emprunts anglais, livrant comme hypothèque les revenus et les mines du Nouveau-Monde, eussent désintéressé la Grande-Bretagne.

XIV

Opposition des colonies espagnoles. — Notre plan généralement adopté, même par l'Angleterre. — Congrès pour une médiation à tenir dans une ville neutre d'Allemagne. — Quelle a été notre politique.

Quant à ces colonies elles-mêmes, à l'opposition de leurs volontés diverses, notre intention était, premièrement, de leur faire accorder des représentants au congrès : on ne pouvait disposer de leur sort sans elles ; sous ce rapport, nous eussions été appuyés de l'Angleterre. Les chefs des insurgés avaient à Paris des parents et des liaisons ; nous les ménagions. Les colonies ne nous paraissaient pas devoir refuser d'envoyer des députés à la conférence, puisqu'elles furent représentées, le 24 septembre 1810, dans les cortès mêmes de Cadix.

Nous répugnions à traiter tout d'abord, avec les colonies, sur la base de leur indépendance ; c'eût été trancher la question en accordant ce qui était en litige, et ce qui devait devenir le *principe* du traité. Nous disions à ces colonies :

« Vous désirez que l'Espagne reconnaisse votre indépendance ; l'Espagne et l'Europe la reconnaîtront, lorsque vous aurez choisi pour chef un roi du sang de vos anciens rois, avec lequel vous réglerez vos libertés dans la forme monarchique constitutionnelle. Cette forme de gouvernement convient à votre climat, à vos mœurs, à vos populations disséminées sur une étendue de pays immense. La résistance passive du cabinet de Madrid a de la force. La Hollande a souffert jusqu'au traité de Munster. Le droit est une puissance longtemps équipollente au fait, alors même que les événements ne sont pas faveur du droit : notre restauration l'a prouvé. Si l'Angleterre, sans faire la guerre aux États-Unis, s'était bornée à ne pas reconnaître leur indépendance, les États-Unis seraient-ils ce qu'ils sont aujourd'hui? Vos républiques renferment tous les éléments de prospérité : variété de sol et de climat, forêts pour la marine ; ports pour les vaisseaux ; double océan ouvrant le commerce du monde. Tout est riche en dehors et en dedans de la terre péruvienne et mexicaine : les fleuves en fécondent la surface; l'or en fertilise le sein. Mais ne vous endormez pas dans une sécurité trompeuse; n'allez pas vous enivrer de songes ; vos passions, si vous vous entêtez de théories, vous égareront. Les flatteurs des peuples sont aussi dangereux que les flatteurs des rois. Quand on se crée une utopie, on ne tient compte ni du passé, ni de l'histoire, ni des faits, ni des mœurs, ni du caractère, ni des préjugés : enchanté de ses propres rêves, on ne se prémunit point contre les événements, et l'on gâte les plus belles destinées. »

Après avoir tenu ce langage aux colonies, nous nous serions adressé à l'Espagne :

« Vos colonies sont perdues ; vous ne les recouvrirez jamais; la Colombie n'a plus son territoire d'Espagnols proprement dits ; on les appelait les *Goths;* ils ont péri ou ils ont été expulsés. Tout le clergé, dans cette république, est américain et favorable à l'émancipation ; au Mexique, on prépare des mesures contre les natifs de l'ancienne mère patrie. Si vous refusez de concéder l'indépendance de vos colonies, elles la prendront malgré vous; les États-Unis ont déjà reconnu cette indépendance; les Anglais sont au moment de la reconnaître dans toute sa plénitude. Mais vous avez un moyen de salut : placez des Infants sur les trônes du Mexique et du Pérou, d'accord avec les habitants de ces possessions : vous en retirerez de la gloire, en vous réservant des avantages à l'allégement de vos dettes et au profit de votre commerce. »

Nous étions déjà écoutés de tous les côtés; il ne restait plus qu'une difficulté à lever ; où se tiendraient les conférences ? à Madrid ? elles eussent été impossibles avec les intrigues et les factions du pays ; à Londres ? elles auraient blessé la dignité française : nous proposions une ville neutre en Allemagne.

Notre projet, en dernier résultat, était si naturel, que l'Angleterre avait fini par y prêter l'oreille ; vers la conclusion des négociations, elle s'était rapprochée de nous : bien que, dans des instructions secrètes à ses consuls, elle se fût déclarée contre le règne des Bourbons au Nouveau-Monde, la force des choses l'avait conduite à songer elle-même à l'établissement d'un Infant au Mexique. Elle était surtout arrivée à cette idée par la crainte de voir les États-Unis, liés avec leurs sœurs voisines, supplanter son commerce. Enfin, si le congrès *ad hoc* n'avait pu rien terminer, si les passions des députés américains et celles de l'Espagne, si quelques prétentions des puissances continentales ou quelque avidité commerciale de l'Angleterre avaient rompu les conférences, alors rentrées dans le droit naturel (ainsi que nous l'avions dit dans la note au congrès de Vérone), chaque nation aurait pris son parti ; et la France n'eût pas été la dernière à reconnaître l'indépendance des colonies espagnoles.

Qui dérangea ces projets laborieusement suivis qui touchaient à leur terme ? Ma chute.

Telle a été ma politique : elle s'éloignait des extrêmes ; conforme à l'esprit de la Charte, elle réunissait l'intérêt de nos libertés à celui de notre commerce, et nous faisait entrer convenablement dans le mouvement général. Donnez la main au siècle pour l'accompagner en le modérant. Marchez-vous derrière lui, il vous emportera. Marchez-vous devant lui, il vous foulera aux pieds. Dans la destinée des peuples, un moment est à saisir : il existait un espace entre le passé et l'avenir ; l'Europe monarchique s'y pouvait mouvoir en sûreté, jusqu'au terme assigné à son existence. Sortie hâtivement de ce milieu, où ira-t-elle ?

XV

Quelques affaires d'un ordre secondaire. — Amnistie. — Traité d'occupation. — M. de Caraman. — Le maréchal de Bellune. — M. de Polignac. — M. le baron de Damas. — Mort de Pie VII. — Conclave. — M. l'abbé duc de Rohan. — M. de La Fare, archevêque de Sens. — M. le cardinal de Clermont-Tonnerre.

Dans cette seconde partie de mes travaux s'entremêlèrent quelques affaires d'un ordre secondaire. Il s'agissait de faire publier à Madrid une amnistie, d'obliger Ferdinand à reconnaître la dette contractée envers nos troupes, de régler le traité d'occupation, durée de temps, nombre de soldats, solde supplémentaire : nous avions besoin de cela pour nous présenter aux chambres, ce qui importait fort peu au delà des monts.

Personne, nous l'avons dit, ne se soucie dans la Péninsule d'une loi d'oubli, bonne ou mauvaise, entière ou exceptionnelle. Un Espagnol pardonné ne se croit pas pardonné ; un Espagnol pardonnant ne croit pas avoir pardonné : l'acquittement définitif est la mort. Dieu est là, de l'autre côté de la tombe, pour donner des lettres de grâce : c'est son affaire. A Saint-Domingue, des dogues justiciers poursuivaient les Indiens récalcitrants à l'esclavage. Vous ne verrez pas dans l'histoire, depuis Isidore de Séville, Justin, Mariana, Herrera, une amnistie, de quelque bord qu'elle soit venue, religieusement observée.

Sur l'occupation, nous avions des idées contraires à celles de nos collègues ; nous l'aurions voulu prolonger, tant pour achever l'affaire des colonies, que pour prévenir les nouveaux troubles auxquels le caractère de Ferdinand ne manquerait pas de donner lieu.

Nous avions à débattre l'affaire de M. de Caraman et de M. le duc de Bellune. Le premier demanda des gratifications, à raison d'anciennes dépenses extraordinaires. Dans le cas où ces gratifications ne seraient pas accordées, il avait le chagrin d'offrir sa démission.

M. le duc de Bellune venait d'être obligé de quitter le portefeuille de la guerre ; nous proposâmes de donner à ce loyal et modeste militaire l'ambassade vacante de Vienne. Il s'éleva des difficultés ; on ne voulait point recevoir le maréchal Victor sous le titre de duc de Bellune. Ce scrupule sur les noms empruntés des actions et des lieux venait un peu tard : l'Autriche n'avait-elle pas reconnu le *baron du Nil*, Nelson ; le *prince de Waterloo*, Wellington ? Le Nil et le champ de Waterloo n'appartiennent pas à l'Autriche, d'accord ; mais le *vice-roi d'Italie*, le prince Eugène ; le *roi d'Italie*, Napoléon Ier ; le *roi de Rome*, Napoléon II, n'étaient-ils pas tout du long par leurs titres dans l'almanach de Vienne ? N'admettons-nous que les souverainetés de ceux qui nous battent ? Du moins les pauvres Césars romains, esclaves d'Attila, tenaient pour un général à la solde de l'Empire.

Si l'on persistait, nous étions déterminés à n'envoyer à Vienne qu'un chargé d'affaires ; le maréchal Victor ne voulait point accepter l'ambassade que son titre ne fût reconnu. Quelquefois il cédait ; puis, par une susceptibilité fort louable, il revenait à ses premiers sentiments. Pendant ce temps-là, M. de Caraman sollicitait le titre de duc pour sa fidélité ; il fit agir ses amis auprès du roi, et il retourna en Autriche.

A nos sollicitations obstinées, l'ambassade de Londres avait enfin été accordée à M. de Polignac : Louis XVIII ne voulait pas y entendre, M. de Villèle encore moins : il nous disait que nous nous repentirions ; il vit mieux que nous. Le sort nous obligeait à notre insu de concourir à la perte de la vieille société, au moment où nous employions tous nos efforts pour la faire vivre.

Le remplacement du duc de Bellune au conseil était difficile : la majorité de M. de Villèle, dans la Chambre élective, se trouvait royaliste ; émue du renvoi du maréchal, elle fut au moment de se diviser ; on ne pouvait donc chercher un ministre de l'armée parmi des hommes en dehors de l'opinion royaliste, sous peine de perdre la majorité parlementaire : ce sont les nécessités du gouvernement représentatif. Nous ouvrîmes, chez le président du conseil, l'almanach ; nous nous mîmes à lire la liste des officiers généraux, idoines au portefeuille ; nous tombâmes sur le baron de Damas ; nous nous écriâmes : « Voilà notre homme ! » et nos collègues d'applaudir, et le roi d'agréer M. de Damas. Singulière chance de notre vie ! nous avons mis dans les affaires les deux hommes que la légitimité eût été heureuse d'éviter ! Arriva la mort de Pie VII, sous lequel nous avions commencé la carrière diplomatique à l'époque de l'empire.

Après ces explications sur les occupations de notre ministère pendant la seconde partie des affaires d'Espagne, il nous reste à donner la *suite* de *notre correspondance diplomatique*, à partir du moment où nous en avons interrompu l'intercalation.

On a maintenant la clef de cette fin de correspondance.

XVI

Suite de la correspondance diplomatique.

M. DE CHATEAUBRIAND A M. DE TALARU.

Paris, ce 9 octobre 1823.

Allons, mon cher ami, le roi est délivré. Voilà une glorieuse et immense affaire. Je ne puis vous donner une direction bien juste dans ce moment, et vous devez prendre beaucoup sur vous. Je vous écris une lettre officielle où je vous recommande seulement deux conseils pour le roi : licencier l'armée et révoquer le décret des cortès qui reconnaît l'indépendance de Buenos-Ayres. Cela surtout est important pour nous, afin d'empêcher l'Angleterre d'argumenter de ce décret pour reconnaître à son tour l'indépendance des colonies espagnoles, avant que nous ayons eu le temps de traiter cette grande affaire. Comme la nouvelle république a voté 100 millions contre nous (100 millions que l'Angleterre aurait sans doute prêtés), nous aurons, si nous voulons, un beau prétexte d'intervenir dans ce débat. Je ne vous parle pas de l'occupation de l'Espagne, il faut que cela soit réglé en conseil sur l'avis de monseigneur le duc d'Angoulême. Je vous en écrirai.

Mon plan est de refuser absolument les conférences de Madrid, et de n'en avoir qu'ici : comme cela, vous serez hors des tracasseries de vos petits collègues. Je voudrais qu'il fût possible de n'avoir de conférences nulle part, mais cela serait impossible sans rompre l'alliance ; et si l'alliance a de graves inconvénients, elle a des avantages considérables, surtout dans les premiers moments.

CHATEAUBRIAND.

M. DE CHATEAUBRIAND A M. DE TALARU.

Paris, le 15 octobre 1823.

Je me prépare, mon cher ami, à vous écrire une longue dépêche officielle sur le système général de l'Espagne; en attendant, je dois vous prévenir sur plusieurs points essentiels.

Le comte Pozzo part aujourd'hui; il est dans les meilleures dispositions pour nous, et les plus modérées et les plus conciliantes. J'ai vu les instructions données par son maître, elles sont pleines de raison et de générosité. Il a été très-bien ici, et au point de se compromettre avec vos collègues de Madrid, qui l'ont dénoncé à leur cour. Si nous n'avions pas réussi en Espagne, il serait tombé avec nous; il ne fera qu'un très-court séjour à Madrid, marchera parfaitement d'accord avec vous. Il a été convenu, dans une conférence tenue avant-hier chez moi, que le protocole du 7 juin, ne regardant que la régence, était détruit de fait par le retour du roi, et n'emportait plus d'obligation pour les parties, et il a été résolu qu'il n'y aurait plus de conférences à Madrid. Pozzo était convenu avec moi que je demanderais l'abolition de ces conférences, qu'il m'appuierait, et qu'au reste, chaque ambassadeur en référerait à sa cour. J'ai déclaré que, quelle que fût la décision des cours, le gouvernement français ne consentirait plus à ces conférences de Madrid; que celles de Paris étaient parfaitement suffisantes. Vous pouvez donc être tranquille; les cours consentiront, et vous voilà délivré de ces réunions insupportables. Canning, blessé dans son amour-propre par nos succès, a une humeur qu'il ne cache plus. Il songe à amener des sujets de contestation à propos des colonies espagnoles; il menace d'en reconnaître l'indépendance, tout en feignant de vouloir en traiter avec nous. L'occupation de Cadix va l'inquiéter davantage, et je m'attends à recevoir une note officielle anglaise à ce sujet. Je ne vois pas trop pourquoi nous occuperions Carthagène : Cadix, Madrid, La Corogne, Santona et les places en deçà de l'Èbre me paraissent bien suffisantes.

Insistez, mon cher ami, sur le licenciement de l'armée espagnole. Est-ce que le corps de Ballesteros peut rester entier et en cantonnement auprès de Cadix? Mais le jour où nous quitterons cette ville, il entrera dans l'île de Léon, et tout recommencera.

Tâchez aussi de modérer les réactions. Vous ne sauriez croire combien ces décrets de rigueur, rendus coup sur coup, font de mal ici.

Insistez pour que le roi révoque spécialement ce qu'il a pu faire pour l'indépendance de certaines colonies, comme Buenos-Ayres, en disant toutefois qu'il va s'occuper du sort de ces colonies. S'il ne rend pas un pareil décret, il peut jeter ses colonies dans les mains de l'Angleterre. Je vous écris cela à la hâte. Bien d'autres objets de la plus haute importance méritent votre attention. Étudiez tout ce qui peut nous nuire, pour venir au-devant du mal, et ne pas attendre que je vous donne d'ici des directions tardives. Votre séjour à Séville nuit bien aux communications.

Je n'ai point reçu de lettre de vous aujourd'hui, mais M. de Gabriac m'écrit de Madrid que le décret du roi, concernant les personnes qui ne doivent pas se présenter devant le roi, consterne tout Madrid, et frappe, dans Madrid seul, plus de six cents personnes appartenant aux familles les plus distinguées. Je ne saurais trop vous inviter à vous élever fortement contre ces violences de M. Saez, qui bouleverseraient de nouveau l'Espagne. Au lieu de s'occuper de ces vengeances intéressées, il serait bien plus sage de licencier une armée qui renversera tout quand nous n'y serons plus; et, pour cela, il faudrait profiter de la présence de nos troupes dans le midi de l'Espagne; car, une fois parties (et elles ne peuvent pas y rester longtemps sans nous brouiller avec l'Angleterre), les ordres du roi seront impuissants, et ce n'est pas le curé Mérino qui réduira Ballesteros à l'obéissance.

CHATEAUBRIAND.

M. DE CHATEAUBRIAND A M. DE POLIGNAC.

Paris, le 16 octobre 1823.

Je n'ai rien à vous mander, si ce n'est les sottises du roi d'Espagne, ses décrets irréfléchis, etc.; mais nous ne le souffrirons pas, nous le forcerons à prendre un ministère raisonnable. Si on vous parle à Londres de ce qu'il fait, montrez hautement votre mécontentement et celui de votre gouvernement contre les mauvais conseillers qui veulent déjà s'emparer du roi; dites que la France ne consentira pas à perdre une part si glorieuse de son expédition; qu'elle veut que l'Espagne soit tranquille et heureuse, et qu'elle s'opposera à toute réaction dangereuse comme à tout esprit de vengeance. Il nous importe de n'avoir pas l'air de complices de la stupidité et du fanatisme.

Veillez bien Canning; il a une humeur que sir Ch. Stuart ne peut dissimuler. Tâchez de découvrir ce qu'il médite sur les colonies espagnoles. Je ne serais pas surpris qu'il vous remît une note sur *l'occupation de Cadix*; vous vous contenterez de dire, si cela vous arrive, que vous la transmettrez à votre gouvernement.

Tout à vous, noble prince,
CHATEAUBRIAND.

M. DE CHATEAUBRIAND A M. DE TALARU.

Paris, le 17 octobre 1823.

Je reçois, mon cher ami, votre lettre de Séville, du 8 octobre. Toutes mes lettres précédentes, adressées pour vous à Madrid, vous expriment les sentiments pénibles que vous avez. Il importe d'arrêter cette marche le plus tôt possible. Le mal est dans M. Saez, à ce qu'on assure ici : nous avons fait assez de sacrifices pour qu'on nous écoute; il faut travailler à donner au roi un ministère raisonnable. Si l'on exile tous les hommes capables parce qu'ils ont fait ce que le roi lui-même faisait à de certaines époques, l'Espagne retombera dans l'anarchie. Songez bien à cela, c'est l'avis du roi et du conseil. Tout doit être employé pour former un ministère raisonnable, parce que ce sera l'instrument avec lequel on fera tout. Vous serez secondé par le général Pozzo; et d'autant plus qu'il sait que vos petits collègues ont écrit contre lui, il sera avec vous par esprit et par humeur. Ménagez-le; il vous sera très-utile.

Le ministère fait, n'oubliez pas de faire donner l'ordre du licenciement de l'armée; et comment ce malheureux roi renverra-t-il Ballesteros, quand nous n'y serons plus?

De faire prendre une mesure pour les finances.

De faire modérer le premier décret qui abolit tout ce qui a existé, je crois, depuis 1820. Comment? tous les traités, tous les actes politiques avec les étrangers, les emprunts, les conventions, les jugements des tribunaux au civil et au criminel? Que le gouvernement espagnol y prenne garde : qu'il n'oublie pas que le gouvernement des cortès a été légalement reconnu par l'Europe entière, qui avait ses ambassadeurs à Madrid, jusqu'au mois de février dernier. Il ne peut y avoir d'illégal aux yeux de l'Europe continentale que ce qui s'est fait depuis la retraite des ambassadeurs. Tel est le droit public de toutes les nations. Enfin, faites cesser ces exils en masse. Si l'on veut des proscrits, qu'on dresse une liste nominale, que cette fatale liste assouvisse cette soif de vengeance qui tourmente cette sauvage nation; mais que, hors de cette liste, tout soit à l'abri et puisse vivre en paix sous une loi d'amnistie scrupuleusement respectée. Entre ne pas se servir de ses ennemis ou les tuer, les bannir, les persécuter, les dépouiller, il y a une nuance. Songez bien, mon cher ami, qu'un établissement d'un absolutisme sanguinaire, avide et fanatique, déshonorerait cette campagne, qui fait un immortel honneur à la France par sa hardiesse et sa générosité. Vous avez un moyen puissant d'agir sur le gouvernement espagnol, c'est de le menacer de lui retirer nos troupes s'il veut se livrer à un esprit de vengeance et de folie. L'événement doit lui avoir prouvé que le parti constitutionnel est plus fort qu'il ne le croyait ; c'est-à-dire que ce parti a trouvé des armées, de nombreux soldats dans tous les coins de l'Espagne. Il est organisé, échauffé, soutenu secrètement par l'Angleterre. Ses soldats, tout incapables qu'ils sont de se mesurer avec les nôtres, sont pourtant très-supérieurs aux guerillas royalistes, qui se sont fait battre partout où elles ont eu affaire seules aux constitutionnels. Or, que deviendraient le confesseur, les inquisiteurs et le reste, si nous nous retirions au delà de l'Èbre, sans laisser de garnison à Cadix et à Madrid ? C'est pourtant ce que le roi est décidé à ordonner, si le gouvernement espagnol ne veut pas écouter le conseil de la raison. Les alliés ici partagent notre frayeur, et j'espère que les ordres qui arriveront des cours prêcheront dans le même sens que nous. Je crois vous avoir dit que j'ai vu et lu les instructions de l'empereur de Russie, et qu'elles sont généreuses au point de parler de la nécessité de donner à l'Espagne des institutions. Ce langage trompera bien des gens qui croient que Pozzo arrive avec un bonnet d'inquisiteur dans sa poche.

Tout à vous, mon cher ami; j'ai grande envie que vous ayez fini toutes les neuvaines de Séville.

CHATEAUBRIAND.

M. DE RAYNEVAL A M. DE CHATEAUBRIAND.

Berlin, 17 octobre 1823.

Monsieur le vicomte,

Je profite de l'occasion que me procure M. de La Ferronnays pour vous envoyer la dépêche par laquelle je vous annonce l'arrivée à Berlin du courrier porteur de la grande nouvelle de la délivrance du roi Ferdinand. Je voudrais pouvoir y ajouter quelques détails sur l'effet qu'elle a produit dans le public, où il y avait encore assez d'incrédules sur un succès définitif de notre part ; mais, par une fatalité tout à fait contrariante, un accès de goutte très-fort est venu me surprendre la veille même du jour de l'arrivée du courrier. C'est tout ce que j'aie pu faire que d'aller chez le comte de Bernstorff, à qui j'avais promis d'annoncer moi-même un événement qu'il attendait, je dois lui rendre cette justice, avec une impatience presque égale à la mienne. Mais cette sortie m'a mal réussi, et depuis il m'a été impossible de quitter le coin de mon feu. Le comte de Bernstorff étant aussi retenu chez lui par le même motif que moi, je n'ai rien pu savoir qui fût digne de vous être mandé.

Je ne terminerai point cette lettre, monsieur le vicomte, sans offrir à Votre Excellence mes bien sincères félicitations sur la part qu'elle a eue aux grands événements qui font aujourd'hui la joie et l'orgueil de tous les cœurs vraiment français. Il n'est personne qui ne reconnaisse combien l'énergie de vos conseils, la rectitude de vos principes, ont contribué au succès. L'esprit de rébellion éteint dans son dernier asile, et, du même coup, la monarchie légitime à jamais affermie en France, commencent pour l'Europe une nouvelle ère politique à laquelle se rattachera votre nom, ce nom déjà illustré de tant de manières.

Agréez, monsieur le vicomte, l'hommage de mon entier dévouement et celui de ma haute considération.

RAYNEVAL.

S. A. R. LE DUC D'ANGOULÊME A M. DE CHATEAUBRIAND.

J'ai reçu hier, Monsieur, votre lettre du 12, avec le numéro du *Journal des Débats* du même jour. Je suis très-sensible à tout ce qu'il contient de flatteur pour moi; mais ce qui m'en a fait plus de plaisir est la manière dont vous y parlez en ministre d'une monarchie représentative. Pour ce qui me concerne, je remercie le ciel d'avoir couronné de succès la mission qu'il avait plu au roi de me confier.

Je vous prie de croire, Monsieur, à toute mon estime et affection.

LOUIS-ANTOINE.

M. DE CHATEAUBRIAND AU GÉNÉRAL POZZO.

Paris, ce 20 octobre 1823.

Cette lettre, général, vous trouvera arrivé ou arrivant à Madrid. Je veux vous dire un mot de ce qui s'est passé ici, afin que vous puissiez transmettre à qui de droit l'exacte vérité. Le maréchal duc de Bellune a succombé à la lutte établie depuis cinq mois entre lui et Ouvrard. Une puissance plus forte qu'un ministre a exigé sa retraite, et il a fallu nous séparer avec un vif regret de cet excellent homme. La grande affaire politique était le choix d'un successeur : ce choix allait marquer ou la continuation du même système, ou un changement de principes dont les conséquences auraient été incalculables. Le baron de Damas a été nommé. Par une autre chance, M. de Caraman m'avait envoyé sa démission. Le roi l'a acceptée et a nommé à Vienne le maréchal; il fait encore quelques difficultés d'accepter; mais j'espère que l'affaire s'arrangera.

J'ai grande envie, général, que le roi soit arrivé à Madrid. Vous serez content de M. de Talaru, et vous vous entendrez parfaitement avec lui. Tâchez de faire effacer de ces malheureux décrets ce qu'il y a d'absurde et d'impraticable; qu'on cesse ces proscriptions par catégories, qui menacent la population entière; qu'on licencie cette armée, qui se soulèvera quand nous n'y serons plus; qu'on choisisse un ministère prudent; et que d'avoir servi le roi sous les cortès, *par ordre même* du roi, ne soit pas un titre de condamnation et un crime impardonnable. Enfin, général, prêchez la modération, et ne craignez pas que le génie espagnol abuse de ce mot; et tâchez que l'on fasse à Madrid quelque chose qui ressemble aux actes d'un peuple civilisé. Surtout, général, revenez-nous vite, et croyez à mon sincère dévouement ainsi qu'aux sentiments de haute considération de votre serviteur.

CHATEAUBRIAND.

M. DE CHATEAUBRIAND A M. DE TALARU.

Paris, ce 22 octobre 1823.

J'ai reçu, mon cher ami, vos lettres du 11 et du 12. Je me désole de votre séjour à Séville qui interrompt tout et nous ôte, par la longueur du temps et du chemin, la possibilité de nous entendre. Monseigneur nous a envoyé la lettre qu'il a écrite au roi d'Espagne, et qu'il vous a laissé libre de transmettre ou de supprimer. Vous êtes, étant sur les lieux, meilleur juge que nous; mais, quoique la missive soit rude, nous pensons dans le conseil qu'elle pouvait être remise comme un moyen d'action sur des hommes incorrigibles. Il paraît aussi qu'on ne prend aucun parti sur le licenciement de l'armée et du corps de Ballesteros, et qu'en conséquence le corps de Molitor reste immobile, sans que le prince puisse lui faire commencer sa retraite. Avertissez M. Saez que nous ne pouvons prolonger les frais de la guerre, que chaque mois nous coûte 12 ou 15 millions, et qu'il n'y a pas de ministère qui voulût se présenter aux chambres avec de tels frais par delà la délivrance du roi, sans s'exposer à porter la tête sur l'échafaud.

L'ordre très-positif de la retraite va être donné, si on ne profite pas du dernier moment, et alors le gouvernement espagnol verra comme il s'arrangera avec Ballesteros, dont le corps se grossira à l'instant, quand nous n'y serons plus, de tous les proscrits faits par les décrets du port Sainte-Marie, de Xérès et de Séville.

La chicane que l'on fait à sir W. A'Court est ridicule et expose le gouvernement espagnol à augmenter l'humeur de l'Angleterre. Sir W. A'Court était ambassadeur auprès du *roi* et non pas auprès des *cortès*. Sir W. A'Court est un excellent homme, fort loyal et fort sage.

Ces commissaires ne sont donc pas encore à bord de notre frégate?

Quelle pitié! Certainement nous ne nous chargerons pas de poster Quesada et les siens à Cuba.

Tout à vous, mon cher ami.

Chateaubriand.

M. DE BELLUNE A M. DE CHATEAUBRIAND.

Ménars-le-Château, le 22 octobre 1823.

Monsieur le vicomte,

La duchesse de Bellune s'est empressée de répondre aux lettres que votre amitié pour nous a dictées; elle vous exprime sa pensée sur mon éviction du ministère de la guerre et sur les conséquences qui résulteraient de ma soumission à vos vœux. Je partageais ses sentiments à cet égard avant de les connaître, et je voyais les diverses faces de ma position, avant de quitter Paris. Si je ne m'en suis pas expliqué clairement avec vous et avec MM. vos collègues, il faut l'attribuer à l'agitation naturelle qu'a dû me causer un événement qui renverse toutes les idées de mon dévouement à la cause que j'aime et que je servirai toujours.

Je suis sacrifié pour avoir rempli un devoir rigoureux, pour avoir fait entendre mes plaintes contre de grands désordres, et aux préventions d'un prince à la gloire duquel j'étais passionnément attaché, sans égard pour mon caractère, pour mes sentiments et ma conduite. La fidélité éprouvée, les droits que je crois avoir acquis à l'estime et à la bienveillance du roi et de son auguste famille, n'ont été d'aucune considération dans la circonstance dont il s'agit; j'ai été frappé sans être entendu et avec une précipitation dont je serai toujours étonné, car il semblait que l'on voulût se débarrasser d'un malfaiteur dangereux; et cela, pour satisfaire le ressentiment le plus injuste et le moins mérité. On m'offre vainement une mission que l'on regarde comme un dédommagement honorable et qui doit atténuer l'effet que peut produire la résolution qui vient d'être prise contre moi; il n'en reste pas moins avéré qu'une ambassade confiée à un ministre disgracié n'ait été de tout temps considérée comme un exil déguisé, ou comme un hochet donné à l'ambition déçue. Je ne crois pas avoir donné lieu de me faire éprouver l'une ou l'autre de ces humiliations. On peut aussi voir cette ambassade qui m'est offerte sous un jour plus fâcheux encore : que ne peut-on pas dire en effet de l'éloignement ordonné du ministère de la guerre, au moment même du plus glorieux triomphe de nos armes, de l'homme qui, dans des circonstances difficiles, a le plus contribué à préparer ces triomphes! Je laisse à tout esprit judicieux le soin de faire observer les conséquences d'une pareille disposition; il ne m'appartient pas de m'en occuper; mais je sens vivement que je serais déplacé au poste que le roi daigne m'assigner.

Le conseil de Sa Majesté pense que mon acceptation serait une nouvelle preuve de mon dévouement au service du roi, et qu'elle satisferait l'opinion publique. A cela je réponds que, mon dévouement n'ayant jamais été douteux, il me paraîtrait bien extraordinaire que je dusse en donner un nouveau gage pour faire croire à sa sincérité. Quant à l'opinion, elle devra se contenter des dispositions de l'ordonnance royale du 20 de ce mois; elle fait connaître les intentions du gouvernement à mon égard, et cela doit suffire; le roi avait ses raisons pour changer ma destination, et il ne convient à personne d'en chercher l'explication.

Monsieur le vicomte, je viens de vous dire ma pensée sur l'événement inattendu qui me concerne. N'y voyez, je vous prie, ni amertume ni mécontentement : ils ne sont pas dans mon cœur. Il n'est pas plus étonné d'un revers qu'il ne pourrait l'être d'un succès. Je vois les hommes et les choses avec calme, je les juge sans passion, et le coup qu'ils viennent de me porter ne m'ébranle pas, malgré sa violence. Je ne désire maintenant qu'une chose, c'est que le conseil du roi, en me conservant sa bienveillance, n'attache pas à ma position plus d'importance qu'elle ne mérite. Le monde, selon l'usage, s'occupe de moi aujourd'hui, il n'y pensera plus demain.

Je ne puis terminer cette lettre sans vous exprimer encore combien je suis reconnaissant des marques d'amitié que j'ai reçues de vous et de vos nobles collègues. Veuillez en agréer, ainsi qu'eux, mes remerciements.

De Bellune.

M. DE CHATEAUBRIAND A M. DE TALARU.

Paris, le 23 octobre 1823.

Je reçois, mon cher ami, votre lettre et votre projet de traité d'occupation. Je la porterai demain au conseil. Nous voulons très-peu *occuper*, comme vous le verrez par mes précédentes lettres, car il faudrait le faire à nos frais. De plus, nous ne sommes pas du tout disposés à prêter les soldats du roi, pour autoriser des lois de proscription. Dans votre petite lettre, vous me dites que vous êtes content de votre position; j'en suis charmé, et j'étais sûr qu'elle vous deviendrait agréable. C'est certainement la plus importante place et la plus belle qu'il y ait au monde dans ce moment, et je me félicite d'avoir pu vous la procurer.

Chateaubriand.

S. A. R. LE DUC D'ANGOULÊME A M. DE CHATEAUBRIAND.

Mançanarès, le 25 octobre 1823.

J'ai reçu, Monsieur, votre lettre du 16; d'après l'autorisation que le roi vous a chargé de m'en donner, j'accepterai les ordres du Portugal quand ils me seront envoyés.

Quant à ce qui regarde l'ambassade de Constantinople pour un des officiers généraux de mon armée, je ne me permettrai pas d'en désigner particulièrement un, mais je citerai les lieutenants généraux comte Guilleminot, comte Bordesoulle et vicomte Dode, comme m'ayant parfaitement secondé. Heureux si mon oncle daigne arrêter son choix sur un des trois.

Je vous renouvelle, Monsieur, l'assurance de toute mon estime et de mon affection.

LOUIS-ANTOINE.

M. DE CHATEAUBRIAND A M. DE POLIGNAC.

Paris, ce 27 octobre 1823.

Eh! bon Dieu, prince, comment imaginez-vous que c'est moi qui ai voulu envoyer le maréchal à Vienne? C'est l'ordre du roi, qui voulait que la chute du maréchal n'eût pas l'air d'une disgrâce. Au reste, le renvoi du maréchal est une des plus lourdes fautes qui aient jamais été commises. En politique et devant l'ennemi, il faut manœuvrer habilement, ou vous êtes attaqué à l'instant même où vous présentez un côté faible. On aurait pu satisfaire monseigneur le duc d'Angoulême à un moindre prix; c'est un exemple funeste dans un gouvernement représentatif, qu'un prince puisse exiger le renvoi d'un ministre porté par l'opinion de la majorité. Le choix du baron de Damas rend la faute moins sensible, mais ne la répare pas.

La dépêche officielle où vous deviez trouver des détails n'en valait pas la peine : c'était une circulaire à tous les ministres sur l'événement, et qui ne disait que des phrases de bureau.

Je voudrais vous donner de l'argent pour votre police, mais je n'ai pas un sou.

Voici un fait essentiel, et faites-vous valoir de la nouvelle auprès de M. Canning : le roi d'Espagne a reconnu le dernier traité d'indemnités pour vaisseaux de commerce avec l'Angleterre.

Tout à vous, noble prince.

CHATEAUBRIAND.

M. DE CHATEAUBRIAND A MONSEIGNEUR LE DUC D'ANGOULÊME.

Paris, ce 28 octobre 1823.

Monseigneur,

J'ai l'honneur d'envoyer à Votre Altesse Royale la copie d'un projet d'occupation, que je fais passer à M. de Talaru, ainsi que celle de la lettre que je lui écris pour lui expliquer l'esprit dans lequel ce traité est conçu.

Votre Altesse Royale remarquera que tout est abandonné à son jugement, quant au nombre de troupes qu'il lui plaira de laisser en Espagne et aux différentes places qu'elles doivent occuper. Le roi ne tient d'une manière fixe qu'aux articles.

Ce traité, pour pouvoir être exécuté, doit être accompagné d'une convention militaire qui restera secrète, tandis qu'au contraire le traité sera publié. Ma lettre à M. de Talaru relate une partie des objets sur lesquels doit porter cette convention. Un conseil de guerre, formé et présidé par Votre Altesse Royale, peut seul statuer sur cette matière en connaissance de cause, lui seul peut avoir les renseignements nécessaires sur l'état des lieux, les ressources du pays, l'esprit des autorités locales et le caractère des habitants.

Si j'osais avoir une opinion sur ce sujet, j'insisterais pour que la convention portât qu'il n'y aura, dans les places occupées par les troupes de Votre Altesse Royale, ni garnison espagnole, ni autorité militaire espagnole, excepté dans les lieux où le roi pourrait faire sa résidence. Je sais que cet article sera difficile à établir; mais s'il choque l'orgueil national, et s'il a quelques inconvénients, il a d'immenses avantages.

Je pense encore que si les places ne sont pas suffisamment armées, elles doivent achever de l'être, partout où besoin sera, aux frais du gouvernement espagnol. Si l'on jugeait nécessaire de les approvisionner au delà de la consommation ordinaire de la garnison, et comme dans l'attente ou la supposition d'un siége, cet approvisionnement extraordinaire doit être également laissé à la charge du gouvernement espagnol. Enfin, si dans le cours de l'occupation nos troupes étaient obligées de faire usage de munitions appartenant au roi d'Espagne pour le bien de son service, il doit être statué qu'au moment de l'évacuation des places nous ne serons pas obligés de tenir compte de ce que nous aurions employé à la défense du souverain légitime.

Je n'ai d'autre excuse à la longueur de ces remarques que mon zèle pour le service du roi, ma passion pour la gloire de Votre Altesse Royale, et mon attachement pour mes devoirs comme ministre.

Je suis, etc.

CHATEAUBRIAND.

LE PRINCE DE POLIGNAC A M. DE CHATEAUBRIAND.

Londres, ce 28 octobre 1823.

J'espère m'être expliqué clairement relativement au *memorandum* de M. Canning : le genre de caractère officiel qu'il désire lui donner a pour but de rester convaincu que les explications que je lui ai données de la part de mon gouvernement lui ont été *officiellement communiquées*, ce qui est de toute vérité, comme le prouvent les instructions que vous m'avez transmises à ce sujet; il ne s'agit donc de signer aucun papier, mais simplement de convenir, de part et d'autre, que ce qui se trouve dans le *memorandum* est la substance de la conversation que j'ai eue avec lui ; or, à quelques inexactitudes près, que M. Canning m'a encore offert de faire disparaître, ce *memorandum* contient fidèlement la substance de notre conversation, et je vois cet avantage à donner satisfaction à M. Canning sur ce point, qu'il peut être important d'avoir connaissance des intentions du cabinet britannique relativement à la question des colonies espagnoles, dans un écrit avoué par M. Canning, puisqu'il est rédigé par lui-même; tandis que le refus qui lui serait fait, en nous privant de cet avantage, laisserait entrevoir de notre part une *arrière-pensée* offensante pour notre loyauté et qui n'existe pas. Je n'ai pas mandé à M. Canning que je vous avais transmis son *memorandum* : d'après ce qu'il m'a écrit à ce sujet, considérant cet envoi, me dit-il, comme une reconnaissance tacite de ma part, mais *qui lui suffisait*, de l'exactitude des faits exposés dans le *memorandum*. Quelle que soit votre réponse à ma dépêche du 21, je ne ferai connaître à M. Canning l'envoi que je vous ai fait de son *memorandum* qu'après avoir obtenu de lui les changements que je crois devoir y apporter.

Recevez, mon cher vicomte, l'assurance de mon sincère attachement.

Le prince de POLIGNAC.

M. DE CHATEAUBRIAND A M. DE LA FERRONNAYS.

Paris, le 1er novembre 1823.

Maintenant, monsieur le comte, que le premier mouvement de joie est passé et que nous entrons dans une autre série d'événements, je vais vous exposer l'état des choses, et m'expliquer avec vous sur une multitude de faits qu'il vous est utile de bien connaître pour les présenter à l'empereur dans toute leur vérité.

J'ai considéré trois choses dans la guerre de la Péninsule : la question européenne, la question française et la question espagnole. Les deux premières sont résolues d'une manière miraculeuse.

Il s'en faut de beaucoup que la question espagnole, qui n'est plus à la vérité qu'une question secondaire, soit aussi heureusement résolue.

Quiconque a un peu réfléchi sur ce qui s'est passé en Espagne depuis huit à neuf ans, sur le caractère du roi, sur celui de la nation, sur l'état des mœurs, le degré de civilisation et des lumières, sur l'esprit de fanatisme et de vengeance, et pourtant sur l'humeur et les habitudes apathiques de ce malheureux pays, a dû prévoir que la délivrance du monarque n'amènerait pas aussi facilement qu'en France le retour de l'ordre et le règne des lois. Rien n'arrive en Espagne comme ailleurs : le sang des Maures mêlé à celui des Visigoths a produit une race d'hommes moitié européenne, moitié africaine, qui trompe tous les calculs. Y a-t-il rien de plus surprenant que le dénoûment de la guerre actuelle ? Les cortès renfermées dans Cadix pouvaient se défendre, fuir par mer ou se porter à tous les excès ; pour avoir le roi, il n'est point de conditions individuelles qu'on n'eût acceptées ; elles élevaient elles-mêmes des prétentions exorbitantes ; et tout à coup elles ouvrent leurs portes, sans traités, sans réserve aucune, et nous livrent le roi et la famille royale.

Le roi de son côté et ses conseillers ne se conduisent pas en arrivant d'une manière moins extraordinaire. Au lieu de licencier l'armée, de publier une amnistie ; au lieu de revenir vite à Madrid pour réorganiser la monarchie, les finances et l'administration, ils se retirent à Séville, et, au milieu des fêtes et des illuminations, se contentent de faire paraître quelques décrets de proscription qui inquiètent la population, tandis que les rebelles occupent encore les places et tiennent la campagne avec des armées. Il faut que monseigneur le duc d'Angoulême suspende la marche de ses troupes pour attendre qu'il plaise à un confesseur devenu ministre de publier un ordre de licenciement qui serait vain, si Molitor n'était là pour le faire exécuter.

Ces deux exemples, monsieur le comte, vous suffiront pour juger ce qu'il y a d'inattendu et de bizarre chez ce peuple, et combien il sera difficile de lui faire adopter des mesures raisonnables. Quoi qu'il en soit, voici notre plan.

Le roi Ferdinand compte si peu sur ses sujets, qu'il voudrait que nous pussions laisser en Espagne toute notre armée : il nous demande des garnisons partout. Cela ne peut convenir ni à nous, ni à l'Europe ; à nous qui ne pouvons continuer nos sacrifices, à l'Europe qui ne doit pas vouloir notre établissement chez nos voisins. Sur les cent vingt mille hommes que nous avons dans la Péninsule, quatre-vingt mille vont repasser les Pyrénées, quarante mille hommes resteront en Espagne dans les places fortes et sur les points où la révolution pourrait rallumer ses foyers. Ces quarante mille hommes se retireront sur la simple demande du roi Ferdinand. Ils seront à notre solde; l'Espagne fera seulement la différence du pied de guerre au pied de paix; c'est-à-dire que ces quarante mille hommes, qui nous coûteraient à peu près vingt millions par an sur le pied de paix, nous en coûteront trente sur le pied de guerre, et que l'Espagne ne sera appelée qu'à tenir compte de ces dix millions : je ne crois pas qu'on puisse agir d'une manière plus généreuse.

Quant à notre politique, nous nous bornerons à des conseils.

C'est aux Espagnols à savoir s'ils ont besoin d'être régis par des institutions nouvelles; c'est à leur roi à juger de ce besoin. Sur ce point, nous n'avons rien à dire ou à faire; mais ce que nous voulons empêcher de tout notre pouvoir, ce sont les réactions et les vengeances. Nous ne souffrirons pas que des proscriptions déshonorent nos victoires, que les bûchers de l'inquisition soient les autels élevés à nos triomphes. Nous aimerions mieux abandonner à l'instant l'Espagne que de prêter nos armes à ceux qui ne veulent qu'égorger les objets de leur haine, et qui préfèrent le sang répandu sur les échafauds au sang versé sur le champ de bataille.

Comment parvenir à contenir tant de passions? En prêchant tous les mêmes doctrines de tolérance et d'oubli; ne craignons pas qu'on abuse en Espagne de ces mots comme on en a abusé en France; quand, sur mille victimes, on aura consenti à nous en rendre cinq cents, on croira avoir agi avec une modération sans exemple.

Il est bien à désirer, monsieur le comte, que les souverains alliés entrent tous dans ces sentiments, donnant à leurs ministres à Madrid les instructions les plus précises. Je ne puis me dissimuler qu'un esprit de jalousie, de rivalité et presque de haine, n'ait éclaté quelquefois à Madrid contre nous parmi les agents de nos alliés. Nous avons été calomniés; on s'est plu à dénaturer les intentions du prince généralissime; nous étions incessamment soupçonnés de favoriser le parti appelé constitutionnel, de traiter avec les cortès, et de mille autres choses que les événements venaient chaque jour démentir. On cherchait à nous rendre suspects aux Espagnols, et si nous nous croyions obligés d'arracher quelques malheureux aux fureurs populaires, on s'écriait que nous voulions ouvrir les prisons à tous les *negros* de l'Espagne. Et pourtant c'étaient nos troupes, c'était l'héritier du trône de France qui portaient le poids de la chaleur et du jour.

Il est arrivé de là un grand mal : c'est que les Espagnols ont cru trouver dans tel membre de l'alliance un abri contre l'opinion de l'autre. Ainsi le parti exalté a recours à l'Autriche, et le parti modéré implore la France et la Russie. Si l'alliance n'a qu'un langage, si nos ambassadeurs s'accordent tous à blâmer la même mesure, s'ils protestent tous en même temps contre tel décret, s'ils sont uniformes dans leurs conseils, ils obtiendront d'immenses résultats pour la paix et le bonheur de l'Espagne.

Puisque nous ne pouvons guère décider quelles seraient les institutions les plus propres à faire renaître les prospérités de l'Espagne, nous pouvons du moins savoir quels sont les hommes les plus convenables à l'administration. Ces hommes sont rares; mais enfin il en existe quelques-uns, et nous devons réunir tous nos efforts pour les faire agréer au roi comme conseillers et comme ministres. Il ne faut pas, parce que ces hommes auront servi pendant le règne des cortès, que leur patrie soit privée de leurs talents, et que le roi retombe dans les fautes qui l'ont perdu, en s'entourant d'une camarilla nouvelle.

Il m'est souvent venu une idée ; l'affaire des colonies espagnoles est une des plus importantes qui aient jamais occupé les hommes d'État, car, non-seulement il s'agit de savoir si ces colonies deviendront indépendantes, ou s'il n'est pas quelque moyen de les rattacher à la mère patrie.

Cette grande question ne pourrait-elle pas être traitée dans un congrès européen où l'on appellerait le roi d'Espagne ? Là, le monarque, au milieu de ses pairs, pourrait recevoir des instructions utiles, et apprendre, par le conseil et l'exemple, à gouverner ses États. Voilà mon idée ; je ne vous la communique qu'avec défiance, n'ayant pas bien creusé le sujet.

Pour achever ce qui concerne l'Espagne, je vous envoie ci-joint le projet de la convention relatif au séjour de nos troupes dans la Péninsule. Cette convention a été dressée d'après le même principe de générosité qui a réglé notre conduite dans toute l'affaire d'Espagne ; vous en ayant déjà parlé au commencement de cette lettre, j'ai pensé qu'il vous serait agréable d'en pouvoir mettre le texte sous les yeux de l'empereur. Il est possible qu'il subisse quelques modifications par la volonté de monseigneur le duc d'Angoulême, mais elles se réduiront à peu de chose.

J'ai dû particulièrement observer les sentiments qui animaient les divers cabinets de l'Europe pendant cette entreprise. Parmi les puissances secondaires, Naples a été peu amical, et la malveillance ridicule de ses prétentions a été encore aigrie par nos succès; le Danemark a été remarquablement favorable, et la Suède, aussi ennemie que possible : elle s'était faite tout Anglaise. En général l'esprit des petits cabinets a été en sens inverse de l'esprit des peuples : les peuples de l'Italie et de l'Allemagne se sont réjouis de notre triomphe, parce qu'ils ont cru voir dans notre renaissance militaire un contre-poids à la puissance de l'Autriche ; les cabinets, au contraire, se sont affligés, parce que notre état de faiblesse les consolait du leur. On n'a pas senti qu'un royaume qui renaît pour l'ordre et qui rentre dans les voies morales, en retrouvant ses forces, loin d'être un objet de crainte, est un espoir de salut pour tous.

Quant aux grands cabinets, la Russie a seule été parfaitement noble, franche et assurée. Je ne saurais trop me louer du général Pozzo ; il a vu juste, il n'a cru à aucune des petites calomnies de l'incapacité et de la jalousie ; il s'est pénétré des difficultés immenses qui nous environnaient de toutes parts, et, sans venir nous harasser de ses plaintes et de ses soupçons, il a secondé de tous ses efforts notre entreprise.

L'Autriche n'a pas été aussi complétement satisfaite des événements que la Russie ; il est visible qu'elle était travaillée par deux sentiments contraires : d'un côté, elle se réjouissait de voir s'écrouler sous nos coups l'édifice démagogique ; de l'autre, nos succès militaires lui faisaient ombrage.

L'Angleterre s'est fort amoindrie ; elle a diminué l'effet moral de sa puissance pendant le cours de notre expédition d'Espagne ; elle a mal commencé et mal fini ; elle s'est faite le champion du jacobinisme dans le parlement, à l'ouverture de la campagne, et, quand nos troupes sont parvenues de la Bidassoa à Cadix, elle a voulu s'emparer de l'honneur de la victoire, sans en avoir couru les dangers, en offrant une médiation toujours impossible et toujours refusée. L'humeur de M. Canning en a augmenté ; il a appuyé ses passions privées sur les passions publiques ; sa jalousie excitée et son amour-propre trompé ont cherché un abri dans la jalousie et l'orgueil national de l'Angleterre. Cet homme d'État, en se conduisant autrement, aurait pris son parti pour ou contre avant l'expédition de l'Espagne ; il ne se serait pas contenté d'exhaler son mécontentement en paroles outrageantes. Premier ministre d'un grand royaume, je n'aurais pas fait des vœux publics contre un autre État, si en même temps je n'avais pas tiré l'épée. Si M. Canning eût armé vingt vaisseaux avant la campagne, et qu'il les eût envoyés devant Cadix, il nous eût fort embarrassés ; il est trop tard. L'Angleterre ne peut plus rien de raisonnable par la force ou la menace de la force ; elle voit avec dépit une garnison française dans Cadix, tout auprès de Gibraltar, et elle ne peut nous contraindre à nous retirer. Elle sait bien que nous n'avons ni l'intention d'occuper longtemps cette place, ni de nous emparer de quelques colonies espagnoles, mais elle affecte de le craindre, et pourtant elle nous propose d'entrer en négociation avec nous sur ces colonies, et elle a le chagrin de nous voir franchement lui répondre : « Les colonies espagnoles ne sont pas à nous ; nous ne pouvons nous occuper de leur sort qu'avec le roi d'Espagne, leur souverain légitime. »

Ne pouvant nous rendre complices de ses desseins, elle cherche à les exécuter seule, non encore à visage découvert. Elle envoie des consuls dans les colonies espagnoles, mais elle fait déclarer que ce n'est point une reconnaissance politique de l'indépendance de ces colonies, que c'est une simple mesure relative aux intérêts de son commerce. Elle s'est bien conduite dans les négociations de Constantinople, parce qu'elle avait un grand intérêt à satisfaire l'empereur Alexandre, mais, en même temps, ses journaux continuent à prodiguer les outrages à ce prince.

Je crois juger sainement l'Angleterre : je ne partage pas les préjugés de mes compatriotes contre ce pays; j'aime au contraire l'Angleterre et ses institutions. J'ai passé ma jeunesse à Londres; j'y ai reçu dans mon exil une noble hospitalité; Canning a été mon ami, et je lui suis encore attaché d'admiration; mais je ne puis m'empêcher de voir la vérité. Je ne sais quel mauvais génie s'est emparé de l'Angleterre depuis la bataille de Waterloo; est-ce qu'étant parvenue au plus haut point de sa prospérité, elle commence, comme toutes les choses humaines, à descendre? Ce qu'il y a de certain, c'est qu'elle semble avoir perdu sa force en perdant son esprit de justice. Son commerce a franchi les bornes de sa prospérité, par l'excès de cette prospérité même. Le monde, encombré du produit de ses marchandises, ne sait plus qu'en faire; étant obligée de les livrer au plus bas prix pour en trouver le débit, elle amène par cela seul une stagnation parmi les acheteurs, qui ont plus d'objets manufacturés qu'ils n'en peuvent consommer. La Grande-Bretagne n'a plus qu'un intérêt, une idée fixe, *l'industrie*. Elle a substitué au principe moral de la société un principe physique; elle sera soumise à la conséquence de ce principe, et subira le sort de toutes les choses matérielles que le temps use et détruit.

Il ne me reste plus qu'à vous parler de notre état intérieur. Malgré le petit ébranlement produit par la retraite du duc de Bellune, l'état intérieur de la France est admirable. Vous savez que, depuis longtemps, monseigneur le duc d'Angoulême se plaignait de l'administration de la guerre; de son côté, le duc de Bellune se plaignait des marchés d'Ouvrard. Il est arrivé que le maréchal a succombé dans cette lutte contre un fils de France, victorieux à la tête d'une armée dont il est l'idole : on devait s'y attendre.

En principe, c'est certainement un mal qu'un prince puisse faire renvoyer un ministre fidèle. Dans un gouvernement représentatif, c'est l'opinion qui doit faire et défaire les ministres, et si, exposés à l'attaque des chambres, ils le sont encore à celle des cours, alors vous avez à la fois les inconvénients de la monarchie absolue et de la monarchie représentative.

Telle est l'influence naturelle de cette guerre d'Espagne, que nous sommes en mesure maintenant de corriger et d'affermir nos institutions; et nous serions coupables de ne pas profiter d'une occasion qui nous donne le pouvoir de tout entreprendre pour la stabilité du trône et la prospérité de la patrie.

Nous avons une armée excellente et fidèle qui pourrait être quadruplée demain, si nous en avions besoin. Notre commerce intérieur est dans l'état le plus florissant. Jamais nation, après tant de malheurs, n'eut de plus belles espérances et ne fut replacée plus vite à son rang. Je voudrais vivre assez pour voir l'empereur Alexandre accomplir avec nous quatre grandes choses : la réunion des Églises grecque et latine, l'affranchissement de la Grèce, la création de monarchies bourboniennes dans le Nouveau-Monde, et le juste accroissement de nos frontières.

Voilà, non pas une lettre, monsieur le comte, mais un volume. Les lettres officielles vous diront les nouvelles et les affaires particulières; je m'étais réservé de vous montrer le fond des choses : c'était mon devoir comme ministre, et mon plaisir comme ami. Au reste, je vous dirai que mes cheveux ont blanchi dans cette guerre d'Espagne. Je sentais qu'elle pesait particulièrement sur moi, et que j'aurais été accusé aux yeux de la postérité d'avoir perdu mon pays, si le succès n'eût couronné ce que j'avais conseillé et soutenu dans les commencements de l'entreprise.

CHATEAUBRIAND.

P.-S. En voulant parler des grands cabinets, j'ai oublié celui de Prusse. Il s'est montré franc et loyal dans ses vœux pour nos succès. Il les a vus sans crainte et sans jalousie; mais son représentant à Madrid, quoique ami de la France, est tombé dans toutes les crédulités, les frayeurs et les déclamations de ses collègues.

Par une conversation entre M. Canning et le prince de Polignac, dont celui-ci m'a envoyé le détail, il paraît que le ministère anglais veut incessamment reconnaître l'indépendance des colonies espagnoles, quelles que soient les oppositions de la mère patrie et le parti que pourront prendre les puissances continentales. Il déclare aussi que l'Angleterre ne souffrira pas qu'aucune puissance intervienne dans les différends qui peuvent continuer à exister entre l'Espagne et les colonies. Il est utile que vous me mandiez l'opinion et l'intention du cabinet de Pétersbourg sur ce point.

Je sors du conseil; le conseil croit la chose assez importante pour en faire l'objet d'une dépêche officielle que je vous adresse avec le *memorandum* de M. de Polignac.

PROJET DE DÉPÊCHE A ENVOYER A MM. DE LA FERRONNAYS, RAYNEVAL ET CARAMAN, AVEC UNE COPIE DU MEMORANDUM D'UNE CONFÉRENCE ENTRE LE PRINCE DE POLIGNAC ET M. CANNING.

Paris, ce 1er novembre 1823.

Monsieur, j'ai l'honneur de vous envoyer le *memorandum* d'une conférence entre M. le prince de Polignac et M. Canning. Ce *memorandum* est de la plus haute importance. Vous y verrez que le ministère de S. M. B. ne dissimule plus ses projets; il avoue hautement qu'il reconnaîtra l'indépendance des colonies espagnoles; qu'il ne souffrira pas qu'aucune puissance puisse aider l'Espagne à pacifier ses colonies, et qu'enfin il prendra sur ces colonies tel parti que bon lui semblera, sans se croire obligé d'en traiter avec les alliés ou d'attendre la décision du gouvernement espagnol, dans le cas où ce gouvernement serait trop longtemps à se décider.

ous savez que l'intention du gouvernement du roi a toujours été de traiter la question de l'indépendance des colonies espagnoles en commun avec le cabinet de Madrid et les cabinets de Pétersbourg, de Vienne et de Berlin, mais l'Angleterre, en précipitant sa résolution, donne une autre face à cette grande affaire, et nous oblige à nous prononcer à notre tour. Il est urgent que le roi d'Espagne et les autres alliés agissent de concert. Je vous invite donc à demander à la cour auprès de laquelle vous résidez d'envoyer à son ambassadeur à Paris des pouvoirs pour traiter, en conférence avec le gouvernement du roi et l'ambassadeur d'Espagne, la question des colonies espagnoles. Il s'agira de déterminer les points suivants :

1° Si l'Angleterre reconnaît l'indépendance des colonies espagnoles sans le consentement de S. M. C., la cour de.... reconnaîtra-t-elle aussi cette indépendance?

2° Est-elle déterminée à faire cause commune avec la France, si la France se croyait obligée de prendre le parti de l'Espagne en refusant de reconnaître l'indépendance des colonies espagnoles reconnues par l'Angleterre?

3° La...., n'ayant point de colonie, se regarderait-elle comme étrangère à la question, laissant la France et l'Angleterre prendre tel parti que ces puissances jugeraient convenable?

4° Si le gouvernement espagnol refusait de s'arranger avec ses colonies, et s'obstinait à réclamer sur elles une puissance de droit sans avoir aucun moyen d'établir une puissance de fait, etc., la cour de.... jugerait-elle qu'on peut passer outre, et que chaque État serait libre d'agir selon ses intérêts particuliers relativement aux colonies espagnoles?

Vous voudrez bien, Monsieur, donner connaissance de cette dépêche au gouvernement de.... et solliciter la réponse la plus décisive : il n'y a pas un moment à perdre, et il est à désirer que les conférences puissent s'ouvrir à Paris, au plus tard dans les premiers jours de décembre.

CHATEAUBRIAND.

M. DE CHATEAUBRIAND A M. DE POLIGNAC.

Paris, ce 6 novembre 1823.

Prince, je profite du départ d'un courrier de M. de Rothschild pour vous adresser cette dépêche ; vous y trouverez la copie des lettres que j'adresse aux ambassadeurs du roi à Vienne, à Pétersbourg et à Berlin, relativement à votre conversation avec M. Canning sur les colonies espagnoles. Je vous engage à voir ce ministre, à lui demander catégoriquement quelle est l'intention de l'Angleterre relativement au Portugal; s'il compte reconnaître l'indépendance du Brésil, comme il prétend reconnaître celle des colonies espagnoles : nous verrons, par la réponse, si le gouvernement anglais a deux poids et deux mesures. Au reste, si l'Angleterre précipite trop la question, si elle se décide, malgré les protestations de l'Espagne et le sentiment des cours alliées, à reconnaître l'indépendance des colonies espagnoles, les choses n'iront pas aussi facilement; nous pouvons gêner le pavillon de ces colonies, y soutenir le parti royaliste; et enfin, si l'Angleterre nous poussait à bout, nous n'avons pas encore évacué Cadix, Barcelone et La Corogne. *Ceci*, prince, *est pour vous seul*, et pour vous faire comprendre que, sans manquer aux convenances et à la mesure diplomatique, vous pouvez parler d'un ton ferme à M. Canning. Vous l'inviterez surtout à ne rien précipiter, à se joindre à nous pour inviter l'Espagne à prendre une résolution, à donner aux alliés le temps d'être entendus dans une question qui touche à ce qu'il y a de plus important dans la politique. Il m'est impossible de comprendre comment ce ministre a pu vous parler des États-Unis. A-t-il donc oublié que les États-Unis ont reconnu dès l'année dernière, par acte du congrès, l'indépendance de certaines colonies espagnoles, qu'ils sont par conséquent désintéressés, et tout à fait hors de la question ?

Quant au reste de votre lettre, noble prince, vous avez raison, si vous le voulez. J'ai l'habitude de ne pas compter, et quand je parle économie, c'est pour l'acquit de ma conscience. Rognez donc vos courriers, tranchez, retranchez, je m'en lave les mains, et je mourrai à l'hôpital.

Tout à vous,

CHATEAUBRIAND.

S. A. R. LE DUC D'ANGOULÊME A M. DE CHATEAUBRIAND.

Bosquillas, ce 8 novembre 1823.

J'ai reçu, Monsieur, vos deux lettres du 21 et 28 octobre. Je suis charmé d'avoir fait une chose qui vous était agréable en nommant votre neveu Louis colonel du 4ᵉ de chasseurs. A l'égard de son frère Christian, il m'a dit qu'il était content de ce qu'il était, et qu'il ne désirait pas autre chose : ce sont deux bien bons sujets tous les deux.

Je joins ici ma réponse au roi de Saxe à la lettre que vous m'avez fait passer par le dernier courrier.

J'ai vu M. Pozzo à Madrid; il m'a paru professer de très-bons sentiments. Je vous renouvelle, Monsieur, l'assurance de tous mes sentiments d'estime et d'affection.

LOUIS-ANTOINE.

P.—S. J'ai laissé à Madrid le major général avec mes instructions pour la conclusion, de concert avec l'ambassadeur, du traité d'occupation; mais il me paraît, d'après les dernières lettres de Madrid, que cela traînera beaucoup en longueur, ce qui ne me surprend pas avec les Espagnols.

M. DE CHATEAUBRIAND A M. DE TALARU.

Paris, le 15 novembre 1823.

Vous aurez aujourd'hui une lettre officielle de moi et cette lettre particulière. Il paraît que le roi d'Espagne voudrait faire quelque chose d'agréable à notre roi. Voici ce qui conviendrait le mieux. Il faudrait que Ferdinand fît présent à Louis XVIII, ou à M. le duc d'Angoulême, de quelques-uns de ces tableaux de Raphaël, du Dominiquin, de Murillo, et qui ont été restaurés en France. Nous avions voulu les acheter, ou plutôt les échanger contre des meubles, des porcelaines, etc., etc. Nous pourrions encore envoyer présents pour présents. Tâchez de conduire à bien cette négociation au milieu de toutes les autres; cela serait bon ici pour l'opinion, qui se souvient toujours que la galerie du Louvre a été dépouillée sous les Bourbons. Il serait juste qu'une guerre nous rendît une partie de ce qu'une guerre nous a fait perdre.

Ma lettre officielle vous dira le reste.

CHATEAUBRIAND.

M. DE CHATEAUBRIAND A M. DE TALARU

Paris, ce 25 novembre 1823.

Mes deux dernières lettres officielles, mon cher ami, vous auront appris qu'il y avait eu erreur dans la manière dont l'Espagne doit demander la médiation des alliés; il faut absolument qu'elle comprenne l'Angleterre dans l'alliance, car elle y est en effet. Isoler les quatre cours continentales de la cour de Londres serait donner à celle-ci le droit de se déclarer, à l'instant même, pour l'indépendance des colonies : faites bien réparer cette erreur capitale. C'est comme cela aussi que toutes les cours comprennent la médiation. L'Autriche et la Prusse viennent d'écrire qu'elles adhèrent au plan dans lequel, disent-elles, il faut comprendre l'Angleterre : en effet, c'est mettre celle-ci, soit qu'elle accepte ou refuse, dans le plus grand embarras.

M. de Polignac n'a point été trop loin; nous ne pouvons nous départir de cette politique : ou l'Espagne adoptera un plan raisonnable pour ses colonies, ou elle ne l'adoptera pas; si elle l'adopte, nous et nos alliés la seconderons de tous nos efforts; si elle ne l'adopte pas, nous ne pouvons pas voir l'Angleterre augmenter sa puissance, déjà trop grande, de toutes les richesses des colonies espagnoles, sans chercher à participer à ces richesses. Nous exposerions la France et nous nous ferions lapider par la partie industrielle de la nation. Ainsi, nous sommes très-décidés à agir dans les intérêts particuliers de notre pays, le jour où nos efforts auront été infructueux pour amener l'Espagne à des idées raisonnables sur ses colonies : voilà sur quoi vous devez appuyer toute votre politique.

Tâchez donc de faire conclure nos traités : le traité d'occupation, le traité de reconnaissance des sommes que nous avons prêtées à l'Espagne pendant la campagne, le traité pour les indemnités de notre commerce. Pourquoi le décret sur le licenciement de l'armée, tant royaliste que constitutionnelle, n'a-t-il pas paru? Tout le mal est là en grande partie; pourquoi le décret d'amnistie n'est-il pas publié? etc., etc., etc. Vous me direz que les Espagnols ne vont pas si vite; je le sais, mais cette anarchie de l'Espagne retombe ici en accusation contre nous : cela nous fait beaucoup de mal. Quant à M. Saez, peu m'importe qu'il soit là, s'il est capable et qu'il gouverne bien. Du moins devrait-il se démettre de sa place de confesseur, et révoquer les décrets qu'il a fait rendre sur la route de Séville à Madrid.

J'oubliais de vous dire que nous sommes décidés à vouloir que l'affaire des colonies espagnoles, si elle a lieu, soit traitée à Paris, en conférence, et point à Madrid, comme l'Autriche en laisse percer l'envie. Vous sentez qu'elle nous échapperait, que le gouvernement espagnol même, au milieu de toutes les intrigues, de tous les intérêts, de tous les préjugés nationaux, ne serait pas maître d'agir raisonnablement. La France aussi jouera par ce moyen un rôle bien plus important, et il nous importe d'élever tant que nous pouvons notre patrie.

Chateaubriand.

M. DE CHATEAUBRIAND AU MARÉCHAL DUC DE BELLUNE.

Paris, ce 26 novembre 1823.

J'ai reçu, monsieur le maréchal, la lettre que vous m'avez fait l'honneur de m'écrire le 23 de ce mois. Je vous annonce que le roi veut lui-même vous écrire pour vous déterminer à accepter l'ambassade de Vienne; mais, monsieur le maréchal, avant que Sa Majesté vous donne cette preuve éclatante de son estime, il convient que je sache si vous êtes disposé à obéir, car vous sentez que le roi ne peut pas s'exposer à un refus. Soyez assez bon, monsieur le maréchal, pour me répondre poste par poste, et même pour m'envoyer un courrier, si cela vous paraissait plus prompt. Il me paraît impossible que vous repoussiez cette marque touchante de l'attachement et de la faveur de votre souverain. C'est aussi l'opinion de M. le duc d'Havré, dont j'ai l'honneur de vous transmettre les lettres.

Mon attachement pour vous, monsieur le maréchal, égale les sentiments de la haute considération avec laquelle je serai toute ma vie votre très-humble et très-dévoué serviteur.

Chateaubriand.

M. DE LA FERRONNAYS A M. DE CHATEAUBRIAND.

Saint-Pétersbourg, le 30 novembre 1823.

Malgré l'exacte fidélité avec laquelle je vous rends compte aujourd'hui de ma conversation avec l'empereur, il est cependant quelques détails et explications que j'ai cru devoir réserver pour ma lettre particulière. Il en est même que j'ai trouvés d'une nature trop délicate pour les confier au papier, et j'ai chargé M. Bois-Le Comte de vous les faire connaître.

Aujourd'hui, monsieur le vicomte, c'est vers nous, ou plutôt vers vous seul que se tournent les vues et les espérances de l'empereur; il voit peu à peu se dérouler tout ce que sa politique semble avoir prévu. Il voit ses ennemis naturels, l'Autriche et l'Angleterre, commettre des fautes dont quelques-unes décèlent plus de faiblesse encore que de manque d'habileté. Il voit la France, qu'il regarde comme allié naturel, acquérir de la force, affermir sa puissance, et se replacer sur la scène politique au rang qui lui appartient ; il nous sait une armée brave et fidèle ; dès lors il se rapproche de nous, se met à côté de nous ; et, tout en professant le même attachement aux principes de la Sainte-Alliance, il m'a cependant plusieurs fois fait entendre, dans sa dernière conversation, que la France et la Russie, étant bien d'accord et s'entendant bien sur tout, assureront toujours la tranquillité de l'Europe, et forceront les autres puissances du continent à vouloir ce qu'elles voudront. Je le répète, monsieur le vicomte, cette disposition actuelle n'est due qu'à la confiance sans bornes que vous inspirez aujourd'hui personnellement à l'empereur ; il croit que vous avez deviné sa pensée, ses vues ; que vous êtes, comme il le dit, l'homme des circonstances, destiné à opérer, d'accord avec lui, tous les changements que l'ordre social et la situation politique de l'Europe réclament encore. Il a mis trop de soins à me répéter qu'il vous accordait toute sa confiance, à me dire qu'il désirait que tout le monde le sût, pour n'être pas bien sûr que j'ai à cet égard pénétré sa pensée. Vous seriez donc aujourd'hui, je n'en doute pas, monsieur le vicomte, tout à fait en mesure de remplacer M. de Metternich dans la confiance de l'empereur. Si les circonstances ou *le malaise et le sourd mécontentement* qu'éprouve la nation mettent l'empereur dans le cas de s'occuper de la Turquie, et lui imposent l'obligation de faire la guerre, il sait très-bien ce qui *peut nous convenir ;* c'est à lui à s'expliquer. Si les premiers nous faisions un seul pas au-devant de lui, nous le ferions reculer. Au reste, monsieur le vicomte, je ne puis assez vous le répéter, toute la situation actuelle repose sur vous seul ; et, si vous quittiez le ministère, ce serait tout autre chose. Ce que je vous demande seulement, monsieur le vicomte, c'est de maintenir cette heureuse confiance que l'empereur a en vous ; rien n'y contribuera davantage que votre correspondance particulière avec moi ; vos lettres ne manquent jamais leur effet.

Vous verrez, dans la révélation que vous fera M. Bois-Le Comte, une preuve de plus de l'intérêt que l'empereur met à ce que rien ne puisse arrêter le développement de nos forces et de notre prospérité. Je sais que l'on pourrait être étonné que l'on eût eu l'audace de faire une pareille proposition à l'empereur ; mais il est nécessaire de savoir que tous les partis ont toujours cru pouvoir attacher ce prince à leurs causes, et en faire un instrument. Les buonapartistes se sont sans cesse adressés à lui en faveur du petit Napoléon, d'autres en faveur du prince d'Orange ou de Beauharnais, d'autres encore en faveur du grand-duc Nicolas.

Une personne attachée à la cour, et très à même de savoir ce qui s'y passe, vient de m'assurer que le projet de l'empereur est d'envoyer à mon-

VENISE
(Italie)

seigneur le duc d'Angoulême le grand cordon de Saint-Georges. Pour bien apprécier cette attention, il faut savoir l'extrême valeur que l'empereur attache à cette décoration; elle est telle, que lui-même l'a refusée lorsqu'elle lui était offerte par le chapitre de l'ordre, après son retour de Paris, déclarant ne l'avoir pas méritée. Le duc de Wellington est le seul qui la porte aujourd'hui. Les statuts de l'ordre n'accordent le grand cordon qu'au général qui, commandant en chef une armée, a gagné plusieurs batailles dont le résultat a été une paix glorieuse pour le pays. J'entre dans ce détail, monsieur le vicomte, pour que l'on ne se trompe pas sur le prix réel de cette prévenance de l'empereur, qui ne peut pas donner une preuve plus forte de l'importance qu'il attachait au succès de la guerre d'Espagne et de la haute estime qu'il porte à monseigneur le duc d'Angoulême.

Recevez, avec l'hommage de ma haute considération, l'assurance de mon inviolable et bien sincère attachement.

La Ferronnays.

M. DE CHATEAUBRIAND A M. DE TALARU.

Paris, le 11 décembre 1823.

Je vous ai dit mille fois, mon cher ami, que le seul moyen, le moyen sûr que vous aviez d'agir sur le roi et le gouvernement espagnol était de ne fixer qu'une très-courte occupation et de les menacer sans cesse d'une retraite. Quand je vous présentai cette idée pour la première fois, vous la combattîtes : je suis charmé que vous vous soyez rangé à cet avis, et vous allez avoir occasion de faire usage de ce moyen de pouvoir.

Il ne me semble possible ni à moi, ni au président du conseil, de forcer le roi à renvoyer sur-le-champ un ministère, et à exiler un favori, en lui mettant le marché à la main. Il faut réserver la menace de la retraite de nos troupes pour les cas extrêmes; c'est à votre habileté que je me confie, et c'est à présent qu'il vous faut déployer toutes les ressources de la diplomatie.

D'abord il vous faut témoigner hautement votre mécontentement de la faveur d'Ugarte, et déclarer que si cet homme n'est éloigné et que si la camarilla revient en puissance, vous demanderez à votre cour le rappel de notre armée. La menace ainsi venant de vous sera bonne et efficace, au lieu que le gouvernement français disant lui-même du premier mot, ou *cela ou r..*, serait le parti d'hommes sans patience et qui n'entendent rien aux affaires.

Remarquez bien que le traité vous donne le moyen complet de la menace : car non-seulement le terme de l'évacuation est très-rapproché, mais le roi s'est réservé le droit de retirer ses troupes quand il le jugerait à propos. Nous avions senti la nécessité de cette clause pour pouvoir garder notre influence en Espagne.

Ainsi donc, en faisant connaître hautement votre mécontentement du rappel de la camarilla, vous ébranlerez d'abord ce ministère, en ayant l'air de ne pas l'attaquer directement; vous verrez s'il est nécessaire de renverser Casa-Irujo, homme doux, que nous connaissons et qui est attaché à la France. Je vous indiquais Las Amarillas de mon côté, tandis que vous me le proposiez du vôtre. Dans votre système, Vergas, vieux et violent, remplacerait Casa-Irujo. Almenara nous est désigné par tout le monde pour les finances. Nous regrettons l'ancien ministre des grâces et de la justice, qu'on disait habile et honnête homme. Il faut aussi que le confesseur du roi ne soit pas un *inquisiteur*. Si Las Amarillas ne pouvait passer à la guerre, vous avez Saarsfield et d'Éroles; mais surtout Saarsfield, qui a plus de vigueur que d'Éroles.

Vous me dites qu'on n'a rien vu de votre humeur ; c'est bien, et c'est le métier. Il est tout simple que vous ne voyiez que l'Espagne; mais moi, qui suis au centre du cercle, je vois tous les rayons et les divers points de la circonférence. Notre vraie politique est la politique russe, par laquelle nous contre-balançons deux ennemis décidés, l'Autriche et l'Angleterre. Si la Russie maintenant voulait être trop prépondérante, une légère inclinaison de notre part vers l'Angleterre aura bientôt rétabli le niveau : c'est entre ces deux contre-poids que nous devons jouer. Ne vous écartez jamais de ce système, et surtout cachez bien votre politique et vos sentiments. Soyez *bon homme*, excepté pour les Espagnols, auxquels il vous faut parler en maître. Vous êtes un vrai roi, car vous disposez de quarante-cinq mille hommes, et, en mêlant l'adresse à la force, vous vous ferez obéir.

Il y a une chose que je ne comprends pas : si le changement des ministres a été produit par un coup de la camarilla, comment ces ministres sont-ils des modérés ou même des demi-libéraux ?

Je comprends qu'au milieu de tous ces bouleversements rien ne marche et que tout rétrograde. Il est pourtant heureux que la demande en médiation ait été retardée, puisque cela vous aura peut-être donné le temps, d'après mes lettres, de l'asseoir sur une autre base. Vous leur ferez remarquer que leurs espérances pour le Pérou et le Mexique ne sont point renversées par la médiation; bien au contraire, elles s'accroîtront en donnant de la force aux royalistes dans les colonies ; les royalistes américains seront encore bien plus forts et leurs antagonistes bien plus faibles, si vous obtenez la déclaration de liberté du commerce que je vous ai demandée.

Veillez à nos traités. Si celui d'occupation n'est pas signé immédiatement, vous déclarerez que les troupes vont avoir l'ordre de se retirer. Vous n'ajouterez pas même à ce traité l'article que vous m'aviez indiqué et que je vous ai envoyé rédigé. Il faut que le traité reste absolument tel qu'il est. Heureusement que par mon billet du 9, à deux heures et demie, je vous ai dit de ne point insérer cet article.

Voilà certes, mon cher ami, de longues explications : vous saurez maintenant comment agir, en réunissant ce que je vous dis dans cette lettre confidentielle à ce que je vous dis dans ma lettre officielle.

CHATEAUBRIAND.

M. DE CHATEAUBRIAND A M. DE POLIGNAC.

Paris, le 13 décembre 1823.

J'ai reçu ce matin votre dépêche du 12. Je vais en faire passer une copie à M. de Talaru. Cela va assez mal en Espagne : on ne finit à rien, et cette médiation que nous voudrions établir pour les colonies est ajournée comme toutes les autres affaires. Le temps surprendra ces gens-là, et tandis qu'ils délibèrent, tiraillés en sens contraires par leurs passions et par les intérêts divers de l'alliance, l'Angleterre ira son chemin, et un beau matin, peut-être à la prochaine session du parlement, reconnaîtra l'indépendance des colonies.

Veillez bien à ce qui se passe autour de vous : la douceur de Canning, et son apparence de changement de sentiments pour nous, me sont suspects. Il est peut-être content de notre loyauté et de nos explications franches sur nos intentions touchant les colonies espagnoles, parce que cela lui permet de suivre plus facilement ses projets. J'ai peur qu'il ne sorte de toute cette paix quelque traité, surtout avec le Mexique, par lequel l'Angleterre obtiendrait, au détriment de notre commerce et de notre industrie, des avantages immenses. Prenons garde à nous laisser endormir; ne jouons pas un rôle de dupes. Je sais que tout cela est fort difficile à prévenir, car nous n'avons pas de forces maritimes, et le continent, surtout depuis nos succès, ne nous aime pas assez pour nous soutenir dans une guerre contre l'Angleterre; mais il est toujours de notre devoir de faire tout ce que nous pourrons, et de ne pas tomber par imprévoyance. Il me semble difficile que la prochaine session du parlement n'amène pas quelque nouvelle révélation. Canning peut-il se présenter à la chambre des communes sans compensation pour la guerre d'Espagne qu'il a laissé faire? S'il ne m'a pas donné une très-haute idée de sa politique, son intérêt et son amour-propre doivent le pousser à tenter quelque chose qui puisse fermer la bouche à ses ennemis.

CHATEAUBRIAND.

M. DE CHATEAUBRIAND A M. DE TALARU.

Paris, le 17 décembre 1823.

Je profite d'une estafette de M. le duc de Doudeauville pour vous envoyer le duplicata, à tout événement, de mes lettres et dépêches. Comme je vous ai écrit hier, je n'aurais rien à vous mander aujourd'hui sans l'arrivée de Rothschild de Londres, de Barring et de deux autres grands banquiers.

Ils viennent avec le projet de s'entendre avec le Rothschild de Paris pour prêter une somme considérable à l'Espagne. Ils vont examiner la chose ici, voir dans quelle position financière se trouve la monarchie de Ferdinand ; après quoi ils feront leur proposition.

Mais si, après avoir calculé dans leur propre intérêt que l'emprunt est possible, nous, France, nous ne le trouvions pas bon, ils nous déclarent qu'ils ne feront rien sans nous. Cette affaire est toute différente de celle que proposait Parish, l'homme du prince Metternich, de concert avec Ouvrard, et dans laquelle le Rothschild de Paris n'a pas voulu entrer.

Ceci, mon cher ami, est de la plus haute importance. En cas que ces premiers banquiers de l'Europe viennent au secours de l'Espagne, c'est encore à nous qu'elle devra ce nouveau et signalé service. Armé de ce nouveau moyen, vous pouvez tout. Si vous n'avez pu encore parvenir à obtenir ce que nous demandons avec tant d'instance, vous le pouvez maintenant. Vous pouvez faire un ministère à votre gré, dicter des lois, faire signer nos traités, décider la médiation pour les colonies, la liberté du commerce en Amérique, en liant ou en déliant les cordons de la bourse. Il serait bien malheureux que, maîtres des forteresses d'Espagne, et pouvant fermer et ouvrir la source du crédit, nous fussions nous-mêmes sans crédit dans la Péninsule.

CHATEAUBRIAND.

M. DE CHATEAUBRIAND A M. DE TALARU.

Paris, le 29 novembre 1823.

Je conçois, mon cher ami, que dans le despotisme absurde de l'Espagne et la complète anarchie de l'administration, ce soit un pas de fait que l'organisation d'un conseil de ministres ; partout ailleurs cela ne serait rien. Mais ce conseil des ministres est composé des mêmes hommes que nous avons vus au travail, rendant décrets sur décrets comme leur maître, rétablissant les dîmes, proscrivant les miliciens en masse et hésitant à pardonner à Morillo. Je serai charmé qu'ils aillent bien, et que le roi, qui doit tout décider, décide d'une manière raisonnable ; mais j'en doute. En attendant je remarque qu'on vous dit qu'on fera, qu'on va faire, et l'on ne fait rien, ni pour la conclusion de nos traités, ni pour les affaires de l'Espagne. Faites donc reconnaître nos créances, régler l'acte d'occupation et les indemnités pour notre commerce. Pressez, grondez, menacez même, s'il le faut. Nous n'avons pas dépensé 200 millions et délivré Ferdinand pour être sans crédit en Espagne. Vos dernières dépêches jusqu'au n° 112 me donnent l'espoir que les miennes, à dater du 19, vous seront arrivées à temps pour redresser l'erreur dans laquelle on allait tomber en demandant l'intervention de l'alliance pour les colonies sans y associer l'Angleterre. Dans cette occasion la lenteur espagnole nous aura servis. Le ton de l'Angleterre envers nous devient de plus en plus pacifique ; ne la bravons pas inutilement, empêchons-la de se séparer trop brusquement des intérêts communs. Le continent parle fort à son aise des *quelques vaisseaux* et du *peu de soldats* qu'il faudrait pour réduire le Pérou et le Mexique : et qui les fournirait ces vaisseaux et ces soldats ? Nous sans doute : or, pouvons-nous soutenir une guerre maritime ? et dans cette guerre même les alliés, si entreprenants, nous soutiendraient-ils ? L'Autriche n'est-elle pas tout anglaise, et la Russie ne ménage-t-elle pas même le cabinet de Londres à cause des affaires d'Orient ? Jouons serré et ne soyons la dupe de personne. Nous avons Cadix et Barcelone : avec ces nantissements, l'Angleterre n'ira pas trop vite en besogne ; nous aurons le temps de voir si l'Espagne est raisonnable sur les colonies ; si elle ne l'est pas, nous prendrons notre parti. Décidément, nous évacuerons l'Espagne ; nous la laisserons s'arranger avec les factions comme elle le voudra, si elle ne veut en finir sur rien : c'est ce que vous ne sauriez trop répéter à M. Saez. Et qu'il ne se repose pas sur l'idée que nous serions nous-mêmes en danger, si des troubles renaissaient en Espagne ; les ministres qui gouvernent aujourd'hui avec si peu de prudence seront certainement chassés, renversés par des soulèvements quand nous n'y serons plus. Il y va de leur intérêt personnel : qu'ils sentent au moins celui-là s'ils ne sont pas touchés par des motifs plus nobles. Comment ! ils n'ont pas encore fait les trois choses que le simple bon sens indique et pour lesquelles il ne faut pas plus d'une séance du conseil, l'amnistie, le licenciement de l'armée et l'emprunt ! Nos affaires à nous n'avancent pas plus que les leurs. Défiez-vous, mon cher ami, de Saez, je crains que cet homme rusé ne vous endorme par des paroles qu'il ne réalise jamais. Parlez-moi encore de ce ministre : dites-moi ce qu'il est ; quelle est sa capacité, son caractère, ses intérêts, ses passions ; ce qu'on en doit espérer, ce qu'il faut en craindre. Répondez-moi sur tous ces points :

Affaires de l'Espagne ;

Colonies, amnistie, licenciement de l'armée, emprunt ;

Affaires de France ;

Traité d'occupation, reconnaissance de nos créances, indemnité pour notre commerce.

Voilà qui est clair, mon cher ami. Je vous le répète, le roi ici est très-irrité, et si l'Espagne ne conclut pas, nous conclurons. Avertissez M. Saez du danger. Je ne l'ai pas caché au duc de San-Carlos. J'ai reçu une très-longue lettre du général Pozzo aujourd'hui. J'y répondrai demain. Dans votre politique soyez Russe. Notre ennemie naturelle, l'Autriche, est très-malveillante dans ce moment. La Prusse craint la Russie, mais elle la suit. L'Angleterre voudrait nous brouiller avec la Russie surtout et nous caresse à présent ; soyez poli sans confiance ; il est certain que, dans l'affaire des colonies, l'Angleterre est plus près de nous que les puissances continentales, parce que nos intérêts se rapprochent.

Je vous remercie de la Toison. J'étais charmé qu'on vous l'eût donnée, sans penser un moment que je pouvais la mériter. Je suis, grâce à Dieu, fort au-dessus de ces ambitions.

Tout à vous, mon cher ami.

CHATEAUBRIAND.

M. DE CHATEAUBRIAND A M. DE POLIGNAC.

Paris, ce 5 janvier 1824.

Je sors d'une conférence avec le duc de San-Carlos, le général Pozzo et le baron Vincent. Le duc de San-Carlos a reçu la note officielle pour la demande en médiation, et a ordre de la faire connaître à moi, aux ambassadeurs d'Autriche, de Russie et d'Angleterre. Nous sommes convenus qu'il retarderait cette communication de quelques jours pour vous donner le temps de me répondre et de connaître par vous la disposition de M. Canning : elle sera favorable ou défavorable. Dans le premier cas, nous accepterons immédiatement la demande en médiation, aussitôt qu'elle nous aura été faite officiellement. Dans le second cas, nous prendrons la chose *ad referendum,* jusqu'à ce que nous connaissions la détermination de l'Angleterre, et surtout pour ne pas précipiter une rupture sur la question des colonies, entre nous et le cabinet de Saint-James.

Voilà le point où en sont les choses ; mais il faut que vous sachiez que l'Autriche suppose, et a fait dire à M. Canning, que les conférences pour la médiation pourraient être établies à Londres. Or, vous voyez que l'Espagne demande positivement qu'elles soient établies à Paris, et nous, notre résolution est de tout rejeter, plutôt que de transporter à Londres le lieu de la médiation. Voyez M. Canning le plus tôt possible, et renvoyez-moi mon courrier.

CHATEAUBRIAND.

M. DE CHATEAUBRIAND A M. DE TALARU.

Paris, ce 17 janvier 1824.

J'ignore encore, mon cher ami, quel parti M. Canning prendra sur la médiation; cependant, sir Charles Stuart m'a dit aujourd'hui qu'il avait reçu des lettres de Londres et que le ministère paraissait assez favorablement disposé sur cette médiation. Si maintenant le décret pour la liberté du commerce paraissait, nous pourrions espérer un succès, malgré le fatal décret du conseil des Indes.

Je vous le répète pour la millième fois, si le ministère actuel ne vous plaît pas, changez-le; vous devez commander en maître; si le clergé est le plus fort et peut être le plus utile, liez la partie avec lui, pourvu qu'il donne tout ce que vous demanderez pour le bien de l'Espagne. Amnistie, emprunt, décret sur la liberté du commerce et nos traités. Mettez-vous bien dans la tête que vous êtes le roi d'Espagne, que vous devez régner. Je ne vous demande ni de faire prévaloir telle ou telle théorie, ni d'appuyer tel ou tel homme; mais de faire ce que l'état des choses permet. Ne vous embarrassez ni des intrigues de vos collègues, ni des jalousies de nos ennemis. Qu'on écrive ici et à la cour mille calomnies sur moi et le gouvernement du roi, peu importe : laissez dire et agissez. Je vous le répète, vous avez carte blanche pour agir. Tout ce que vous aurez fait sera bien fait et approuvé, pourvu *qu'il y ait action*. Voici ce que vous pouvez dire au roi pour le déterminer à en finir avec nous et pour lui.

Si avant un mois, à partir de la date de cette lettre, il n'y a rien de fait pour nos traités et pour l'Espagne, vous recevrez vraisemblablement l'ordre de demander vos passe-ports. M. de Bourmont recevra en même temps les instructions nécessaires pour quitter Madrid. La patience du roi est à bout. Lui et son gouvernement sont las de n'être payés de tant de sacrifices que par l'ingratitude.

Mes lettres officielles vous transmettent des documents curieux sur Cuba.

Je vous enverrai, par le courrier de mardi 20, la ratification du petit traité des prises : il sera demain dans *le Moniteur*.

Tout à vous, mon cher ami.

CHATEAUBRIAND.

M. DE CHATEAUBRIAND AU GÉNÉRAL BOURMONT.

Paris, ce 17 janvier 1824.

J'ai reçu, monsieur le comte, la lettre que vous m'avez fait l'honneur de m'écrire. Vous pouvez être sûr que je ferai tout ce qui dépendra de moi pour améliorer le sort de M. de La Roche-Saint-André. Maintenant, je répondrai à votre politique.

Je suis persuadé, monsieur le comte, que si nous perdons notre influence en Espagne, ce sera absolument notre faute. Quand on est maître des places fortes d'un pays, que l'on peut en outre faire fournir à ce pays l'argent qui lui manque, je ne sais pas ce qu'on ne peut pas faire.

Je ne cesse d'écrire à notre excellent ambassadeur d'agir avec force, de donner, s'il le faut, des ordres : tout ministère qui déplaît à la France doit s'en aller ; tout ministère qui lui plaît doit rester. Rien n'ira si nous ne gouvernons pas nous-mêmes ; c'est nous qui devons dicter l'amnistie, faire faire les emprunts, licencier et réformer l'armée. Il ne s'agit pas de donner à l'Espagne tel ou tel genre de gouvernement, mais de trouver dans son sein une force avec laquelle on puisse rétablir l'ordre et la justice. Est-ce le clergé qui est cette force ? il faut s'appuyer sur lui, le mettre à la tête de l'État, à condition qu'il fera toutes les choses qu'il est raisonnable de faire pour le salut de la monarchie. Ainsi il faut qu'il se prête aux arrangements qui peuvent encore sauver une partie des colonies, qu'il paye les intérêts d'un emprunt, qu'il signe nos traités particuliers, etc. A ces conditions marchons avec lui ; nous lui laisserons notre armée, nous ne souffrirons pas qu'il soit chassé du pouvoir. Qu'importe aujourd'hui que l'ancien ministère soit tombé par telle ou telle cause, par l'influence de tel ou tel homme ; qu'importe que le ministère actuel soit soutenu par tel ou tel crédit ? S'il ne convient pas au pays qu'il se retire, et c'est à la France, c'est à notre ambassadeur à désigner les hommes qui doivent être placés à la tête de l'État. Je sais, monsieur le comte, que vous avez à vaincre bien des obstacles, que les intrigues, les jalousies, les préjugés sont armés contre vous : le corps diplomatique mêle ses inconvénients à tant de difficultés.

Le mal de tout cela, c'est qu'on perd dans de vains reproches le moment d'agir. Je vous engage fort, monsieur le comte, à vous réunir à M. l'ambassadeur pour porter un coup vigoureux. Il faut enlever en quinze jours la signature de tous nos traités, et l'accomplissement de toutes les choses sur lesquelles M. de Talaru a des instructions. M. de Talaru a carte blanche ; je prends sous ma responsabilité tout ce qu'il fera. Allez droit au roi tous les deux ; parlez ; si l'on se refusait à ce que vous croiriez utile au salut de l'Espagne, M. de Talaru recevrait immédiatement des ordres. Nous serions forcés d'abandonner le malheureux monarque que nous avons délivré à une destinée dont il ne serait plus en notre pouvoir de changer le cours.

Voilà, monsieur le comte, quels sont mes sentiments politiques sur l'Espagne : s'ils sont conformes aux vôtres, je m'en applaudirai. Vous avez comme moi à cœur le bien de l'Espagne et l'honneur de la France.

Recevez, etc. CHATEAUBRIAND.

P.-S. J'oubliais de vous dire, monsieur le comte, pour ne rien garder sur ma conscience, qu'il me semblerait utile de rassembler les vieilles cortès ; mais faut-il les convoquer à présent pour suppléer à la faiblesse royale, et faire tout ce qu'il y a à faire d'utile et de vigoureux, ou faut-il attendre qu'une administration forte ait rétabli l'ordre dans la Péninsule ? Les deux systèmes peuvent également se soutenir. Il y a des affaires, telles que celle des colonies (qui est tout pour l'Espagne), qu'un corps politique comme les vieilles cortès peut seul déterminer ; car je doute que le roi et des ministres osent jamais prendre un parti décisif sur ce point ; mais aussi les vieilles cortès, à présent, peuvent ramener des troubles. Il faudrait être comme vous sur les lieux pour juger l'à-propos.

M. DE CHATEAUBRIAND A M. DE TALARU.

Paris, le 24 janvier 1824.

Nous désirons, plutôt que nous n'espérons, mon cher, que la présence de Marcellus frappera le gouvernement espagnol et l'amènera à une décision. Si vous réussissez, Marcellus reviendra ; si vous manquez le coup, Marcellus restera comme chargé d'affaires ; vous recevrez vos lettres de rappel ; en même temps nous prendrons envers l'Espagne les mesures les plus sévères. Le roi est tellement révolté de son ingratitude envers la France, qu'il ne veut plus entendre à rien.

Je désire vivement, pour votre honneur et pour le nôtre, que vous emportiez ce décret de la liberté du commerce. Vous devez tout mettre en usage. Vous sentez qu'il ne nous est pas possible de rester comme nous sommes. Songez à ce que nous deviendrons lorsque les discussions vont s'ouvrir dans le parlement d'Angleterre, et que nous verrons celle-ci s'emparer, sous nos yeux, des colonies espagnoles ; car déclarer leur indépendance ou les prendre, le résultat est le même ; et c'est là ce que nous aurions fait à Madrid ! Cela n'est pas tolérable. La déclaration de l'indépendance du commerce sauve notre honneur, nous met dans une bonne position à la tribune, et obligerait l'Angleterre à se faire ouvertement le champion de l'insurrection, puisqu'elle ne pourrait plus argumenter de ses

Les emprunts que ce malheureux pays fait ou veut faire achèvent sa ruine. S'il engage partout ses revenus, comment vivra-t-il ? C'est le clergé qui devrait payer l'intérêt d'un emprunt et adopter le plan très-raisonnable des Rothschild. Vous direz que ce clergé veut régner et qu'il ne fera rien avec ce ministère ; je vous répondrai : Eh bien ! qu'il règne et qu'il renverse ce ministère, pourvu qu'un ministère nouveau soit dans les intérêts communs de l'Espagne et de la France ; mais voilà la difficulté : Saez était-il à nous ? Erro, que nous avons comblé ici, est-il à nous ? Ce peuple est ingrat avant tout, et le clergé l'est encore davantage. Au reste, peu nous importe qui gouverne, pourvu qu'*on gouverne*. Le despotisme le plus aveugle vaut encore mieux que l'anarchie ; mais en Espagne, il n'y a que de l'*arbitraire,* ce qui est bien différent du despotisme ; et avec l'arbitraire on ne fait rien.

Voici donc en résumé votre conduite en ce moment :

Signez la reconnaissance et le traité d'occupation ; obtenez l'amnistie et le décret pour la liberté du commerce, et ne pensez pas que vous puissiez revenir avant d'avoir obtenu ces deux derniers actes.

Le front du roi commence à s'éclaircir ; tout s'arrangera par mon amitié et mon dévouement pour vous. Puisque vous avez payé pour la Toison, que je ne perde pas mon argent, et faites-moi délivrer le diplôme. Villèle a payé aussi des paperasses et ne reçoit rien.

Les nouvelles des provinces dont vous me parlez ne sont pas aussi mauvaises qu'on le dit à Madrid, du moins sur nos frontières. La Catalogne, au contraire, s'organise, et le baron d'Éroles prouve qu'on peut faire quelque chose et trouver même de l'argent en Espagne ; mais vous verrez que, parce qu'il va bien en Catalogne, on le retirera.

Tout à vous, mon cher ami.

CHATEAUBRIAND.

M. LE PRINCE DE POLIGNAC A M. DE CHATEAUBRIAND.

Londres, ce 6 février 1824.

Vous avez dû voir par les papiers anglais, mon cher vicomte, quelle différence il y avait entre le langage des ministres anglais au parlement, cette année et l'année dernière ; lord Liverpool a fait un brillant éloge de M. le duc d'Angoulême, et M. Canning de l'armée française dans la guerre de la Péninsule.

Deux membres du gouvernement colombien sont venus en Europe : ces deux personnes partagent l'opinion de leurs concitoyens à l'égard de la nation anglaise ; ils ne l'aiment point et préfèrent les Français ; je dois les voir demain, non comme *ambassadeur*, mais comme curieux d'apprendre par moi-même tout ce qui se passe dans le Nouveau-Monde. Ils (ou au moins l'un des deux) doivent se rendre en France ; vous trouverez peut-être utile de les voir en secret et de les bien accueillir.

Recevez l'assurance de mon bien sincère attachement.

Le prince DE POLIGNAC.

M. DE CHATEAUBRIAND A M. DE RAYNEVAL.

Paris, ce 17 février 1824.

J'ai le plaisir, Monsieur, de vous annoncer que toutes nos affaires en Espagne sont terminées ; M. de Talaru a signé le traité des prises, la reconnaissance des 34 millions et le traité d'occupation. Les bases de ce dernier sont, comme je l'ai déjà dit : quarante-cinq mille hommes que nous laisserons à notre solde en Espagne ; les Espagnols ne nous payeront que la différence du pied de guerre au pied de paix, évaluée à 2 millions, y compris les dépenses de notre marine à Cadix, entretenue aussi sur le pied de guerre. L'occupation finira au mois de juillet ; mais il est stipulé par une clause particulière que si, à cette époque, les parties contractantes le désirent, l'occupation pourra être prolongée.

La modération et la raison ont été notre guide dans tous ces actes ; pourtant nous avons été violemment calomniés. Nous demandions, dit-on, 34 millions sans titres ; nous demandions 2 millions pour quarante-cinq mille hommes, et nous n'en avions que vingt-sept mille ; et pourtant nous fournissions la preuve que nous avions prêté 34 millions, et nous avions quarante-cinq mille hommes et, de plus, notre marine en Espagne, sauf les hommes que le licenciement ordonné tous les ans par notre loi du recrutement nous a enlevés, et que nous remplaçons par de nouveaux hommes. Il fallait que nous ne parlassions pas de tout cela ; qu'avec un gouvernement représentatif nous nous présentassions aux chambres, qui, ne sachant ce qu'étaient devenus les 34 millions prêtés à l'Espagne, auraient dit justement que nous les avions mis dans notre poche, nous auraient chassés, comme nous l'aurions très-bien mérité. Et quand on songe que toutes ces reconnaissances ne sont que nominatives, que l'Espagne ne nous payera jamais, et que nous ne demandions qu'un morceau de papier pour mettre notre budget en règle, ces cris paraissent encore bien autrement sans motifs.

Une chose plus importante que la signature de nos traités est le décret pour la liberté du commerce aux colonies espagnoles, que j'ai enfin obtenu après bien des sollicitations : je vous en envoie copie, en vous en faisant remarquer les principaux avantages dans ma lettre officielle. Il faudra maintenant que l'Angleterre avoue, si elle se hâte de reconnaître l'indépendance des Amériques espagnoles, qu'elle veut des révolutions ; car elle ne peut plus argumenter des intérêts de son commerce.

La demande en médiation, que j'ai également obtenue de l'Espagne, est restée sans effet pour le moment ; car il m'aurait paru de la dernière imprudence d'avoir ici des conférences sur cette immense question, l'Angleterre refusant d'y participer. Nous aurions justifié toutes les résolutions de M. Canning ; sous prétexte que les puissances continentales s'occupaient des colonies, il se serait hâté d'en reconnaître l'indépendance, et nous aurions ainsi précipité les colonies dans les bras de l'Angleterre en voulant les sauver. M. Canning a fait entendre, ainsi que le président des États-Unis, qu'il niait aux puissances du continent le droit d'intervenir à main armée dans les affaires des colonies. Que cette déclaration soit fondée en justice ou qu'elle ne le soit pas, qu'elle soit ou non téméraire, il en résulte que c'est de la guerre qu'il s'agit, si l'Europe veut intervenir. Or, toute l'Europe veut-elle faire la guerre à l'Angleterre? Non pas certainement l'Autriche, la Prusse n'y a aucun intérêt : il est donc clair que la Russie et la France restent seules sur le champ de bataille. Elles suffisent à tout, j'en conviens ; mais il faut éviter tout ce qu'on peut éviter, faire tout ce que la modération, la raison, la prudence réclament, avant d'en venir à tirer l'épée. C'est pour cela que j'ai trouvé qu'il fallait traîner en longueur sur la question de la médiation, éloigner les conférences, essayer par tous les moyens de ramener l'Angleterre à ses vrais intérêts et à des idées plus justes. Je n'en désespère pas, depuis le décret sur la liberté du commerce : c'est à quoi nous devons tous travailler de concert et avec activité.

Pour en finir de l'Espagne, le ministère actuel a contre lui le clergé ; mais il paraît assez sage pour le pays. Nous espérions le décret d'amnistie. Ce décret sera sans doute mal fait, car en Espagne tout est passion ; mais enfin il ira tellement quellement. Au reste, faute d'argent et par mille autres raisons, la Péninsule est dans la plus profonde anarchie, anarchie qui toutefois ne tuera pas ce malheureux peuple, accoutumé à vivre sans administration depuis deux siècles.

Chateaubriand.

M. DE CHATEAUBRIAND A M. DE TALARU.

Paris, 19 février 1824.

Ce que vous me mandez, dans vos dépêches n° 26, sur l'amnistie, me fait craindre que M. Heredia n'ait succombé sous les efforts de ses ennemis. Vous vous étiez d'abord déclaré fortement contre ce ministre ; mais depuis, l'expérience vous avait sans doute appris qu'il pouvait être utile : dans votre dépêche, vous vantez son habileté. Si vous en gardez toujours la même opinion, votre devoir est de le soutenir dans la position difficile où il se trouve. Un ministre qui a eu le courage de signer la reconnaissance des 34 millions, le décret sur la liberté du commerce, et qui veut publier l'amnistie, toutes choses impopulaires dans le malheureux pays où vous vivez, ne pourrait être abandonné sans une sorte d'ingratitude de la part de la France.

Reste à savoir, au milieu de toutes les intrigues, ce qu'il y a de vrai dans les frayeurs du roi et les discours de M. Heredia. Ne veulent-ils pas se créer un prétexte pour suspendre l'amnistie, ou bien le parti du clergé, qui veut renverser le ministère, n'oppose-t-il pas un parti factice à cette mesure pour épouvanter S. M. C.? Ce qu'il y a de certain, c'est qu'il est étrange qu'ayant une garnison assez nombreuse à Madrid, l'autorité militaire ait souffert des rassemblements sous les fenêtres du château. On sait combien la fermeté impose.

Dans tous les cas, vous ne devez jamais consentir à ce qu'on ne publie pas l'amnistie. Le roi et le prince généralissime regardent leur parole engagée, et S. M. tient à en parler dans son discours à l'ouverture des chambres.

Je ne saurais trop diriger à présent votre attention vers l'emprunt. Les colonies espagnoles, surtout le Mexique, se créent à Londres des partisans et des intérêts immenses par des affaires de finances. Il faut que la mère patrie, qui a d'ailleurs un besoin réel d'argent pour exister, et pour influer dans les colonies, contre-balance en Angleterre le crédit des Amériques espagnoles, en liant à sa prospérité les fortunes des grands capitalistes de l'Europe. M. Heredia est homme d'esprit et comprendra ce système.

Le décret sur la liberté du commerce fait un effet considérable. Les Anglais sont dans la position la plus embarrassante ; ils ont de l'humeur et n'osent ouvertement attaquer un acte inattaquable, et qui les gêne en les forçant de s'expliquer.

CHATEAUBRIAND.

M. DE CHATEAUBRIAND A M. DE SERRE.

Paris, le 16 mars 1824.

Je voudrais, monsieur le comte, commencer ma lettre par vous offrir mes félicitations sur votre nomination à la Chambre des députés, et je n'ai à vous faire, au contraire, que des compliments de condoléance ; mais il y a un remède à tout avec la patience et le temps, et j'espère bien vous voir quelque jour honorer le département des affaires étrangères par vos talents à la tribune.

J'ai reçu toutes les lettres que vous m'avez fait l'honneur de m'écrire. Ce que vous dites du renouvellement septennal est excellent. La loi ne sera pas présentée comme je le désirais. J'aurais voulu le renouvellement quinquennal d'abord pour la chambre actuelle, élue en vertu de la Charte, et le septennal pour les chambres qui suivront. J'ai proposé aussi le changement d'âge : j'ai été battu sur ces deux points, et on proposera le septennal pur et simple. Il n'y a aucun doute qu'il passera à une immense majorité. Je préférerais mon projet comme plus légal et plus complet. Quoi qu'il en soit, ce sera un grand bien que cette loi, et un beau résultat, pour nous, de la guerre d'Espagne.

Cette Espagne est tranquille; tous les troubles civils y sont apaisés; mais la plaie politique étant dans le roi, le remède est presque impossible à appliquer. Il n'y aurait de raisonnable que la convocation des vieilles cortès modifiées selon le temps. Le roi ne le voudra pas, et le peuple n'en veut pas davantage. Un grand ministre pourrait les rappeler; mais où est-il, ce grand ministre? Les étrangers, même la France, ne pourraient rien de national dans ce bizarre pays, et de plus ils sont divisés d'intérêts et de doctrines : il faut donc laisser aller. Le ministère espagnol actuel, qui nous a donné le décret pour le commerce libre dans les colonies et qui a demandé la médiation des puissances, va être chassé parce qu'il a le sens commun.

Vous avez raison pour les colonies : elles n'amèneront aucune guerre, par la raison que nous ne la voulons pas et que le continent, qui fait tant de bruit de ses théories, ne nous seconderait pas si nous voulions les soutenir à main armée contre l'Angleterre. Les colonies seront donc séparées, et notre déclaration à Vérone nous a mis dans la meilleure position pour profiter de cette séparation. Nous avions prévu l'événement, et nous avons fait entendre que nous ne sacrifierions pas nos intérêts à des théories politiques. Le tout est que la reconnaissance ne soit pas trop prompte, et que l'on sache bien s'il existe en Amérique des gouvernements capables de faire et de maintenir des traités. Sur ce point l'Angleterre entend parfaitement raison, et nos relations de part et d'autre sont extrêmement bienveillantes.

Vos renseignements sur les sociétés secrètes sont, monsieur le comte, extrêmement précieux. Il restera à distinguer ce qu'il y a de théorique et de pratique dans ces machinations, et jusqu'à quel point le plan est fictif ou réel. Que l'on veuille renverser l'ordre établi, cela est de tous les temps et de tous les lieux; mais que de ce mouvement d'une nature humaine corrompue on fasse une action régulière et permanente de destruction au moyen de sociétés secrètes, c'est ce qui me paraît toujours très-difficile.

Je vous prie de soutenir vivement les intérêts de notre commerce.

J'ai fait ce que vous désirez pour vos appointements ; je mettrai tous mes soins à vous rendre votre position agréable. Notre patrie est dans ce moment si prospère et si glorieuse, que la considération de nos ambassadeurs doit s'en accroître à l'étranger.

Recevez, monsieur le comte, la nouvelle assurance de mon dévouement et de ma haute considération.

Chateaubriand.

P.-S. Mon neveu, Christian de Chateaubriand, part pour l'Italie ; s'il va à Naples, je le recommande à vos bontés : c'est le petit-fils de M. de Malesherbes.

M. DE POLIGNAC A M. DE CHATEAUBRIAND.

Londres, ce 16 mars 1824.

Rien de nouveau ici, mon cher vicomte ; vous aurez lu, quand vous recevrez cette lettre, le discours que lord Liverpool a prononcé hier à la chambre des pairs d'Angleterre en réponse à la motion de lord Lansdown sur la question de l'indépendance des colonies espagnoles. Lord Lansdown était passé chez moi la veille ; je ne m'étais pas trouvé à la maison, ce que je regrette. Au reste, ses expressions ont été aussi modérées que possible pour un membre de l'opposition, et forment contraste avec celles du jeune lord Ellenborough, qui a trouvé dans notre conduite, louée par lui, en Espagne, un motif de nous accuser de vues ambitieuses envers ce pays. Le discours de lord Liverpool n'a rien de bien remarquable ; on y trouve seulement ces deux points saillants : 1° qu'il ne paraît pas encore prêt à reconnaître l'indépendance des colonies espagnoles ; 2° que son vœu personnel eût été que ces colonies eussent choisi de préférence une forme de gouvernement monarchique. La discussion importante sera celle d'après-demain à la chambre des communes. Il m'est revenu que M. Canning a exprimé son mécontentement à une personne tierce du retard qu'éprouvait le ministre espagnol accrédité près la cour Saint-James ; il sait qu'il est depuis longtemps à Paris ; qu'il a de longues, fréquentes et secrètes conférences avec Pozzo ; tout cela excite ses inquiétudes et lui donne un peu d'humeur. Je tâcherai de le voir demain pour le faire changer de dispositions avant la séance de jeudi.

Le prince de Polignac.

M. DE CHATEAUBRIAND AU PRINCE DE POLIGNAC.

Paris, ce... mars 1824.

Dans votre dernière lettre, noble prince, vous me demandez ce que dit et fait l'Europe relativement aux colonies. L'alliance, depuis quelques jours, me travaille très-mal à propos; elle insiste pour nous faire prendre des résolutions contre l'indépendance; elle veut recommencer des conférences sur les affaires d'Espagne y compris les colonies. Notre langage modéré sur ce point, votre *memorandum* lui déplaît fort : elle n'ose le dire ouvertement, mais on aperçoit aisément des signes d'humeur et d'inquiétude. Je me défends comme je peux; j'ai déclaré formellement que j'étais prêt à continuer nos vieilles conversations sur l'Espagne, mais que je refusais nettement des conférences *ad hoc* sur l'affaire des colonies, voulant pouvoir dire toujours sans mentir à l'Angleterre : « Il n'y a point de conférences pour les colonies. » J'ai emporté ce point en demandant s'il s'agissait de tirer l'épée et si les alliés étaient prêts à agiter cette grande question. Là-dessus, le baron Vincent s'est récrié contre la seule idée de prendre les armes, et le chargé d'affaires de Prusse a été également épouvanté; c'est ce que je prévoyais. L'Autriche est trop bien avec l'Angleterre pour lui déclarer la guerre. La chose en est donc restée là, et je vous en avertis parce que sir Charles Stuart écrivait à M. Canning que nous avons repris des conférences; vous pourrez lui assurer qu'il ne s'agit que des anciennes et très-rares réunions que nous avions ici pour causer des affaires d'Espagne, comme de l'amnistie, de l'emprunt, de notre corps diplomatique à Madrid, des changements des ministres espagnols, etc.; mais qu'il *n'est nullement question de conférences sur les colonies.*

Votre position avec vos collègues est nécessairement un peu gênée, parce que notre politique n'est pas tout à fait semblable à la leur sur les colonies; mais faites comme moi, c'est-à-dire bonne mine; dites que nous ferons toujours tous nos efforts pour amener l'Angleterre à ne pas déclarer l'indépendance des colonies, et à s'entendre avec l'Espagne et avec nous sur cette grande question; mais évitez de parler du parti que nous prendrons sur les colonies, dans le cas où l'Angleterre vînt à déclarer son indépendance : c'est là le point scabreux et notre secret. Alors comme alors, nous prendrons conseil de l'événement. Nous sommes d'ailleurs sur un bon terrain, car à Vérone nous avons été très-*libéral* sur l'affaire des colonies; ainsi nous n'avons point changé d'opinion : nous pensons après la guerre comme avant la guerre. Je vous envoie cette pièce, qui est un bon retranchement contre l'empressement de vos collègues et une excellente pièce pour

M. Canning. En tout, ce que vous avez de mieux à faire est d'éluder sans affectation les conversations sur les colonies; je m'en rapporte à votre prudence. Parlons d'autre chose.

J'ai vu les débats sur le commerce des nègres. Il est assez ridicule de dire que les États-Unis sont la seconde ou l'une des premières puissances maritimes du monde; ils ont quatre vaisseaux de ligne et une douzaine de bricks et de frégates. Passe pour cette gasconnade; mais il faudra savoir ce que veut dire cette législation de piraterie, déjà proposée à Vérone. Il y a un point que dans tous les cas nous n'admettrons jamais : la visite de nos vaisseaux.

Je ne connais rien, au moment où je vous écris, des détails de la séance sur notre occupation d'Espagne. Je vois seulement en gros que M. Canning a fait l'éloge de notre armée et le vôtre; il a bien raison cette fois; mais comment a-t-il pu dire qu'il nous a fait trois conditions pour nous laisser entrer en Espagne : 1° que nous n'attaquerions pas le Portugal; 2° que nous ne nous mêlerions pas de l'affaire des colonies ; 3° que nous n'occuperions pas militairement l'Espagne? Il faut que *l'Étoile* ait mal traduit, car cela serait incroyable, et les dires de M. Canning, l'année dernière, ont assez prouvé qu'il n'avait *consenti* à aucune condition. Cette jactance est bien peu digne; et, si M. Canning l'a employée pour nous *défendre* et pour repousser l'opposition, nous pourrions lui dire comme le duc d'Orléans au cardinal Dubois : « Dubois, tu me déguises trop. »

Vos dépêches et les papiers anglais, que j'attends ce matin, éclairciront tous ces faits.

Chateaubriand.

P.-S. Je viens de lire le discours de M. Canning dans *les Débats* : réparation. Il est très-bon, très-bon, s'il est tel qu'il est traduit, et je vous charge même de remercier M. Canning de ma part.

Je reçois vos dépêches et vos lettres du 19. Vous voyez que j'avais prévenu votre désir. Remerciez M. Canning de son excellent discours. Je vais faire mettre un mot dans le discours du roi.

M. DE CHATEAUBRIAND A M. DE LA FERRONNAYS.

Paris, ce 19 mars 1824.

Je compte vous expédier un courrier après la séance royale qui aura lieu le 23, et comme, après ce temps, je serai fort occupé aux chambres, et que j'aurai peu de temps pour écrire, je veux m'y prendre de bonne heure aujourd'hui afin de traiter les affaires à fond avec vous.

Je commence par votre lettre du 1ᵉʳ mars : parlons de ma dépêche au prince de Polignac.

Je suis fâché, monsieur le comte, que Sa Majesté l'empereur, qui en avait paru content au premier moment, ne l'ait pas trouvée ensuite assez forte. L'Angleterre n'en a pas jugé ainsi. M. Canning y a fait une réponse qu'il a communiquée aux représentants de l'alliance à Londres, et qui est très-faible : je vous l'envoie, quoique j'aie la certitude qu'elle est parvenue à Pétersbourg, où M. Canning tenait beaucoup qu'elle parvînt pour détruire l'effet de ma dépêche. J'avais fait celle-ci de manière à ce qu'elle pût devenir publique, en cas que le ministre anglais la produisît aux chambres; mais il s'en est bien gardé, tant il l'a trouvée contraire à ses vues, et je sais que c'est en partie les raisons rassemblées dans cette dépêche qui l'ont fait reculer sur la reconnaissance *immédiate* de l'indépendance des colonies.

Selon moi, tout l'art de la politique en ce moment consiste à mener les choses avec une telle prudence que nous puissions gagner la fin de la session parlementaire, en Angleterre et en France, sans compromettre cette importante question à la tribune. L'Angleterre l'a pris si haut, elle a si ouvertement déclaré que la moindre intervention du continent dans l'affaire des colonies serait pour elle une raison de reconnaître leur indépendance, qu'une démarche un peu vive pourrait tout précipiter. Or, la France ne pouvait et ne devait pas prendre sur elle l'initiative, ni se charger d'une telle responsabilité. Je me suis donc bien gardé, dans ma dépêche à M. de Polignac, de combattre l'Angleterre sur le terrain des principes qu'elle ne reconnaît pas, mais sur celui des intérêts, où elle place toute sa doctrine. J'ai cherché à lui prouver qu'elle n'avait dans ce moment aucune raison pressante pour déclarer l'indépendance des colonies, et j'ai si bien réussi que lord Liverpool et M. Canning ont repoussé les propositions de lord Lansdown et de M. Mackintosch. Encore une fois, gagner du temps, c'était tout. La session parlementaire finira, les troubles qui peuvent survenir dans les colonies pourront donner moins d'ardeur à l'Angleterre et plus de force aux raisons des puissances continentales.

Il ne faut pas se dissimuler d'ailleurs, monsieur le comte, que l'opinion générale de la France, même l'opinion royaliste, est fort tiède sur la question des colonies espagnoles. Nous l'avons exprimée à Vérone dans notre note telle qu'elle est dans notre pays, et, quand on examine la chose de près, voilà la solution que l'on trouve.

Le continent peut-il empêcher l'Angleterre de reconnaître l'indépendance des colonies espagnoles? Il n'y en a peut-être qu'un seul moyen : c'est de menacer la Grande-Bretagne de lui faire la guerre.

Si elle n'est pas arrêtée par cette menace, si au contraire elle déclare les colonies indépendantes et s'allie aux États-Unis, toutes les puissances du continent tireront-elles l'épée? L'Autriche, particulièrement liée avec l'Angleterre, et dont celle-ci vient de louer le souverain et le ministre tandis qu'elle insulte tous les autres souverains, l'Autriche entrera-t-elle en campagne? Fermera-t-elle au commerce anglais tous les ports de l'Italie? La Prusse, qui n'a rien à démêler avec les colonies, et qui est pauvre, repoussera-t-elle les vaisseaux anglais de ses havres dans la Baltique? La Suède, le Danemark, le royaume des Pays-Bas, entreront-ils dans le nouveau système du nouveau blocus continental, seul moyen d'atteindre l'Angleterre? S'il est probable que la plupart de ces puissances reculeraient; si la Russie, à l'abri par son immense puissance et par sa position continentale, ne pouvait nous assister que par des soldats, dont nous n'aurions pas besoin, puisque nous n'aurions personne à combattre sur le continent; si aucune puissance n'est assez riche pour fournir une part considérable de subsides pour équiper nos flottes, il est à peu près sûr que tout le poids de la guerre retomberait sur nous seuls, que nous perdrions notre prospérité présente, notre commerce, nos colonies, nos vaisseaux, dans une lutte inégale contre une puissance toute maritime, et qu'une secousse sur le continent pourrait faire renaître parmi nous les factions si heureusement étouffées par le succès de la guerre d'Espagne.

Ces considérations, monsieur le comte, n'échappent pas à un peuple aussi éclairé et aussi spirituel que le nôtre. La tribune et les journaux libres disent tout, et il n'y a point de ministère qui ne fût écrasé s'il s'engageait dans une pareille affaire avant d'avoir épuisé tous les autres moyens d'action.

Je remarque avec peine combien on comprend difficilement dans les monarchies absolues la position d'un ministre dans les monarchies représentatives. Il est aisé pour un bon serviteur de son prince, à Pétersbourg, à Vienne et à Berlin, de dire dans le secret du cabinet toutes les bonnes choses qu'il a à dire, de mettre en avant les principes qu'il lui semble devoir soutenir; mais nous, exposés sans cesse à la publicité, attaqués par des ennemis secrets et publics à la cour et à la tribune, nous sommes obligés de peser toutes nos paroles, de calculer les effets de nos moindres notes, et d'arriver au même but que nos alliés, mais par d'autres voies et par d'autres moyens. Combien de fois, monsieur le comte, ne s'est-on pas irrité contre nous, et pendant et après la guerre d'Espagne! Excepté la Russie qui me comprenait, et me laissait faire, combien ai-je été tourmenté, harassé de notes, de représentations et presque de reproches! Et pourtant qu'est-il arrivé? Voyez ce que nous avons fait depuis que je suis entré au ministère: la guerre d'Espagne, l'emprunt des 23 millions, l'élévation de la rente au pair, les élections totales et royalistes au moyen desquelles nous allons avoir la septennalité, la réduction des rentes: tout cela dans quinze mois!

C'est pourtant quelque chose, et l'Europe doit trouver que nous marchons. Quant à l'affaire des colonies, elle s'arrangera aussi, si on veut procéder avec mesure et circonspection; si on veut aller brusquement, on peut tout perdre. Il faut faire tous nos efforts pour déterminer l'Angleterre à s'entendre avec les alliés. Elle est dans ce moment très-éloignée de cette pensée; mais quand le parlement sera séparé, et s'il arrive des événements dans d'autres parties des colonies espagnoles, comme il vient d'y en avoir au Pérou, il ne paraît pas impossible que le ministère anglais se rapproche de nous.

Si l'on veut, monsieur le comte, me laisser le temps de dérouler mon système à l'intérieur et à l'extérieur, on sera content. Aurait-on cru, l'année dernière, que la France était capable de faire la guerre seule avec la forme de son gouvernement, et pour ainsi dire encore en face de la révolution? Aurait-on cru que cette année nous aurions pu faire disparaître une opposition composée de cent onze membres dans la Chambre des députés? Aurait-on cru que nous eussions été assez forts pour rendre la Chambre élective septennale? On a fait beaucoup de mal à ce pays, et l'on ne peut pas se dissimuler que pendant quatre ou cinq ans l'Europe elle-même a appuyé de toute sa puissance le système déplorable que l'on suivait ici. Qui a donné le signal du péril? c'est moi; qui s'est exposé à toutes les persécutions pour sauver la France? c'est moi; qui, le premier, a fait ouvrir les yeux à l'opinion? c'est encore moi. Depuis que je suis au ministère, ai-je démenti mes doctrines? Qu'on en juge par les immenses pas vers le bien qu'a faits la France depuis quinze mois. Mais si l'on veut tout précipiter; si, dans notre opposition dangereuse vis-à-vis de l'Angleterre, on nous pousse mal à propos; si, comptant pour rien les obstacles que présentent nos intérêts nationaux et les formes de notre gouvernement, on nous pousse à des mesures intempestives, il arrivera que l'on brisera mon système, que l'on m'obligera à me retirer, que tout changera avec ma retraite.

CHATEAUBRIAND.

M. DE CHATEAUBRIAND A M. DE POLIGNAC.

Paris, ce 1ᵉʳ avril 1824.

Ma dépêche d'aujourd'hui, noble prince, est intéressante. J'y veux ajouter quelques réflexions.

Sir W.ᶜ A'Court a dit à M. Brunetti qu'il était très-mécontent de la réponse de M. Heredia. Il est certain que le cabinet de Madrid, refusant de traiter sur la base de l'indépendance des colonies, embarrasse beaucoup le cabinet anglais, qui ne se dissimule pas que le consentement à l'indépendance de la part de l'Espagne est d'un poids considérable dans cette affaire. D'un autre côté, les nouvelles du Mexique n'étant pas très-bonnes, je vous engage à en causer avec M. Canning, et à lui demander si ce refus de l'Espagne et les troubles politiques de l'Amérique ne modifieraient pas ses résolutions, et ne l'engageraient pas à accepter la médiation, collectivement avec les alliés. Remarquez que l'Angleterre a déjà un peu reculé, qu'elle voulait d'abord traiter sur la base de l'indépendance pure et simple, et puis qu'elle ne propose plus cette indépendance que d'une manière hypothétique.

Qu'est-ce que M. Canning peut craindre en acceptant la médiation ? à quoi cela l'engage-t-il ? A rien du tout. Il est toujours libre de se refuser aux plans qui ne lui conviendraient pas, et il sait que de notre côté nous sommes bien plus près des idées de l'Angleterre que des théories impraticables des alliés. Ainsi nous marcherions avec lui ou très-près de lui, et nous pourrions faire pencher la balance pour des choses possibles. Je crois que M. Canning a pris les choses trop haut. Il est à craindre qu'il ne se trouve engagé d'amour-propre à soutenir ce qu'il a dit ; dans tous les cas, s'il revenait à l'idée de prendre part à la médiation, ce ne serait probablement que quand il serait débarrassé du parlement. Il est encore probable que le lieu des conférences serait un obstacle : il ne voudrait pas Paris ; nous ne pouvons consentir à Londres. Resterait Madrid ; mais, en face du peuple espagnol et des intrigues de la cour de Ferdinand, la chose est presque impossible.

Causez donc, noble prince, avec M. Canning ; mais sans affectation, sans aucune nuance officielle, sans écrire mutuellement ce que vous aurez dit. Nous allons envoyer des consuls à Cuba et à Porto-Rico, et nous approcher peu à peu du Mexique, en profitant du décret de Ferdinand : ne dites rien de ceci.

J'espère que vous commencez à voir clair dans nos idées sur les colonies, et à reconnaître les nécessités qui nous enchaînent de toutes parts.

CHATEAUBRIAND.

M. DE CHATEAUBRIAND A M. DE POLIGNAC.

Paris, le 10 mai 1824.

Je vous ai mandé que nous avions enfin l'amnistie pour l'Espagne. Cela couronne notre ouvrage, et c'est une importante nouvelle. M. Saez part enfin pour Londres. Il est venu me voir ; nous avons causé. Je vous le recommande : il doit être, autant que vous le pourrez, sous votre protection et dans votre dépendance. Tâchez qu'il ne traite pas secrètement avec M. Canning de quelque arrangement préjudiciable à la France. Les Espagnols sont sujets à ces négociations mystérieuses; l'estafette qui arrivera ce soir de Madrid m'apportera la réponse du ministère espagnol à M. Canning. Je crois que l'Espagne refuse de traiter pour le Mexique sur la base de l'indépendance, et qu'elle demande itérativement la médiation de l'Angleterre et de toutes les puissances. C'est le moment d'insister auprès de M. Canning sur cette médiation. Rapprochez-vous de vos collègues, et surtout de M. Lieven, qui se plaint de votre froideur; parlez tous à la fois de la médiation demandée par l'Espagne; dites à M. Canning qu'elle ne l'oblige à rien ni nous non plus, qu'elle mettra l'Angleterre et nous à même de prendre le parti qui nous paraîtra le plus convenable. Laissez entendre que si le lieu de la négociation (Paris) était désagréable à l'Angleterre, on pourrait le transporter ailleurs, dans quelque ville neutre d'Allemagne. Je n'ai jamais désespéré de cette affaire, parce que l'obéissance passive de l'Espagne et du continent avec l'Espagne, contre l'indépendance complète des Amériques espagnoles, doit embarrasser beaucoup l'Angleterre. Vous savez que M. Canning, pour engager l'Espagne à reconnaître l'indépendance du Mexique, lui promettait de lui garantir la possession de Cuba et de Porto-Rico.

Je vous prie, noble prince, de donner pour moi à la Société pour le *soulagement des gens de lettres* 40 livres sterling; vous tirerez une égale somme sur moi.

CHATEAUBRIAND.

M. DE CHATEAUBRIAND A M. DE LA FERRONNAYS.

Paris, le 19 mai 1824.

Vous verrez, monsieur le comte, par mes dépêches, que les affaires vont mieux en Espagne. Nous avons enfin l'amnistie; mais il a fallu la circonstance du renouvellement du traité d'occupation pour l'arracher; et, si nous n'avions point posé cette alternative : *Point d'amnistie, point de renouvellement de traité,* nous n'eussions rien eu, et tout ce que les souverains auraient écrit et demandé aurait été inutile. M. de Talaru, se trouvant dans une meilleure position que ses collègues pour agir, en a profité; et ce que nous avions si longtemps sollicité pour nos services a été accordé à la crainte de nous voir partir.

Vous serez encore plus content de la réponse de M. Ofalia à la note de sir W. A'Court. Vous verrez que tous les droits de l'Espagne sont réservés, qu'elle se serre à ses amis du continent, et qu'elle prie de nouveau l'Angleterre d'entrer elle-même dans la médiation. Elle ne pouvait faire une réponse plus digne et plus convenable.

Vous avez été un peu étonné de la différence des rapports que je vous ai transmis à Pétersbourg et de ceux qui arrivaient par l'Autriche. Les événements subséquents ont dû vous prouver que je vous avais dit la vérité. Tout marche à présent; le parlement va finir, et alors j'ai toujours l'espérance d'amener l'Angleterre à écouter ses véritables intérêts. Dans tous les cas, le seul moyen de procéder, dans les circonstances difficiles où nous nous trouvions, était la patience et la longueur du temps : des mesures précipitées auraient tout perdu.

Il vient de se passer les scènes les plus affligeantes en Portugal. La France a encore eu le bonheur d'y jouer, par son ambassadeur, un rôle noble et généreux. J'ai craint, dans le premier moment, que le contre-coup de cet événement se fît sentir en Espagne. Le roi de Portugal est malheureux en famille : de pareilles scènes donnent beau jeu à ceux qui déclament contre les gouvernements absolus et les souverains légitimes.

CHATEAUBRIAND.

M. DE CHATEAUBRIAND A M. DE TALARU.

Paris, le 26 mai 1824.

Je ris aussi d'avoir cru que ce qui était fait le 1er à Madrid n'était pas fait le 12; mais vous êtes aussi amusant que moi, car vous me mandiez qu'il fallait que la chose *fût connue*, et moi, vous croyant sûr de votre affaire, j'ai fait publier l'amnistie. Heureusement cela n'a rien fait manquer, puisque M. Mortier me l'envoie du 19 : Dieu soit loué !

Vous ne pouvez vous faire une idée du dépit qu'ils ont qu'on leur ait caché l'amnistie. Ils disent qu'on a prouvé à l'Europe qu'on employait auprès du roi une *horrible coaction*. Les bonnes gens! ils n'ont pas voulu sans doute agir sur le roi et contre nous! ils n'ont pas changé son ministère! ils n'ont pas voulu la *coaction physique* de nos baïonnettes! Il m'est clair, d'après tout ce bruit, qu'ils ne voulaient pas au fond l'amnistie, et qu'en outre de leur amour-propre blessé, il y a le mécontentement d'avoir vu promulguer un acte qui leur était peu agréable. Ils ne seront pas appuyés ici, parce que j'ai donné l'amnistie à la conférence aussitôt que je l'ai eue. Ils passeront pour des niais dans leurs cabinets, voilà tout. Il m'est démontré que, si vous aviez parlé, l'amnistie était suspendue, d'autant plus que ces messieurs lui reprochent de renfermer des articles qu'ils ne connaissaient pas. En dernier résultat, pourquoi être si malheureux qu'on ait obtenu *l'amnistie?* Est-ce un acte contre l'alliance, contre l'Espagne? Et nous qui avons porté *isolément* tout le poids de la guerre, ne pouvions-nous *seuls* obtenir le couronnement de la paix? Au reste, tout est fini, l'amnistie est publiée, et on n'en parle peut-être déjà plus à Madrid.

Il paraîtrait que vos collègues ont tenu une conférence sans vous sur l'affaire des colonies. Ne faites semblant de rien ; demandez toujours des renseignements et des papiers, et offrez toujours de parler tant qu'on voudra. Mais dites à M. Ofalia que, tandis qu'on parle beaucoup, nous agissons ; que M. de Polignac a eu une longue conférence avec M. Canning sur les colonies à propos de la réponse de l'Espagne; qu'il l'a pressé de nouveau d'accepter la médiation ; que M. Canning a toujours continué de la refuser ; mais que M. de Polignac ne désespère de rien si l'Espagne se dépêche d'envoyer un ambassadeur en Angleterre.

CHATEAUBRIAND.

XVII

Quelques mots sur cette correspondance.

Ici finit la correspondance diplomatique. Je n'ai donné qu'un très-petit nombre des lettres de mes honorables amis; ils s'y montrent pleins d'habileté, de talent et de noblesse : ils auront pu voir que j'ai eu soin de retrancher scrupuleusement de ces lettres les détails que la discrétion commande de laisser dans l'ombre. Heureux les rois dont les intérêts sont confiés à de tels hommes !

Quant aux diplomates étrangers, quelle que soit l'opposition qu'ils nous ont faite, ils n'en sont pas moins des hommes de capacité et d'honneur. Les affaires étaient si compliquées qu'il était naturel de les voir autrement que nous ne les voyions. Par exemple, en Espagne, MM. Royez et Brunetti pouvaient très-bien croire, comme représentants de monarchies absolues, que le cabinet français inclinait trop aux idées libérales : ils devaient servir les intérêts de leurs gouvernements, qui n'étaient pas ceux du nôtre. Si par hasard ils avaient deviné notre politique (l'agrandissement dont nous espérions fortifier notre pays), leur devoir les obligeait à nous entraver davantage. Le même raisonnement s'applique à M. de Metternich : sur le champ de bataille, chacun cherche à remporter la victoire. Nous désirons qu'on use envers nous de la même impartialité : pourquoi n'en userait-on pas? Est-ce de la diplomatie du moment qu'il s'agit? Non ! c'est de la diplomatie historique; il s'agit d'une société qui n'est plus; nos lettres et nos dépêches sont des documents poudreux qui comptent déjà des siècles.

Reconnaissance à nos honorables et nobles amis de la Chambre élective et de la Chambre des pairs, qui voulaient comme nous la guerre d'Espagne : leur éloquente conviction passait de la tribune dans le public. Nous sommes également redevable à cette nombreuse partie de la droite des députés, attachée à M. de Villèle : voyant le président du conseil soutenir, par nécessité, avec clarté et logique, un sentiment dont pourtant il ne se sentait pas entraîné, elle se rangea à sa parole, et forma cette majorité compacte sans laquelle nous n'aurions pu agir. Enfin, nous nous félicitons de la bienveillance particulière que nous montrèrent les orateurs de la gauche, tout en s'élevant contre notre système ; M. le duc de Rauzan, nommé directeur des affaires politiques, pour tenir lieu d'un de ces sous-secrétaires d'État qui devraient exister dans les départements ministériels, seconda nos travaux et montra ce jugement rassis, qualité essentielle du diplomate.

On le voit, nous avons à cœur d'être juste : nous voulons qu'adversaires et amis soient satisfaits. Notre ouvrage y gagnera, car le premier ornement du langage est l'équité. Nous qui, après le reflux de la monarchie, sommes restés à sec comme les lais et les relais de la mer, quel retentissement pourraient avoir nos murmures sur les plages désertes d'un océan retiré, vers lequel nous tournons en vain des yeux surpris et une oreille attentive ? Les trois quarts d'entre nous ont déjà payé leur tribut à la Mort, personnage fatal et inconnu : comme Charles Ier, il faut nous réconcilier, avant de rencontrer le Masque armé qui attend chaque homme au bout de sa vie.

XVIII

Septennalité. — Bruits divers. — Mon caractère.

Les dates des lettres ci-dessus approchent du moment où notre destinée allait encore changer. Si voisins d'un succès complet, nous touchions à un autre dénoûment. La nouvelle péripétie arriva sans nous étonner ; nous avions l'habitude des fragilités de la fortune. La guerre d'Espagne est le grand événement de notre carrière politique, de même qu'elle fut la principale affaire de la restauration.

Le moment de la discussion des lois était venu : nous parlâmes sur le budget des affaires étrangères ; nous avançâmes deux choses : que la multiplicité des emplois remplaçait les largesses monastiques en France, et la taxe des pauvres en Angleterre ; cette manière de donner étant seulement plus honnête : que le temps des ambassadeurs était passé, et celui des consulats revenu ; conséquemment les ambassadeurs doivent être diminués de nombre, les consuls multipliés et mieux rétribués.

La septennalité fut notre œuvre ; mais nous la voulions avec le changement d'âge. Admettre des députés de quarante ans pour une période septennaire, dans une chambre renouvelée intégralement, c'était despotisme de ministres et radotage de gérontes. Nous soutînmes deux fois notre opinion contre M. de Villèle. Il eût été plus régulier de n'établir la septennalité qu'après la dissolution du corps nommé dans un autre système ; il eût encore mieux valu se borner à la quinquennalité ; mais la considération de ce qui était arrivé relativement à la chambre des communes en Angleterre ; la presque certitude qu'une chambre est congédiée avant l'expiration de sa vie légale ; la preuve acquise qu'on va toujours trop vite en France, qu'on ne se donne jamais le temps de voir jouer une machine politique, d'en perfectionner les mouvements, fixèrent l'opinion du conseil. M. de Villèle nous promit d'ailleurs d'abaisser l'âge après l'essai d'une nouvelle législature.

Avant de passer à la loi motif ou plutôt prétexte de notre renvoi, il faut dire quelques mots des bruits répandus :

On a dit qu'il y avait eu des propos et des intrigues autour de nous, qu'on inquiétait M. de Villèle : nous l'ignorons. Nous ne ferions aucune difficulté d'avouer aujourd'hui notre ambition : que nous voulussions être président du conseil, rien là-dedans n'eût été extraordinaire. Mais il n'en était pas ainsi ; des hommes communs nous avaient jugé d'après les opinions communes : nous étions au-dessus ou au-dessous de ce qu'ils regardaient comme la grandeur.

M. de Villèle n'était pas aimé ; le vulgaire nous supposait son rival. Des membres des deux Chambres tenaient vraisemblablement des propos inconvenants ; une officieuse courtisanerie les reportait à l'hôtel des finances.

La chatte du milieu de l'arbre venait nous raconter aussi, à nous, aigle ou laie, qu'on nous allait chasser ; que M. de Villèle ne voulait plus de nous ; que M. de Corbière avait juré notre perte. Ces rapports ne nous faisaient garder ni notre aire ni notre bauge ; nous laissions notre gîte au premier occupant. Le chancelier Séguier était tout revenu en nous : « Il fut si mauvais courtisan, qu'il demanda à la reine ce qu'il avait à faire, et la reine lui ayant dit qu'il se reposât, et qu'il ne se donnât pas la peine de venir au Palais-Royal, il accepta ce parti, et y alla si peu, que bientôt après il n'y alla point du tout. »

Cependant, un matin qu'on était accouru nous répéter que M. de Villèle nous trompait, qu'il ne parlait secrètement de nous qu'avec envie et l'écume à la bouche, importuné de ces rumeurs, nous allâmes chez M. de Villèle ; nous lui fîmes part des propos du jour ; nous lui protestâmes de ne pas croire un mot de ce qu'on nous disait de lui ; nous lui déclarâmes que nous ne désirions nullement sa place ; que si elle nous était offerte, nous la refuserions.

Quoi qu'il en soit, nous aurions résisté aux attaques, en consentant à donner une opinion publique propre à décider la conversion de la rente ; nous étions bon garçon et travailleur ; nous rendions quelque service ; nous ne demandions rien, mais il aurait fallu parler.

XIX

Conversion de la rente. — Mon opinion et ma résolution. — Inhabileté. — Hommes des pouvoirs. — M. de Corbière.

La mesure de la conversion de la rente était hâtive : en général toute diminution de l'intérêt d'un capital est une banqueroute. Nous nous entendons en finances ; nous le disons parce que c'est une aptitude dont nous n'avons cure. Nous pensons qu'en France on fera toujours banqueroute sans produire une révolution. Notre histoire, depuis François Ier jusqu'à nous, est là pour confirmer la vérité de cette assertion. Cette facilité de manquer à ses engagements ne nous fait pas cependant prendre notre parti sur les réductions. Si, au moment des emprunts, vous déclariez qu'à une certaine cote ascendante il vous sera libre de baisser le chiffre de l'intérêt, celui qui vous confierait son argent serait averti ; autrement vous l'égorgez pour le remercier de vous avoir ouvert sa bourse.

Le cours du 5 pour 100, au commencement de 1824, était à 93 ; il ne s'éleva au-dessus du pair qu'avec l'assistance des banquiers de l'Europe, par l'appât d'un gain forcé. En 1825, sur 140 millions de rentes 5 pour 100, on parvint à en réduire 30,734,116 fr. en 3 pour 100.

Toutes ces opérations d'agiotage sont fondées sur une erreur : quand on dit que le gouvernement *emprunte*, on dit mal : le gouvernement *n'emprunte pas de fonds, il vend des rentes*. Ces rentes augmentent-elles de valeur sur la place comme marchandises ? tant mieux pour moi ; diminuent-elles de valeur vénale ? tant pis pour moi : en achetant, je suis entré dans le commerce ; je me suis décidé à courir les chances de la bonne ou de la mauvaise fortune.

Mais vous, vendeur, si vous avez le droit de m'enlever mon gain licite, c'est-à-dire le droit de me rembourser au taux de ma première mise, lorsque les rentes en hausse ont accru mon capital, moi, acheteur, j'ai aussi le droit d'exiger de vous le remboursement intégral de ma première mise, lorsque les rentes sont en baisse, c'est-à-dire lorsque mon capital est diminué : autrement, vous m'avez rendu victime d'un marché frauduleux, vous qui me remboursez ou ne me remboursez pas selon votre intérêt, parce que vous êtes le plus fort et que je n'ai aucun recours contre vous. D'ailleurs, quand vous dites que vous me remboursez, c'est une fiction ; si tous les rentiers vous demandaient à la fois leurs fonds, comment pourriez-vous les leur rendre ?

Si l'Angleterre n'a pas senti, ou si elle a méprisé cette improbité, c'est que l'Angleterre est un pays de papier, d'industrie générale, de pari universel ; la fortune britannique tourne incessamment dans diverses roues : ce qu'on perd d'un côté, on le gagne de l'autre ; en France, il n'en est pas de la sorte ; celui qui a acheté de la rente ne joue pas, auprès de ce jeu-là, un autre jeu. La propriété, parmi nous, tient encore de la stabilité de la terre où elle est née.

Nous étions donc, en général, contre le principe de la conversion ou du remboursement. Cependant, bien qu'instruit en finances mieux que les trois quarts de nos collègues (ce qu'au reste M. de Villèle apercevait), nous aurions, faute de confiance dans nos lumières, prêté le secours de notre voix à la majorité du conseil, n'eût un obstacle achevé de nous retenir.

Nous ignorions les conditions du traité entre M. de Villèle et M. Rothschild. M. de Villèle n'en communiqua les articles particuliers qu'à M. de Corbière. Comment aurions-nous pu parler en faveur d'une mesure sur laquelle nous ne pouvions avoir d'idée arrêtée ?

Nous commîmes alors une grande faute, la faute de ne pas insister sur des éclaircissements ; nous avions une invincible répugnance aux explications ; nous restions barricadé derrière un silence hébété, ressemblant à une bouderie. D'un autre côté, nous craignions, en nous expliquant au conseil, de faire avorter la mesure dans le conseil même. Ces syndérèses de conscience, ce temps sans conscience ne les comprendra guère ; mais, encore une fois, nous croyions, et nous avions raison de le croire, M. de Villèle supérieur en finances, et nous lui étions dévoué. De cette conviction et de ce dévouement nous en vînmes à la détermination qui semblait arranger tout, nos scrupules et notre confiance dans les lumières de notre collègue : ne point parler comme *homme*, voter affirmativement comme *ministre*.

En pesant à cette heure le pour et le contre, en balançant les avantages et les désavantages de notre résolution, notre rectitude dans une chose secondaire nous paraît avoir été une inhabileté. Nous étions entouré d'ennemis, contre lesquels notre insouciance et notre franchise nous laissaient sans défense ; nous poussions trop loin le mépris des petites gens. M. de Villèle avait pour s'ennuyer une intrépidité dont nous étions incapable ; souvent, lorsque nous nous trouvions chez lui, on venait lui annoncer la visite d'un importun : « Ah ! mon Dieu ! » s'écriait-il avec un grand soupir, et il accueillait en souriant le fâcheux : nous nous enfuyions.

Ces hommes qui fréquentent tous les pouvoirs, qui sont vertueusement les *hommes du pays* à la barbe du pays, ces admirateurs de louage, lesquels, éperdus, nous venaient dire qu'on n'avait jamais vu sous le soleil un

Mécène tel que nous, se réservant de nous proclamer, à notre chute, le plus pauvre des humains ; ces hommes nous étaient abominables. Les Catons qui, sous l'apparence de l'impartialité et de l'attachement, nous sermonnaient à l'endroit de nos fautes, nous étaient odieux : ils nous plaçaient au point de vue commun, et prenaient pour des erreurs les choses dont ils ne pouvaient être juges : de sorte qu'aux sycophantes et aux amis, nous devions paraître un phénomène d'ingratitude et d'orgueil.

XX

La conversion de la rente rejetée à la Chambre des pairs. — M. le comte Mollien, M. le comte Roy, M. le duc de Crillon, M. l'archevêque de Paris. — Je vote en faveur de la loi. — La septennalité à la Chambre élective ; M. Corbière ne me laisse pas parler.

Le jour de la clôture de la discussion du projet de finances à la Chambre héréditaire était arrivé ; la loi sur la septennalité avait passé dans cette Chambre, comme la loi sur les finances avait été votée à la Chambre élective. Louis XVIII (nous le vîmes le matin avant d'aller au Luxembourg) nous fit, d'une manière affectée, l'éloge d'un discours prononcé en faveur de la réduction des rentes. Nous n'en persistâmes pas moins dans notre dessein de mutisme : quelque chien, sans doute, nous avait mordu. Cela dut paraître d'autant plus mal au roi, qu'on assurait la retraite de M. de Villèle certaine dans le cas où la loi serait repoussée : nous savions le contraire, mais nous n'en avions pas moins l'air, en refusant notre parole, de travailler au renversement du président du conseil. Nous nous rendîmes, le jeudi 3 juin, à ce palais de la veuve de Henri IV, témoin de tant d'événements, et qui devait en voir tant d'autres. Le comte Mollien présentait un amendement ; il consistait à substituer à une conversion en rente à 3 pour 100, une conversion en rente à 3 et à 4. M. Mollien est un homme de bonnes manières et versé dans les matières de finances ; il avait jadis connu mon frère : j'étais enclin à lui souhaiter bonheur. Toutefois, son projet n'était pas admissible ; c'était ôter à la loi sa simplicité ; cela ne pouvait raisonnablement entrer dans l'esprit juste de l'ancien ministre du trésor, mais cela plaisait au défenseur de l'amendement.

M. le comte Roy avait proposé de remplacer les rentes à 5 pour 100 par des rentes à 4 1/2 pour 100 : la conversion alors n'en valait pas la peine ; on avait écouté avec respect un homme qui s'était créé douze cent mille livres de rentes.

M. le duc de Crillon reproduisit l'amendement de ce préopinant.

Alors M. de Villèle, avant qu'on allât aux voix sur le premier paragraphe de la loi (paragraphe qui contenait la loi entière), expliqua les desseins bienveillants du gouvernement relatifs aux rentiers au-dessous de 1,000 fr. Il répondait indirectement à M. l'archevêque de Paris. Ce prélat peut justement passer pour avoir le plus ébranlé la loi lorsqu'il se prononça contre la conversion par un esprit de commisération chrétienne en faveur des rentiers de la ville de Paris : il leur sauva à peu près onze millions de rentes.

Le premier paragraphe de la loi voté au scrutin et rejeté à l majorité de 120 voix contre 105, la loi fut perdue.

Nous votâmes en faveur de cette loi. Aussitôt le résultat prononcé, nous nous approchâmes de M. de Villèle et nous lui dîmes : « Si vous vous retirez, nous sommes prêt à vous suivre. » M. de Villèle, pour tout réponse, nous honora d'un regard que nous voyons encore. Ce regard ne nus fit aucune impression ; il nous était tout un de rester avec nos collègues, de nous en aller avec eux ou de partir seul.

Le lendemain, vendredi 4 juin, il y eut assemblée de commerce chez M. de Villèle ; M. de Corbière ne s'y trouva pas ; le président du conseil nous parut de sang-froid comme à l'ordinaire, discuta sans préoccupation et avec lucidité.

Que faisait M. de Corbière absent ? Mon secrétaire rencontra sur le boulevard M. Rothschild ; celui-ci lui demanda si nous comptions parler sur la septennalité ; le secrétaire répondit : « Sans doute. » Le maître des rois repartit : « Il faut savoir si on lui en laissera le temps. »

La septennalité fut débattue, le samedi 5, à la Chambre élective. M. de La Bourdonnaie parla contre la loi. Nous fîmes un signe au président, M. Ravez, dans le dessein de monter à la tribune : il était probable que nous eussions eu quelque succès ; notre renvoi immédiat devenait alors impossible. M. de Corbière se leva, requit d'être entendu le premier sur une loi ressortissant de son ministère ; il nous dit : « Vous parlerez après. » Nous trouvâmes cela tout simple ; nous cédâmes notre rang. Il n'y pas d'apprenti en politique qui ne nous jouât sous jambe. Nous ne sommes cependant pas de ces capacités supérieures, enfants et génies à la fois bonhomme sans bonhomie, nous voyons qu'on nous attrape et nous nous laissons attraper : il est plus commode d'être dupe que de s'évertuer à ne pas l'être.

M. de Corbière battit la campagne pour gagner l'heure où la Chambre a coutume de se retirer : interrompu par M. de La Bourdonnaie et par M. Casimir Périer, il répondit longuement. Quand il se tut après une heure cinquante-trois minutes d'éloquence, M. de Girardin emporta la tribune d'assaut, parla de tout, excepté de la septennalité : comme il n'est pas d'usage qu'on entende de suite deux ministres, nous le laissâmes faire. Six heures sonnèrent ; les députés désertèrent leurs banquettes ; la séance fut levée, et la discussion remise au lundi suivant.

Plusieurs amis nous vinrent voir dans la soirée ; ils nous grondèrent de n'avoir pas gardé la parole. Ils n'étaient pas sans inquiétude. Nous leur répondîmes : « Nous renvoyer demain ? tout à l'heure si l'on veut ! » et nous allâmes nous coucher. Craindre pour une place ou la pleurer est une maladie dont nous serions honteux comme d'une gale.

XXI

Pentecôte. — Je suis chassé.

Le 6 au matin, nous ne dormions pas ; l'aube murmurait dans le petit jardin ; les oiseaux gazouillaient : nous entendîmes l'aurore se lever ; une hirondelle tomba par notre cheminée dans notre chambre ; nous lui ouvrîmes la fenêtre : si nous avions pu nous envoler avec elle ! Les cloches annoncèrent la solennité de la Pentecôte, jour mémorable dans notre vie : ce même jour, nous avions été relevé à sept ans des vœux d'une pauvre femme chrétienne ; après tant d'anniversaires ce jour nous rendait à notre obscurité première ; de là il s'en allait nous attendre au palais des rois de Bohême où nous devions saluer ce Charles X exilé, à qui l'on ne nous permit pas en 1824 de chanter aux Tuileries l'hymne des félicitations.

A dix heures et demie, nous nous rendîmes au château. Nous voulûmes d'abord faire notre cour à Monsieur. Le premier salon du pavillon Marsan était à peu près vide : quelques personnes entrèrent successivement et semblaient embarrassées. Un aide de camp de Monsieur nous dit : « Monsieur le vicomte, je n'espérais pas vous rencontrer ici : n'avez-vous rien reçu ? » Nous lui répondîmes : « Non, que pouvions-nous recevoir ? » Il répliqua : « J'ai peur que vous ne le sachiez bientôt. » Là-dessus, comme on ne nous introduisit point chez Monsieur, nous allâmes ouïr la musique à la chapelle.

Nous étions tout occupé des beaux motets de la fête, lorsqu'un huissier vint nous dire qu'on nous demandait. Nous suivîmes l'huissier ; il nous conduit à la salle des Maréchaux ; nous y trouvons notre secrétaire, Hyacinthe Pilorge ; il nous remet cette lettre et cette ordonnance, en nous disant : « Monsieur n'est plus ministre. » M. le duc de Rauzan, directeur des affaires politiques, avait ouvert le paquet pendant notre absence et n'avait osé nous l'apporter.

« Monsieur le vicomte,

« J'obéis aux ordres du roi en transmettant de suite à Votre Excellence une ordonnance que Sa Majesté vient de rendre.

« J'ai l'honneur d'être, etc.

« Le président du conseil des ministres,
« *Signé* : J. DE VILLÈLE. »

« Louis, par la grâce de Dieu, etc.

« Nous avons ordonné et ordonnons ce qui suit :

« Le sieur comte de Villèle, président de notre conseil des ministres et ministre secrétaire d'État au département des finances, est chargé *par intérim* du portefeuille des affaires étrangères en remplacement du sieur vicomte de Chateaubriand.

« Le président de notre conseil des ministres est chargé de l'exécution de la présente ordonnance, qui sera insérée au *Bulletin des lois*.

« Donné à Paris en notre château des Tuileries, le 6 juin de l'an de grâce 1824, et de notre règne le vingt-neuvième.

« *Signé :* Louis.

« Par le roi :

« Le président du conseil des ministres,

« *Signé :* J. de Villèle.

« Pour ampliation :

« Le président du conseil des ministres,

« *Signé :* J. de Villèle.

Nous remontâmes dans notre voiture avec Hyacinthe ; nous étions fort gai, quoique au fond mortellement blessé du ton de la lettre et de la manière dont nous étions *chassé*.

Deux heures après, notre déménagement était fini ; nous étant toujours regardé en hôtel garni à l'hôtel des affaires étrangères, nous n'avions que notre mouchoir de nuit et notre manteau à remporter. Nous répondîmes à la lettre de M. le président du conseil par ce billet devenu public :

Paris, le 6 juin 1823.

« Monsieur le comte,

« J'ai reçu la lettre que vous avez bien voulu m'écrire contenant l'ordonnance du roi, datée de ce matin, 6 juin, qui vous confie le portefeuille des affaires étrangères. J'ai l'honneur de vous prévenir que j'ai quitté l'hôtel du ministère et que le département est à vos ordres.

« Je suis avec une haute considération, etc.

« Chateaubriand. »

Nous reçûmes bientôt de M. de Villèle cette autre lettre ; elle terminait tout, et prouvait, à notre grande simplicité, que nous n'avions rien pris de ce qui rend un homme respecté et respectable.

Paris, le 16 juin 1823.

« Monsieur le vicomte,

« Je me suis empressé de soumettre à Sa Majesté l'ordonnance par laquelle il vous est accordé décharge pleine et entière des sommes que vous avez reçues du Trésor royal, pour dépenses secrètes, pendant tout le temps de votre ministère.

« Le roi a approuvé toutes les dispositions de cette ordonnance, que j'ai l'honneur de vous transmettre ci-jointe en original.

« Agréez, monsieur le vicomte, etc.

« *Signé :* J. DE VILLÈLE. »

Notre chute fit grand bruit. Ceux qui s'en montraient les plus satisfaits en blâmaient la forme. Nous avons appris depuis que M. de Villèle hésita; il avait le pressentiment des divisions futures. M. de Corbière décida la question : « S'il entre par une porte au conseil, dut-il dire, je sors par l'autre. » On me laissa sortir. Il était tout simple qu'on nous préférât M. de Corbière; nous ne lui en voulons pas : nous l'importunions; il nous a fait chasser; il a bien fait.

XXII

L'opposition me suit.

Le lendemain de notre renvoi et les jours d'après, on lut, dans le *Journal des Débats,* ce paragraphe si remarquable et si honorable pour M. Bertin :

« C'est pour la seconde fois que M. de Chateaubriand subit l'épreuve d'une destitution solennelle.

« Il fut destitué en 1816, comme ministre d'État, pour avoir attaqué, dans son immortel ouvrage de *la Monarchie selon la Charte,* la fameuse ordonnance du 5 septembre, qui prononçait la dissolution de la Chambre introuvable de 1815. MM. de Villèle et Corbière étaient alors de simples députés, chefs de l'opposition royaliste, et c'est pour avoir embrassé leur défense que M. de Chateaubriand devint la victime de la colère ministérielle.

« En 1824, M. de Chateaubriand est encore destitué, et c'est par MM. de Villèle et Corbière, devenus ministres, qu'il est sacrifié. Chose singulière! en 1816, il fut puni d'avoir parlé ; en 1824, on le punit de s'être tu ; son crime est d'avoir gardé le silence dans la discussion sur la loi des rentes. Toutes les disgrâces ne sont pas des malheurs; l'opinion publique, juge suprême, nous apprendra dans quelle classe il faut placer celle de M. de Chateaubriand ; elle nous apprendra aussi à qui l'ordonnance de ce jour aura été le plus fatale, ou du vainqueur ou du vaincu.

« Qui nous eût dit, à l'ouverture de la session, que nous gâterions ainsi tous les résultats de l'entreprise d'Espagne ? Que nous fallait-il cette année? Rien que la loi sur la septennalité (mais la loi complète) et le budget.

Les affaires de l'Espagne, de l'Orient et des Amériques, conduites comme elles l'étaient, prudemment et en silence, seraient éclaircies; le plus bel avenir était devant nous; on a voulu cueillir un fruit vert, il n'est pas tombé, et on a cru remédier à de la précipitation par de la violence.

« La colère et l'envie sont de mauvais conseillers; ce n'est pas avec les passions et en marchant par saccades que l'on conduit des États.

« *P.-S.* La loi sur la septennalité a passé, ce soir, à la Chambre des députés. On peut dire que les doctrines de M. de Chateaubriand triomphent après sa sortie du ministère. Cette loi, qu'il avait conçue depuis longtemps comme complément de nos institutions, marquera à jamais, avec la guerre d'Espagne, son passage dans les affaires. On regrette bien vivement que M. de Corbière ait enlevé la parole, samedi, à celui qui était alors son illustre collègue. La Chambre des députés aurait au moins entendu le chant du cygne.

« Quant à nous, c'est avec le plus vif regret que nous rentrons dans une carrière de combats dont nous espérions être à jamais sortis par l'union des royalistes; mais l'honneur, la fidélité politique, le bien de la France, ne nous ont pas permis d'hésiter sur le parti que nous devions prendre. »

Le signal de la réaction fut ainsi donné. M. de Villèle n'en fut pas d'abord trop alarmé; il ignorait la force des opinions. Plusieurs années furent nécessaires pour l'abattre; mais enfin il tomba.

XII

Derniers billets diplomatiques.

Ces derniers billets ferment notre correspondance.

M. DE CHATEAUBRIAND A M. DE TALARU.

Paris, le 9 juin 1824.

Je ne suis plus ministre, mon cher ami; on prétend que vous l'êtes. Quand je vous obtins l'ambassade de Madrid, je dis à plusieurs personnes qui s'en souviennent encore : « Je viens de nommer mon successeur. » Je désire avoir été prophète. C'est M. de Villèle qui a le portefeuille par intérim.

CHATEAUBRIAND.

M. DE CHATEAUBRIAND A M. DE RAYNEVAL.

Paris, le 16 juin 1824.

J'ai fini, Monsieur; j'espère que vous en avez encore pour longtemps. J'ai tâché que vous n'eussiez pas à vous plaindre de moi.

Il est possible que je me retire à Neufchâtel, en Suisse; si cela arrive, demandez pour moi d'avance à S. M. prussienne sa protection et ses bontés : offrez mon hommage au comte de Bernstorff, mes amitiés à M. Ancillon et mes compliments à tous vos secrétaires. Vous, Monsieur, je vous prie de croire à mon dévouement et à mon attachement très-sincère.

CHATEAUBRIAND.

M. DE CHATEAUBRIAND A M. DE CARAMAN.

Paris, le 22 juin 1824.

J'ai reçu, monsieur le marquis, vos lettres du 11 de ce mois. D'autres que moi vous apprendront la route que vous aurez à suivre désormais; si elle est conforme à ce que vous avez entendu, elle vous mènera loin. Il est probable que ma destitution fera grand plaisir à M. de Metternich pendant une quinzaine de jours. Recevez, monsieur le marquis, mes adieux et la nouvelle assurance de mon dévouement et de ma haute considération.

CHATEAUBRIAND.

M. DE CHATEAUBRIAND A M. HYDE DE NEUVILLE.

Paris, le 22 juin 1824.

Vous aurez sans doute appris ma destitution. Il ne me reste qu'à vous dire combien j'étais heureux d'avoir avec vous des relations que l'on vient de briser. Continuez, Monsieur et ancien ami, à rendre des services à votre pays, mais ne comptez pas trop sur la reconnaissance, et ne croyez pas que vos succès soient une raison pour vous maintenir au poste où vous faites tant d'honneur. Je vous souhaite, Monsieur, tout le bonheur que vous méritez, et je vous embrasse.

P.-S. Je reçois à l'instant votre lettre du 5 de ce mois, où vous m'apprenez l'arrivée de M. de Mérona. Je vous remercie de votre bonne amitié : soyez sûr que je n'ai cherché que cela dans vos lettres.

CHATEAUBRIAND.

M. DE CHATEAUBRIAND A M. LE COMTE DE SERRE.

Paris, le 24 juin 1825.

Ma destitution vous aura prouvé, monsieur le comte, mon impuissance à vous servir; il ne me reste qu'à faire des souhaits pour vous voir où vos talents vous appellent. Je me retire, heureux d'avoir contribué à rendre à la France son indépendance militaire et politique, et d'avoir introduit la septennalité dans son système électoral; elle n'est pas telle que je l'aurais voulue; le changement d'âge en était une conséquence nécessaire; mais enfin le principe est posé; le temps fera le reste, si toutefois il ne défait pas. J'ose me flatter, monsieur le comte, que vous n'avez pas eu à vous plaindre de nos relations; et moi je me féliciterai toujours d'avoir rencontré dans les affaires un homme de votre mérite.

Recevez, avec mes adieux, etc.

CHATEAUBRIAND.

M. DE CHATEAUBRIAND A M. DE LA FERRONNAYS.

Paris, ce 17 juin 1824.

Si par hasard vous étiez encore à Saint-Pétersbourg, monsieur le comte, je ne veux pas terminer notre correspondance sans vous dire toute l'estime et toute l'amitié que vous m'avez inspirées; portez-vous bien; soyez plus heureux que moi, et croyez que vous me retrouverez dans toutes les circonstances de la vie. J'écris un mot à l'empereur.

CHATEAUBRIAND.

La réponse à cet adieu m'arriva dans les premiers jours d'août. M. de La Ferronnays avait consenti aux fonctions d'ambassadeur sous mon ministère; plus tard je devins à mon tour ambassadeur sous le ministère de M. de La Ferronnays: ni l'un ni l'autre n'avons cru monter ou descendre. Compatriotes et amis, nous nous sommes rendu mutuellement justice. M. de La Ferronnays a supporté les plus rudes épreuves sans se plaindre; il est resté fidèle à ses souffrances et à sa noble pauvreté. Après ma chute, il a agi pour moi à Pétersbourg comme j'aurais agi pour lui: un honnête homme est toujours sûr d'être compris d'un honnête homme. Je suis heureux de produire ce touchant témoignage du courage, de la loyauté et de l'élévation d'âme de M. de La Ferronnays. Au moment où je reçus ce billet, il me fut une compensation très-supérieure aux faveurs capricieuses et banales de la fortune. Ici seulement, pour la première fois, je crois devoir violer le secret honorable que me recommandait l'amitié.

M. DE LA FERRONNAYS A M. DE CHATEAUBRIAND.

Saint-Pétersbourg, le 4 juillet 1824.

Le courrier russe arrivé avant-hier m'a remis votre petite lettre du 16 ; elle devient pour moi une des plus précieuses de toutes celles que j'ai eu le bonheur de recevoir de vous ; je la conserve comme un titre dont je m'honore, et j'ai la ferme espérance et l'intime conviction que bientôt je pourrai vous le présenter dans des circonstances moins tristes. J'imiterai, monsieur le vicomte, l'exemple que vous me donnez, et ne me permettrai aucune réflexion sur l'événement qui vient de rompre d'une manière si brusque et si peu attendue les rapports que le service établissait entre vous et moi ; la nature même de ces rapports, la confiance dont vous m'honoriez, enfin des considérations bien plus graves, puisqu'elles ne sont pas exclusivement personnelles, vous expliqueront assez les motifs et toute l'étendue de mes regrets. Ce qui vient de se passer reste encore pour moi entièrement inexplicable ; j'en ignore absolument les causes, mais j'en vois les effets ; ils étaient si faciles, si naturels à prévoir, que je suis étonné que l'on ait si peu craint de les braver. Je connais trop cependant la noblesse des sentiments qui vous animent, et la pureté de votre patriotisme, pour n'être pas bien sûr que vous approuverez la conduite que j'ai cru devoir suivre dans cette circonstance, elle m'était commandée par mon devoir, par mon amour pour mon pays, et même par l'intérêt de votre gloire ; et vous êtes trop Français pour accepter, dans la situation où vous vous trouvez, la protection et l'appui des étrangers ; vous avez pour jamais acquis la confiance et l'estime de l'Europe ; mais c'est la France que vous servez ; c'est à elle seule que vous appartenez ; elle peut être injuste, mais ni vous, ni vos véritables amis ne souffriront jamais que l'on rende votre cause moins pure et moins belle en confiant sa défense à des voix étrangères. J'ai donc fait taire toute espèce de sentiments et de considérations particulières devant l'intérêt général ; j'ai prévenu des démarches dont le premier effet devait être de susciter parmi nous des divisions dangereuses, et de porter atteinte à la dignité du trône. C'est le dernier service que j'aie rendu ici avant mon départ ; vous seul, monsieur le vicomte, en aurez la connaissance ; la confidence vous en était due, et je connais trop la noblesse de votre caractère pour n'être pas bien sûr que vous me garderez le secret, et que vous trouverez ma conduite, dans cette circonstance, conforme aux sentiments que vous avez le droit d'exiger de ceux que vous honorez de votre estime et de votre amitié.

Adieu, monsieur le vicomte, si les rapports que j'ai eu le bonheur d'avoir avec vous ont pu vous donner une idée juste de mon caractère, vous devez savoir que ce ne sont point les changements de situation qui peuvent influencer mes sentiments, et vous ne douterez jamais de l'attachement et du dévouement de celui qui, dans les circonstances actuelles, s'estime le plus heureux des hommes d'être placé par l'opinion au nombre de vos amis.

La Ferronnays.

MM. de Fontenay et de Pontcarré sentent vivement le prix du souvenir que vous voulez bien leur conserver ; témoins, ainsi que moi, de l'accroissement de considération que la France avait acquis depuis votre entrée au ministère, il est tout simple qu'ils partagent mes sentiments et mes regrets.

XXIV

Examen d'un reproche.

Puisque nous avons été conduit naturellement par l'affaire d'Espagne jusqu'au récit de notre expulsion du ministère ; puisque notre pensée s'est tournée vers le passé ; puisque des souvenirs pénibles se sont présentés à notre mémoire, nous sera-t-il permis d'examiner un reproche à nous souvent adressé, le reproche d'avoir contribué à la chute de la monarchie légitime ? Ayant enseveli dans nos *Mémoires* ce que nous avons cru devoir taire de notre vivant, nous aurions pourtant regret de nous en aller sans nous être expliqué sur une accusation grave : nous nous soulagerons d'un fardeau inutile à porter.

Les événements arrivés sous le ministère dont nous avons fait partie ont une importance qui le lie à la fortune commune de la France : il n'y a pas un Français dont le sort n'ait été atteint du bien que nous pouvons avoir fait, du mal que nous avons subi. Par des affinités bizarres et inexplicables, par des rapports secrets qui entrelacent quelquefois de hautes destinées à des destinées vulgaires, les Bourbons ont prospéré tant qu'ils ont daigné nous écouter, quoique nous soyons loin de croire, avec le poëte, que notre *éloquence ait fait l'aumône à la royauté*. Sitôt qu'on a cru devoir briser le roseau qui croissait au pied du trône, la couronne a penché, et bientôt elle est tombée : souvent en arrachant un brin d'herbe on fait crouler une grande ruine.

Ces faits incontestables, on les expliquera comme on voudra ; s'ils donnent à notre carrière politique une valeur relative qu'elle n'a pas d'ellemême, nous n'en tirons point vanité ; nous ne ressentons point une mauvaise joie du hasard qui mêle notre nom d'un jour aux événements des siècles. Quelle qu'ait été la variété des accidents de notre course aventureuse ; où que les noms et les faits nous aient promené, le dernier horizon du tableau est toujours menaçant et triste.

> . . . . Juga cœpta moveri
> Sylvarum, visæque canes ululare per umbram.

Mais si la scène a changé d'une manière déplorable, nous ne devons, dit-on, accuser que nous-même : pour venger ce qui nous a semblé notre injure, nous avons tout divisé, et cette division a produit en dernier résultat le renversement du trône.

M. de Villèle a déclaré qu'on ne pouvait gouverner ni avec nous, ni sans nous. Avec nous c'était une erreur ; sans nous, à l'heure où M. de Villèle disait cela, il disait vrai, car les opinions les plus diverses nous composaient une majorité.

M. le président du conseil ne nous a jamais connu. Nous lui étions sincèrement attaché ; nous l'avions fait entrer dans son premier ministère, ainsi que le prouve un billet de remerciements de M. le duc de Richelieu, que nous possédons encore. Nous avions donné notre démission de plénipotentiaire à Berlin, lorsque M. de Villèle s'était retiré. On lui a persuadé qu'à sa seconde rentrée dans les affaires, nous désirions la place qu'il occupait ; nous n'avions point ce désir. Nous ne sommes point de la race intrépide, sourde à la voix du dévouement et de la raison. La vérité est que nous n'avons aucune ambition ; c'est précisément la passion qui nous manque, parce que nous en avons une autre dominatrice. Lorsque nous priions M. de Villèle de porter au roi quelque dépêche importante, pour nous éviter la peine d'aller au château, afin de nous laisser le loisir de visiter une chapelle gothique dans la rue Saint-Julien-le-Vieux, il aurait été bien rassuré contre notre ambition, eût-il mieux jugé de notre candeur puérile, ou de la hauteur de nos dédains.

Rien ne nous agréait dans la vie positive, hormis peut-être le ministère des affaires étrangères ; nous n'étions pas insensible à l'idée que la patrie nous devrait, dans l'intérieur la liberté, à l'extérieur l'indépendance. Loin de chercher à renverser M. de Villèle, nous venions de dire récemment au roi : « Sire, M. de Villèle est un président plein de lumières ; Votre Majesté doit éternellement le garder à la tête de ses conseils. »

M. de Villèle ne le remarqua pas : notre esprit pouvait tendre à la domination, mais il était dominé par notre caractère ; nous trouvions plaisir dans notre obéissance, parce qu'elle nous débarrassait de notre volonté.

Notre défaut capital est l'ennui, le dégoût de tout et le doute perpétuel. S'il se fût rencontré un prince qui, nous comprenant, nous eût retenu de force au travail, il avait peut-être quelque parti à tirer de nous : mais le ciel fait rarement naître ensemble l'homme qui veut et l'homme qui peut. En fin de compte, est-il aujourd'hui une chose pour laquelle on voulût se donner la peine de sortir de son lit? On s'endort au bruit des royaumes tombés pendant la nuit, et que l'on balaye chaque jour devant nos portes.

Après notre renvoi, n'eussions-nous pas mieux fait de nous taire? La brutalité du procédé ne nous avait-elle pas fait revenir les salons et le public? M. de Villèle a répété que la lettre de destitution avait retardé ; par ce hasard, elle avait eu le malheur de ne nous être rendue qu'au château : peut-être en fut-il ainsi ; mais, quand on joue, on doit calculer les chances de la partie ; on doit surtout ne pas écrire à un homme de quelque valeur une lettre telle qu'on rougirait de l'adresser au valet coupable qu'on jetterait sur le pavé, sans convenances et sans remords. L'irritation du parti Villèle était d'autant plus grande contre nous, qu'il voulait s'approprier notre ouvrage, et que nous avions montré de l'entente dans des matières qu'on nous avait supposé ignorer.

Sans doute, avec du silence et de la modération (comme on disait), nous aurions été loué de la race en adoration perpétuelle du portefeuille ; en faisant pénitence de notre innocence, nous eussions préparé notre rentrée au conseil. C'eût été mieux dans l'ordre commun, mais c'était nous prendre pour l'homme que point ne sommes ; c'était nous supposer le désir de ressaisir le timon de l'État, l'envie de faire notre chemin ; désir et envie qui dans cent mille ans ne nous arriveraient pas.

L'idée que nous avions du gouvernement représentatif nous conduisit à entrer dans l'opposition ; l'opposition systématique nous semble la seule propre à ce gouvernement. L'opposition surnommée de *conscience* est impuissante. La conscience peut arbitrer un fait *moral* : elle ne juge point d'un fait *intellectuel;* force est de se ranger sous un chef, appréciateur des bonnes et des mauvaises lois. N'en est-il ainsi? Alors tel député prend a bêtise pour sa conscience et la met dans l'urne. L'opposition dite de *conscience* consiste à flotter entre les partis, à ronger son frein, à voter même, selon l'occurrence, pour le ministère, à se faire magnanime en enrageant ; opposition d'imbécillités mutines chez les soldats, de capitulations ambitieuses parmi les chefs. Tant que l'Angleterre a été saine, elle n'a jamais eu qu'une opposition systématique : on entrait et l'on sortait avec ses amis ; en quittant le portefeuille on se plaçait sur le banc des attaquants. Comme on était censé s'être retiré pour n'avoir pas voulu adopter un système, ce système, étant resté près de la couronne, devait être nécessairement combattu. Or, les hommes ne représentant que des principes, l'opposition systématique ne voulait emporter que les principes, lorsqu'elle livrait l'assaut aux hommes.

D'ailleurs, depuis que M. de Villèle s'était séparé de nous, la politique s'était dérangée : l'ultracisme, contre lequel la sagesse du président du conseil luttait encore, l'avait débordé. La contrariété qu'il éprouvait de la part de ses opinions intérieures et du mouvement des opinions extérieures, le rendait irritable : de là la presse entravée, la garde nationale de Paris cassée, etc. Devions-nous laisser périr la monarchie, afin d'acquérir le renom d'une modération hypocrite aux aguets? Nous crûmes très-sincèrement remplir un devoir en combattant à la tête de l'opposition, trop attentif au péril que nous voyions d'un côté, pas assez frappé du danger contraire. Lorsque M. de Villèle fut renversé, on nous consulta sur la nomination d'un autre ministère. Si on eût pris, comme nous le proposions, M. Casimir Périer, le général Sébastiani et M. Royer-Collard, les choses auraient pu se soutenir. Nous ne voulûmes point accepter le département de la marine, et nous le fîmes donner à notre ami Hyde de Neuville ; nous refusâmes également deux fois l'instruction publique ; jamais nous ne serions rentré au conseil sans être le maître. Nous allâmes à Rome chercher parmi les ruines notre *autre moi-même,* car il y a dans notre personne deux êtres bien distincts et qui n'ont aucune communication l'un avec l'autre.

Nous en ferons loyalement l'aveu, l'excès du ressentiment ne nous justifie pas selon la règle et le mot vénérable de vertu ; mais notre vie entière nous sert d'excuse.

Officier au régiment de Navarre, nous étions revenu des forêts de l'Amérique pour nous rendre auprès de la légitimité fugitive, pour combattre dans ses rangs contre nos propres lumières, le tout sans conviction, par le seul devoir du soldat, et parce qu'ayant eu l'honneur de monter dans les carrosses du roi à Versailles, nous nous croyions particulièrement engagé au sang d'un prince dont nous avions approché. Nous restâmes huit ans sur le sol étranger, accablé de toutes les misères.

Ce large tribut payé, nous rentrâmes en France en 1800. Buonaparte nous rechercha et nous plaça ; mais, à la mort du duc d'Enghien, nous nous dévouâmes de nouveau à la mémoire des Bourbons. Nos paroles sur le tombeau de Mesdames, à Trieste, ranimèrent la colère du dispensateur des empires ; il menaça de nous faire sabrer sur les marches des Tuileries. La brochure *De Buonaparte et des Bourbons* valut à Louis XVIII, de son aveu même, plus que cent mille soldats. Dans quelques pages sur l'arrivée du souverain à Compiègne, nous vînmes au-devant de l'effet que pouvaient produire, sur les grenadiers de Napoléon, les infirmités d'un monarque assis, succédant à un empereur à cheval. A l'aide de la popularité dont nous jouissions alors, la France anticonstitutionnelle comprit les institutions de la royauté légitime. Durant les *Cent-Jours*, la monarchie nous vit auprès d'elle à Gand, dans son second exil. Enfin, par la guerre d'Espagne, nous avions contribué à étouffer les conspirations, à réunir les opinions sous la même cocarde, et à rendre à notre canon sa portée. On sait le reste de nos projets : reculer nos frontières, donner au Nouveau-Monde des couronnes nouvelles à la famille de saint Louis.

Cette longue persévérance dans les mêmes sentiments méritait peut-être quelques égards. Sensible à l'affront, il nous était impossible de mettre aussi entièrement de côté ce que nous pouvions valoir, d'oublier tout à fait que nous étions le restaurateur de la religion et l'auteur du *Génie du christianisme*.

Notre agitation croissait nécessairement encore à la pensée qu'une mesquine querelle faisait manquer à notre patrie une occasion de grandeur qu'elle ne retrouverait plus. Si l'on nous avait dit : « Vos plans seront suivis ; on exécutera sans vous ce que vous aviez entrepris, » nous eussions tout oublié pour la France. Malheureusement nous avions la croyance qu'on n'adopterait pas nos idées ; l'événement l'a prouvé.

Nous étions dans l'erreur peut-être, mais nous étions persuadé que M. le comte de Villèle ne comprenait pas la société qu'il conduisait ; nous sommes même convaincu que les solides qualités de cet habile ministre étaient adéquates du temps actuel ; il était venu trop tôt sous la restauration. Les opérations de finances, les associations commerciales, le mouvement industriel, les canaux, les bateaux à vapeur, les chemins de fer, les grandes routes, une société matérielle qui n'a de passion que pour la paix, qui ne rêve que le confort de la vie, qui ne veut faire de l'avenir qu'un perpétuel aujourd'hui, dans cet ordre de choses, M. de Villèle eût été roi. M. de Villèle a voulu un temps qui ne pouvait être à lui, et par honneur il ne veut pas d'un temps qui lui appartient. Sous la restauration, toutes les facultés de l'âme étaient vivantes ; tous les partis rêvaient de réalités ou de chimères ; tous, avançant ou reculant, se heurtaient en tumulte ; personne ne prétendait rester où il était ; la légitimité constitutionnelle ne paraissait à aucun esprit ému le dernier mot de la république ou de la monarchie. On sentait sous ses pieds remuer dans la terre des armées ou des révolutions qui venaient s'offrir pour des destinées extraordinaires. M. de Villèle était éclairé sur ce mouvement ; il voyait croître les ailes qui, poussant à la nation, l'allaient rendre à son élément, à l'air, à l'espace, immense et légère qu'elle est. M. de Villèle voulait retenir cette nation sur le sol, l'attacher en bas ; nous doutons qu'il en eût la force. Nous voulions, nous, occuper les Français à la gloire, essayer de les mener à la réalité par des songes : c'est ce qu'ils aiment.

Il serait mieux d'être plus humble, plus prosterné, plus chrétien. Malheureusement nous sommes sujet à faillir; nous n'avons point la perfection évangélique. Si un homme nous donnait un soufflet, nous ne tendrions pas l'autre joue : cet homme, s'il était sujet, nous aurions sa vie ou il aurait la nôtre; s'il était roi.....

Eussions-nous deviné le résultat, certes nous nous serions abstenu ; la majorité qui vota la phrase sur le *refus du concours,* ne l'eût pas votée si elle eût prévu la conséquence de son vote. Personne ne désirait sérieusement une catastrophe, excepté quelques hommes à part. Il n'y a eu qu'une émeute, et la légitimité seule l'a transformée en révolution ; seule elle a eu le tort de l'attaque illégale, et, le moment venu, elle a manqué de l'intelligence, de la prudence, de la résolution qui la pouvait encore sauver. Après tout, c'est une monarchie tombée ; il en tombera bien d'autres : nous ne lui devions que notre fidélité ; elle l'a.

Dévoué à ses premières adversités, nous nous sommes consacré à ses dernières infortunes : le malheur nous trouvera toujours pour second. Nous avons tout renvoyé, places, pensions, honneurs, et, afin de n'avoir rien à demander à personne, nous avons mis en gage notre cercueil. Juges austères et rigides, vertueux et infaillibles royalistes, qui avez mêlé un serment à vos richesses, comme vous mêlez le sel aux viandes de votre festin pour les conserver, ayez un peu d'indulgence à l'égard de nos amertumes passées; nous les expions aujourd'hui à notre manière, qui n'est pas la vôtre. Croyez-vous qu'à l'heure du soir, à cette heure où l'homme de peine se repose, il ne sente pas le poids de la vie, quand ce poids est rejeté sur ses bras? Et cependant, nous aurions pu ne pas porter le fardeau, nous avons vu Louis-Philippe dans son palais du 1ᵉʳ au 6 août 1830; il n'a tenu qu'à nous d'écouter des paroles généreuses : peut-être aurions-nous pu rester au ministère des affaires étrangères, peut-être retourner à l'ambassade de Rome, la plus grande des tentations pour un hanteur de ruines et un habitué de solitude. Nous avons mieux aimé garder des chaînes d'autant plus étroites qu'elles sont rompues.

Plus tard, si nous avions pu nous repentir d'avoir bien fait, il nous était possible de revenir sur le premier mouvement de notre conscience. M. Benjamin Constant, homme si puissant alors, nous écrivait le 20 septembre :

« J'aimerais bien mieux vous écrire sur vous que sur moi, la chose aurait plus d'importance. Je voudrais pouvoir vous parler de la perte que vous faites essuyer à la France entière, en vous retirant de ses destinées, vous qui avez exercé sur elles une influence si noble et si salutaire! Mais il y aurait indiscrétion à traiter ainsi des questions personnelles, et je dois, en gémissant, comme tous les Français, respecter vos scrupules. »

Nos devoirs ne nous semblant point encore accomplis, nous avons défendu la veuve et l'orphelin; nous avons subi les procès et la prison que Buonaparte, même dans ses plus grandes colères, nous avait épargnés. Nous nous présentons entre notre démission à la mort du duc d'Enghien, et notre cri pour l'enfant abandonné; nous nous présentons appuyé sur un prince fusillé et sur un prince banni; ils soutiennent nos vieux bras entrelacés à leurs bras débiles : royalistes, êtes-vous aussi bien accompagnés?

Mais, plus nous avons garrotté notre vie par les liens du dévouement et de l'honneur, plus nous avons dégagé notre opinion; nous avons échangé la liberté de nos actions contre l'indépendance de notre pensée; cette pensée est rentrée dans sa nature. Maintenant, en dehors de tout, nous apprécions les gouvernements ce qu'ils valent. Peut-on croire aux rois de l'avenir? Faut-il croire aux peuples du présent? L'homme sage et inconsolé de ce siècle sans conviction ne rencontre un misérable repos que dans l'athéisme politique. Que les jeunes générations se bercent d'espérances, avant de toucher au but elles attendront de longues années. Les âges vont au nivellement général, mais ils ne hâtent point leur marche à l'appel de nos désirs : le temps est une sorte d'éternité appropriée aux choses mortelles : il compte pour rien les races et leurs douleurs dans les œuvres qu'il accomplit.

XXV

Madame la dauphine.

Il résulte de tout ce qu'on vient de lire que si l'on avait fait ce que j'avais sans cesse conseillé, que si d'étroites envies n'avaient préféré leur satisfaction au salut de la France, que si le pouvoir avait mieux apprécié les capacités relatives, que si les cabinets étrangers, moins obstinés dans leur haine anticonstitutionnelle, avaient jugé, comme Alexandre, qu'on ne pouvait sauver la monarchie française qu'en s'appuyant sur les nouvelles institutions; que si ces cabinets n'avaient point entretenu l'autorité rétablie dans sa défiance du principe de la Charte; il résulte de tout cela que la légitimité occuperait encore le trône. Mais ce qui est passé est passé; on a beau aller en arrière, se remettre à la place que l'on a quittée, on ne retrouve rien de ce qu'on y avait laissé : hommes, idées, circonstances, tout s'est évanoui.

La partie est perdue. Les succès de la guerre de 1823, poussés assez loin pour qu'on en pût espérer le reste, n'ont point été achevés; la France ne continuant point de grandir auprès de la Péninsule, l'Espagne, un moment réunie à nous, s'en est derechef détachée : les flots des révolutions sont revenus sur les deux pays et les ont couverts de nouveau : la victoire de M. le duc d'Angoulême n'a fait qu'aveugler la légitimité. Tel est le mal que l'envie bornée a pu faire en nous renversant, et en amenant, par notre chute, les divisions si fatales à la monarchie restaurée.

A Dieu ne plaise qu'en parlant ici d'envies bornées, nous désignions M. de Villèle; nous avons seulement en mémoire les médiocrités qui l'ont obsédé : elles ont préparé le mariage d'Isabelle avec quelque fils de François II, ou de George III. Du reste, si nous avons exagéré autrefois, dans notre défense légitime, nous reconnaissons pleinement, franchement, loyalement, notre injustice : quand on est blessé, les qualités d'un homme disparaissent; on ne voit que ses imperfections.

M. de Villèle est un homme de vigilance, de patience, de sang-froid; ses ressources sont infinies. Il a établi dans les finances et la comptabilité un ordre qui restera. Abstraction faite de l'avenir et du grand côté des choses, dont il ne se souciait pas, il était impossible de mettre plus de finesse, de clarté, de fermeté dans les affaires. Peut-être n'avait-il pas, pour occuper la première place, les frivolités utiles et les qualités assorties; il est dommage qu'il n'ait pas deviné combien nos défauts lui étaient nécessaires : nous le complétions, en lui donnant ce qui lui manquait.

La restauration avait rencontré en moi et en lui ses vrais ministres : elle ne devait jamais ni chasser l'un ni abandonner l'autre. Mais il était écrit que toujours favorisée elle laisserait tout échapper.

A Carlsbad, en 1832, nous prîmes la liberté de conseiller à madame la dauphine d'appeler M. de Villèle auprès de Henri de France. Sur une observation bienveillante de la princesse, nous répondîmes :

« J'ai eu à me plaindre de M. de Villèle, mais je me mépriserais si, après la chute du trône, je continuais de nourrir le ressentiment de quelques mesquines rivalités. Nos divisions ont déjà fait trop de mal; je suis prêt à demander pardon à ceux qui m'ont offensé. Je supplie Madame de croire que ce n'est là ni l'étalage d'une fausse générosité, ni une pierre posée en prévision d'une future fortune. Que pourrais-je demander à Charles X dans l'exil? Et si la restauration arrivait jamais, ne serais-je pas dans ma tombe? »

Madame nous regarda avec affabilité; elle eut la bonté de nous louer par ces seuls mots : « C'est très-bien, monsieur de Chateaubriand. » Elle avait comme un voile de larmes sur les yeux.

Les moments les plus précieux de notre longue carrière sont ceux que madame la dauphine nous a permis de passer auprès d'elle. Au fond de cette âme le ciel a déposé un trésor de magnanimité et de religion que les prodigalités du malheur n'ont pu tarir. Nous avions devant nous la fille que le roi-martyr avait pressée sur son cœur avant d'aller cueillir la palme : l'éloge est suspect lorsqu'il s'adresse à la prospérité; mais avec la princesse l'admiration était à l'aise. Nous l'avons dit : les malheurs de cette femme sont montés si haut, qu'ils sont devenus une des gloires de la révolution. Nous aurons donc rencontré une fois des destinées assez supérieures pour leur dire, sans crainte de les blesser, ce que nous pensons de l'état futur de la société : on pouvait causer avec la dauphine du sort des empires, elle qui verrait passer sans les regretter, aux pieds de sa vertu, tous ces royaumes de la terre, dont plusieurs se sont écroulés aux pieds de sa race.

XXVI

Dernier coup d'œil sur la guerre d'Espagne. — La restauration. — Charles X. — Henri et Louise. Résumé.

On sait maintenant le congrès de Vérone, le droit et le but de notre intervention. L'erreur historique dans laquelle le public a été entraîné sera redressée, car elle n'est pas encore une des erreurs consacrées du temps ; l'amour-propre et des motifs aussi peu élevés n'ont aucun intérêt à la faire vivre. Aujourd'hui la guerre d'Espagne est passée, un monde a succédé à un monde : la royauté de Louis XIV, en France et en Espagne, a disparu. L'expédition de 1823, tout importante qu'elle aurait pu devenir pour la société, ne saurait donc ni réveiller, ni prolonger l'esprit de parti. Cette expédition avortée n'est plus qu'un grand regret.

Lorsque nous entrâmes aux relations extérieures, la légitimité allait, pour la première fois, brûler de la poudre sous le drapeau blanc, tirer son premier coup de canon, après ces coups de l'empire qu'entendra la dernière postérité. Si elle reculait, elle était perdue ; si elle n'avait qu'un médiocre succès, elle était ridicule. Mais enjamber d'un pas les Espagnes, réussir là où Buonaparte avait échoué, triompher sur ce même sol où les armées de l'homme fastique avaient eu des revers, faire en six mois ce qu'il n'avait pu faire en sept ans, c'était un véritable prodige. Ce prodige aurait frappé la France, comme il frappa l'Europe, si des préjugés ne nous avaient aveuglés.

Qu'on imagine Ferdinand régnant d'une manière raisonnable à Madrid sous la verge de la France, nos frontières du midi en sûreté, l'Ibérie ne pouvant plus vomir sur nous l'Autriche et l'Angleterre ; qu'on se représente deux ou trois monarchies bourboniennes en Amérique, faisant, à notre profit, le contre-poids de l'influence et du commerce des États-Unis et de la Grande-Bretagne ; qu'on se figure notre cabinet redevenu puissant, au point d'exiger une modification dans les traités de Vienne, notre vieille frontière recouvrée, reculée, étendue dans les Pays-Bas, dans nos anciens départements germaniques, et qu'on dise si, pour de tels résultats, la guerre d'Espagne ne méritait pas d'être entreprise ; qu'on dise si les injures des pamphlets, les déclamations de tribune, ne paraissent pas les préventions d'esprits ou qui n'avaient pas d'idée de la matière, ou qui craignaient une guerre heureuse, ennemis qu'ils étaient de la légitimité.

On prétend aujourd'hui que les systèmes sont épuisés, que l'on tourne sur soi en politique, que les caractères sont effacés, les esprits las ; qu'il n'y a rien à faire, rien à trouver ; qu'aucun chemin ne se présente ; que l'espace est fermé ; sans doute : quand on reste à la même place, c'est le même cercle de l'horizon qui pèse sur la terre. Mais avancez ; osez déchirer le voile qui vous enveloppe, et regardez, si toutefois vous n'avez peur et n'aimez mieux fermer les yeux.

La plupart des résultats dont je parle avaient été obtenus : la France avait été sauvée de la conspiration des *carbonari* civils et militaires ; Ferdinand avait été délivré, une armée formée sous la cocarde blanche, l'affaire des colonies menée si loin, que l'Espagne consentait à la soumettre à l'arbitrage de l'Europe.

Ce n'est point aux hommes des champs de Marengo, d'Austerlitz et d'Iéna qu'il faut vanter les rencontres du duc d'Angoulême dans la Péninsule ; mais un caractère particulier distingue son expédition. Une guerre silencieuse succède aux combats tonnants de l'empire : cette guerre s'accomplit comme elle avait été commencée. Il est sans exemple qu'on ait déclaré qu'on entrerait dans un pays où la nature du terrain a rendu, depuis les Romains jusqu'à nous, les entreprises militaires d'une difficulté insurmontable ; qu'on entrerait dans ce pays hérissé de forteresses et défendu par cent mille vaillants soldats ; qu'on irait délivrer un roi, dût-il être enchaîné au bout de son empire, dans une île réputée imprenable ; qu'on ne poserait les armes que quand cela serait exécuté, et qu'on reviendrait alors, sans remporter autre chose que ces mêmes armes : voilà ce qui, de point en point, s'est accompli.

Combien a-t-il fallu de temps à l'achèvement de cette entreprise ? Au mois d'avril 1824, les pairs et les députés retrouvèrent aux barrières du Louvre la Garde qui, passant la Bidassoa au mois d'avril 1823, alla poser des factionnaires aux portes de Ferdinand à Séville. Ce que le roi avait dit, Dieu l'a voulu, l'armée l'a fait.

Quelle est donc cette guerre dont les résultats ont été universellement bénis (causes, passions, systèmes, intérêts mis à part) ? Rome, pendant deux jours, illumine ses ruines ; la Bavière, la Saxe, le Danemark envoient leurs félicitations ; Vienne, Berlin, Pétersbourg, bien qu'opposés de sentiments, applaudissent. L'Europe, quand Buonaparte revenait de ses conquêtes, lui disait-elle, comme elle a dit au duc d'Angoulême, qu'il avait sauvé le monde civilisé ? M. Canning et lord Liverpool louaient-ils, en plein parlement, les soldats de Napoléon comme ils ont loué les soldats du prince généralissime? Buonaparte a-t-il ravagé ou respecté la chaumière du pauvre? On a rencontré en Ibérie des villes brûlées, des villages détruits : qui les avait brûlés et détruits? Se jetait-on aux pieds des capitaines de l'empire, afin de les retenir au milieu des ruines?

Personne ne serait assez stupide pour comparer le dauphin à Napoléon, une goutte d'eau à la mer ; les maux dont Napoléon fut la cause l'ont couronné ; ils ont tourné au profit de sa gloire : qu'on vive, non par ce que l'on a été, mais par ce que l'on a fait ; que le géant soit encore aperçu lorsque la fin du monde viendra, c'est son sort ; nous le reconnaissons. Néanmoins nous, hommes, nous comptons les larmes pour quelque chose dans l'histoire de l'espèce humaine. Jamais conquête aussi brillante que celle de l'Espagne, en 1823, a-t-elle moins coûté de pleurs?

Vous n'ôterez pas du cœur des Français ce sentiment de sûreté et d'honorable orgueil qu'ils éprouvèrent à l'issue d'une guerre victorieuse d'une anarchie voisine, vengeresse de Waterloo, et régénératrice de l'honneur de la patrie.

Il en coûte d'avouer qu'un pouvoir que l'on a détesté a remporté des avantages auxquels on n'avait pas cru : on a donc voulu ravaler le mérite d'une réussite inattendue, en disant que la campagne de 1823 n'a été qu'une excursion sans péril. On ne s'aperçoit pas que l'on se crée de la sorte une autre difficulté : on substitue à une merveille militaire une merveille diplomatique. Expliquez alors comment des populations violentes, opposées les unes aux autres, ont tout à coup perdu leur caractère, comment elles nous ont guidés de fleuve en fleuve, de défilé en défilé, de montagne en montagne, nourrissant nos soldats, le hébergeant, leur livrant les clefs des villes, les conduisant sous des arcs de triomphe jusqu'au *nec plus ultra* des terres d'Hercule ; expliquez pourquoi les armées et les généraux des cortès ont accepté notre paix après avoir croisé le fer pour l'honneur des armes. Si tout cela n'est rien, essayez l'aventure, nous vous promettons d'applaudir de grand cœur à cette orgie de succès : sautez du haut des remparts, comme le prisonnier catholique du baron des *Adrets*, nous vous le donnons en dix.

Avant que nous eussions pénétré dans la Péninsule, des hommes habiles nous avaient fait toucher au doigt et à l'œil les impossibilités dont nous allions être murés, et dans l'enceinte desquelles, ainsi que dans un amphithéâtre, nous serions exposés aux assauts de toutes les calamités. Maintenant ces mêmes hommes trouvent que ces impossibilités et ces calamités n'existaient pas ; que tout le monde pouvait faire ce que nous avons fait, alors qu'en surcroît de mal-enchère, nous avions en face Albion grondante, derrière nous l'Europe quasi-ennemie. Si nos dépêches, étendues sous nos affûts, empêchaient qu'on n'entendît nos canons rouler, pourquoi Buonaparte n'a-t-il pas imaginé ce moyen de succès? Pourquoi vous-mêmes, dans la position où vous êtes, ne prenez-vous pas le délassement d'une promenade dans la Catalogne et les Castilles?

Est-il vrai que toute la France ne voulût pas la guerre, que toute l'Espagne ne voulût pas la guerre, que toute l'Angleterre ne voulût pas la guerre, que les plus grands politiques et les hommes d'expérience ne voulussent pas la guerre? Quel prodige de plus! Cette guerre désastreuse et abhorrée a donc été faite avec succès par nous chétif, contre les peuples, la nature, le ciel et les dieux! Devons-nous croire à un tel ascendant de notre génie?

Faudrait-il avouer qu'au fond d'une cause appuyée sur l'ordre et la religion, il y avait une force de sympathie humaine, que le siècle n'avait pas soupçonnée? Nous le confessons : nos succès ne sont pas les nôtres, ils sont l'ouvrage de la Providence; et comme nous avons la petitesse d'être chrétien, nous dirons que l'heureuse issue de la guerre d'Espagne a été un des derniers miracles du ciel en faveur des enfants de saint Louis.

A entendre la passion ou l'ignorance, les Bourbons sont les auteurs de tous nos maux, ils sont complices et fauteurs de ces traités dont, à bon droit, nous nous plaignons : c'est trop oublier les dates et les faits.

La restauration n'exerça quelque influence dans les actes diplomatiques qu'à l'époque de la première invasion. Il est reconnu qu'on ne voulait point cette restauration, puisqu'on traitait avec Buonaparte à Châtillon; que, l'eût-il voulu, il demeurait empereur des Français. Sur l'entêtement de son génie et faute de mieux, on prit les Bourbons qui se trouvaient là. Monsieur, lieutenant général du royaume, eut alors une certaine part aux transactions du jour; on a vu, dans la vie d'Alexandre, ce que le traité de Paris, de 1814, nous avait laissé.

En 1815, il ne fut plus question des Bourbons; ils n'entrèrent en rien dans les contrats spoliateurs de la seconde invasion : ces contrats furent le résultat de la rupture du ban de l'île d'Elbe. A Vienne, les alliés déclarèrent qu'ils ne se réunissaient que contre un seul homme; qu'ils ne prétendaient imposer ni aucune sorte de maître, ni aucune espèce de gouvernement à la France; l'exilé de Gand était rentré dans sa cachette, comme l'Europe était sortie de sa tanière, à la seule apparition d'un évadé. Alexandre même avait demandé au congrès un roi autre que Louis XVIII. Si celui-ci en venant s'asseoir aux Tuileries ne se fût hâté de voler son trône, il n'aurait jamais régné. Les traités de 1815 furent abominables, précisément parce qu'on refusa d'entendre la voix paternelle de la légitimité, et c'est pour les faire brûler, ces traités, que j'avais voulu reconstruire notre puissance en Espagne.

Le seul moment où l'on retrouve l'esprit de la restauration est au congrès d'Aix-la-Chapelle ; les alliés étaient convenus de nous ravir nos provinces du nord et de l'est ; M. de Richelieu même intervint. Le czar, touché de notre malheur, entraîné par son équitable penchant, remit à M. le duc de Richelieu la carte de France, sur laquelle était tracée la ligne fatale. J'ai vu de mes propres yeux cette carte du Styx entre les mains de madame de Montcalm, sœur du noble négociateur.

La France occupée comme elle l'était, nos places fortes ayant garnison étrangère, pouvions-nous résister ? Une fois privés de nos départements militaires, combien de temps aurions-nous gémi sous la conquête ! Eussions-nous eu un souverain d'une famille nouvelle, un prince d'occasion, on ne l'aurait point respecté. Parmi les alliés, les uns cédèrent à l'illusion d'une grande race, les autres crurent que, sous une puissance usée, le royaume perdrait son énergie et cesserait d'être un objet d'inquiétude : Cobbett lui-même en convient dans sa lettre. C'est donc une monstrueuse ingratitude de ne pas voir que, si nous sommes encore la vieille Gaule, nous le devons au sang que nous avons le plus maudit : ce sang qui depuis huit siècles circulait dans les veines même de la France ; ce sang qui l'avait faite ce qu'elle est, l'a sauvée encore. Pourquoi s'obstiner à nier éternellement les faits ? On a abusé contre nous de la victoire, comme nous en avions abusé contre l'Europe. Nos soldats étaient allés au bout du monde ; ils ont ramené sur leurs pas les soldats qui fuyaient devant eux : après action, réaction ; c'est la loi. Cela ne fait rien à la gloire de Buonaparte, gloire isolée et qui reste entière ; cela ne fait rien à notre gloire nationale, toute couverte de la poussière de l'Europe dont nos drapeaux sanglants ont balayé les tours : il était inutile, dans un dépit d'ailleurs trop juste, d'aller chercher à nos maux une autre cause que la cause véritable. Loin d'être cette cause, les Bourbons de moins dans nos revers, nous étions partagés.

Appréciez maintenant les calomnies dont la restauration a été l'objet ; qu'on interroge les archives des relations extérieures, on sera convaincu de l'indépendance du langage tenu aux puissances sous le règne de Louis XVIII et de Charles X. Nos souverains avaient le sentiment de la dignité nationale ; ils furent surtout rois à l'étranger, lequel ne voulut jamais avec franchise le rétablissement, et ne vit qu'à regret la résurrection de la monarchie aînée. Le langage diplomatique de la France à l'époque dont je traite est, il faut le dire, particulier à l'aristocratie ; la démocratie, pleine de larges et fécondes vertus, est partant arrogante quand elle domine : d'une munificence incomparable lorsqu'il faut d'immenses dévouements, elle échoue aux détails ; elle est rarement élevée, surtout dans les longs malheurs. Une partie de la haine des cours d'Angleterre et d'Autriche contre la légitimité vient de la fermeté du cabinet des Bourbons.

Louis XVIII n'avait jamais perdu le souvenir de la prééminence de son berceau ; il était roi partout, comme un Dieu est Dieu partout, dans une crèche ou dans un temple, sur un autel d'or ou d'argile. Jamais son infortune ne lui arracha la plus petite concession ; sa hauteur croissait en raison de son abaissement ; son diadème était son nom ; il avait l'air de dire : « Tuez-moi, vous ne tuerez pas les siècles écrits sur mon front ; on ne tue pas les siècles. » Si l'on avait ratissé ses armes au Louvre, peu lui importait : n'étaient-elles pas gravées sur le globe ? Avait-on envoyé des commissaires les gratter dans tous les coins de l'univers ? Les avait-on effacées aux Indes, à Pondichéry ; en Amérique, à Lima et à Mexico ; dans l'Orient, à Antioche, à Jérusalem, à Saint-Jean d'Acre ; au Caire, à Constantinople, à Rhodes, en Morée ; dans l'Occident, sur les murailles de Rome, aux plafonds de Caserte et de l'Escurial, aux voûtes des salles de Ratisbonne et de Westminster, dans l'écusson de tous les rois ? Les avait-on arrachées à l'aiguille de la boussole, où elles semblent annoncer le règne des lis aux diverses régions de la terre ?

L'idée fixe de la grandeur, de l'antiquité, de la dignité, de la majesté de sa race, donnait à Louis XVIII un véritable empire. On en sentait la domination ; les généraux même de Buonaparte la confessaient : ils étaient plus intimidés devant ce vieillard impotent que devant le maître terrible qui les avait commandés dans cent Arbelles. A Paris, quand Louis XVIII accordait aux monarques triomphants l'honneur de dîner à sa table, il passait sans façon le premier devant ces princes dont les soldats campaient dans la cour du Louvre ; il les traitait comme des vassaux qui n'avaient fait que leur devoir en amenant des hommes d'armes à leur seigneur suzerain. Il avait raison : en Europe, il n'est qu'une monarchie, celle de France ; le destin des autres monarchies est lié au sort de celle-là. Toutes les races sont d'hier auprès de la race de Hugues Capet, et presque toutes en sont filles. Notre ancien pouvoir royal était l'ancienne royauté du monde : du bannissement des Capets datera l'ère de l'expulsion des rois.

Cette superbe du descendant de saint Louis envers les alliés plaisait à l'orgueil national ; les Français jouissaient de voir des souverains qui, vaincus, avaient porté les chaînes d'un homme, porter, vainqueurs, le joug d'une race.

La foi inébranlable de Louis XVIII dans son sang est la puissance réelle qui lui rendit le sceptre ; c'est cette foi qui, à deux reprises, fit tomber sur sa tête une couronne pour laquelle l'Europe ne croyait pas, ne prétendait pas épuiser ses populations et ses trésors. En dernier résultat, le banni sans soldats se trouvait au bout de toutes les batailles qu'il n'avait pas livrées. Louis XVIII était la légitimité incarnée ; elle a cessé d'être visible quand il a disparu.

Loin de précipiter cette légitimité, mieux avisé, on en eût étayé les ruines; à l'abri, dans l'intérieur, on eût élevé le nouvel édifice, comme on bâtit un vaisseau qui doit braver l'Océan sous un bassin couvert taillé dans le roc : ainsi la liberté anglaise s'est formée au sein de la loi normande. Il ne fallait pas conjurer le fantôme monarchique, ce centenaire du moyen âge qui, comme Dandolo, *avoit les yeux en la tête beaux, et si, n'en véoit goutte;* vieillard qui pouvait guider les jeunes croisés, et qui, paré de ses cheveux blancs, imprimait encore vigoureusement sur la neige ses pas ineffaçables.

Que, dans nos craintes prolongées, des préjugés et des hontes vaniteuses nous aveuglent, on le conçoit; mais la distante postérité, républicaine comme elle le sera, cette postérité rassurée, et juste, reconnaîtra que la restauration a été, historiquement parlant, la plus heureuse des phases de notre cycle révolutionnaire. Les partis dont la chaleur n'est pas éteinte peuvent à présent s'écrier : « Nous fûmes libres sous l'empire, esclaves sous la monarchie de la Charte! » Les générations futures, ne s'arrêtant pas à cette contre-vérité risible, si elle n'était un sophisme, diront que les Bourbons rappelés prévinrent le démembrement de la France, qu'ils fondèrent parmi nous le gouvernement représentatif, qu'ils firent prospérer les finances, acquittèrent des dettes qu'ils n'avaient pas contractées, et payèrent religieusement jusqu'à la pension de la sœur de Robespierre. Enfin, pour remplacer nos colonies perdues, ils nous laissèrent, en Afrique, une des plus riches provinces de l'empire romain.

Dans l'expédition d'Alger, on vit notre marine, ressuscitée au combat de Navarin, sortir de ces ports de France, naguère si abandonnés. La rade était couverte de navires qui saluaient la terre en s'éloignant. Des bateaux à vapeur, nouvelle découverte du génie de l'homme, allaient et venaient, portant des ordres d'une division à l'autre, comme des sirènes, ou comme les aides de camp de l'amiral. Le dauphin se tenait sur le rivage, où toutes les populations de la ville et des montagnes étaient descendues; lui qui, après avoir arraché son parent, le roi d'Espagne, aux mains des révolutions, voyait se lever le jour par qui la chrétienté devait être délivrée, aurait-il pu se croire si près de sa nuit?

Ils n'étaient plus ces temps où Catherine de Médicis sollicitait du Turc l'investiture de la principauté d'Alger pour Henri III, non encore roi de Pologne : Alger allait devenir notre fille et notre conquête, sans la permission de personne, sans que l'Angleterre osât nous empêcher de prendre ce *Château de l'empereur*, qui rappelait Charles-Quint et le changement de sa fortune. C'était une grande joie et un grand honneur, pour les spectateurs français assemblés, de saluer du salut de Bossuet les généreux vaisseaux prêts à rompre de leur proue la chaîne des esclaves; victoire agrandie par ce cri de l'aigle de Meaux, lorsqu'il annonçait le succès de l'avenir au grand roi, comme pour le consoler un jour dans sa tombe de la dispersion de sa race :

« Tu céderas, où tu tomberas sous ce vainqueur, Alger, riche des dépouilles de la chrétienté. Tu disais en ton cœur avare : « Je tiens la mer sous mes lois et les nations sont ma proie. » La légèreté de tes vaisseaux te donnait de la confiance, mais tu te verras attaqué dans tes murailles comme un oiseau ravissant qu'on irait chercher parmi ses rochers et dans son nid, où il partage son butin à ses petits. Tu rends déjà tes esclaves. Louis a brisé les fers dont tu accablais ses sujets, qui sont nés pour être libres sous son glorieux empire. Les pilotes étonnés s'écrient par avance : « *Qui est semblable à Tyr? Et toutefois elle s'est tue dans le milieu de la mer.* »

Paroles magnifiques, n'avez-vous pu retarder l'écroulement du trône? Les nations marchent à leurs destinées : à l'instar de certaines ombres du Dante, il leur est impossible de s'arrêter même dans le bonheur.

Ces vaisseaux, qui apportaient la liberté aux mers de la Numidie, emportaient la légitimité ; cette flotte sous pavillon blanc, c'était la monarchie qui appareillait, s'éloignant des ports où s'embarqua saint Louis, lorsque la mort l'appelait à Carthage. Esclaves délivrés des bagnes d'Alger, ceux qui vous ont rendus à votre pays ont perdu leur patrie ; ceux qui vous ont arrachés à l'exil éternel sont exilés. Le maître de cette vaste flotte a traversé la mer sur une barque en fugitif, et la France pourra lui dire ce que Cornélie disait à Pompée : « C'est bien une œuvre de ma fortune, non pas de la tienne, que je te vois maintenant réduit à une seule pauvre petite nave, là où tu soulais cingler avec cinq cents voiles. »

Mais, si la légitimité a disparu glorieusement, la personne légitime s'est-elle retirée égale en gloire à la légitimité? Tombé tout armé dans un fleuve après la bataille de Pescare, déjà recouvert par les flots, Sforze éleva deux fois son gantelet de fer au-dessus des vagues : est-ce le gantelet de Robert le Fort qui s'est montré à la surface de l'abîme, dans le naufrage de Rambouillet?

Durée de race, si salutaire aux peuples monarchiques, ne serait-elle pas redoutable aux rois? Le pouvoir permanent les enivre ; ils perdent les notions de la terre ; tout ce qui n'est pas à leurs autels, prières prosternées, humbles vœux, abaissements profonds, est impiété. Leur propre malheur ne leur apprend rien ; l'adversité n'est qu'une plébéienne grossière qui leur manque de respect, et les catastrophes ne sont pour eux que des insolences. Ces hommes, par le laps du temps, deviennent des *choses* ; ils ont cessé d'être des *personnes* ; ils ne sont plus que des monuments, des pyramides, de fameux tombeaux.

La dernière fois que je vis les proscrits de Rambouillet, c'était à Butschirad, en Bohême. Charles X était couché ; il avait la fièvre : on me fit entrer de nuit dans sa chambre : une petite lampe brûlait sur la cheminée ; je n'entendais dans le silence des ténèbres que la respiration élevée du trente-cinquième successeur de Hugues Capet. Mon vieux roi ! votre sommeil était pénible : le temps et l'adversité, lourds cauchemars, étaient assis sur votre poitrine. Un jeune homme s'approcherait du lit d'une jeune fille avec moins d'amour que je ne me sentis de respect en marchant d'un pied furtif vers votre couche solitaire. Du moins je n'étais pas un mauvais songe comme celui qui vous réveilla pour aller voir expirer votre fils ! Je vous adressais intérieurement ces paroles que je n'aurais pu prononcer tout haut sans fondre en larmes : « Le ciel vous garde de tout mal à venir ! Dormez en paix ces nuits avoisinant votre dernier sommeil ! Assez longtemps vos vigiles ont été celles de la douleur. Que ce lit de l'exil perde sa dureté en attendant la visite de Dieu ! Lui seul peut rendre légère à vos os la terre étrangère. »

Dans le refuge de Charles X, j'avais rencontré le frère et la sœur. Je les cherchais de la part d'une mère captive : ils avaient l'air de deux petites gazelles cachées parmi des ruines. Pour trouver ces deux aimables enfants, le pèlerin de Terre-Sainte avait heurté avec son bâton et ses sandales poudreuses à la porte de l'étranger : Blondel, en vain, chanta au pied de la tour du duc d'Autriche : il ne put rouvrir aux exilés les chemins de la patrie.

Devenu homme, Henri va se présenter seul à ses passions et à la terre : à quelle mesure de sable se mêleront les magnifiques débris de Baalbek et de Palmyre ?

Plus heureux que Henri qui part du seuil de la vie, Charles a maintenant fini sa course. Point de hérauts d'armes n'ont paru à ses obsèques ; point de grands n'ont jeté dans le caveau les marques de leurs dignités : ils en avaient fait hommage ailleurs. Rien ne repose aux côtés du prince, que son cœur et ses entrailles arrachés de son sein et de ses flancs, comme on place auprès d'une mère expirée le fruit abortif qui lui a coûté la vie. Oublié dans un cloître, le roi très-chrétien, cénobite après trépas, entend quelque frère inconnu lui réciter les prières du bout de l'an ; unique souvenir du royal décédé parmi les générations vivantes. Les prières pour les morts sont une servitude d'immortalité imposée aux âmes chrétiennes dans leur fraternelle tendresse.

Mais quand un nouvel univers émerge du sein des âges, quand le passé n'est plus que de l'histoire, pourquoi ne réunirait-on pas tant d'ossements dispersés, comme on réunit des antiques exhumées de différentes fouilles ? À ce rappel de la mort, la dépouille de Charles X rejoindrait celle de son fils et de ses frères, dans l'abbaye de Dagobert ; la colonne de bronze élèverait ses batailles et ses victoires immobiles sur le squelette à jamais fixé de Napoléon, tandis qu'apportés du pays de l'éternité, quatre mille ans, dans la forme d'une pierre, ensevelissent l'échafaud de Louis XVI sous le poids des siècles. Un jour viendra que l'obélisque du désert retrouvera sur la place des meurtres les débris, le silence et la solitude de Luxor.

Entraîné par le sujet à rappeler la fin de la restauration, qu'on m'excuse : j'ai fini, à mon tour. Quelques mots me suffiront pour résumer ce que cette restauration a fait en passant sur la terre, en outre des autres avantages dont j'ai parlé plus haut.

Trois choses demeurent acquises à la légitimité restaurée : elle est entrée dans Cadix ; elle a donné à Navarin l'indépendance à la Grèce ; elle a affranchi la chrétienté en s'emparant d'Alger ; entreprises dans lesquelles avaient failli Buonaparte, la Russie, Charles-Quint et l'Europe. Montrez-moi un pouvoir de quelques jours (et un pouvoir si disputé), lequel ait accompli de telles choses.

Prométhée sur son rocher, Napoléon a jugé avec équité l'administration des princes ses successeurs d'un moment, lorsqu'il a dit : « Si le duc de Richelieu, dont l'ambition fut de délivrer son pays des baïonnettes étrangères ; si Chateaubriand, qui venait de rendre, à Gand, d'éminents services, avaient eu la direction des affaires, la France serait sortie puissante et redoutée de ces deux grandes crises nationales [1]. »

En citant ailleurs ces paroles, j'avais ajouté : « Pourquoi n'avouerai-je pas qu'elles *chatouillent de mon cœur l'orgueilleuse faiblesse?* » Bien des petits hommes à qui j'ai rendu de grands services ne m'ont pas si favorablement jugé que le poëte des batailles, captif de l'Océan et de la terreur du monde.

XXVII

Appel des personnages de Vérone et de la guerre d'Espagne.

Prêt à poser la plume, je jette un regard en arrière ; je cherche les hommes dont je viens de parler. Déjà, traversant Vérone en 1833, cette ville, si animée par la présence des souverains de l'Europe en 1822, était retournée au silence. Le congrès était aussi passé, dans ses rues solitaires, que la cour des Scaligieri et le sénat des Romains. Les Arènes, dont les gradins s'étaient offerts à mes regards chargés de cent mille spectateurs, béaient désertes ; les édifices que j'avais admirés sous l'illumination brodée à leur architecture s'enveloppaient, gris et nus, dans une atmosphère de pluie.

---

[1] *Mémoires pour servir à l'histoire de France sous Napoléon*, par M. de Montholon, tome IV, pag. 248.

Combien s'agitaient d'ambitions parmi les acteurs de Vérone, parmi ceux qui les dirigeaient ou leur tenaient de près ou de loin! Que d'avenirs rêvés! Que de destinées de peuples examinées, discutées, pesées! Faisons l'appel de ces poursuivants de songes; ouvrons le livre du jour de colère, *liber scriptus proferetur*.

Monarques! princes! ministres! voici votre ambassadeur, voici votre collègue revenu à son poste : où êtes-vous? Répondez.

L'empereur de Russie, Alexandre?	Mort.
L'empereur d'Autriche, François?	Mort.
Le roi de France, Louis XVIII?	Mort.
Le roi de France, Charles X?	Mort.
Le roi d'Angleterre, George IV?	Mort.
Le roi de Naples, Ferdinand Ier?	Mort.
Le duc de Toscane?	Mort.
Le pape Pie VII?	Mort.
Le roi de Sardaigne, Charles-Félix?	Mort.
Le duc de Montmorency, ministre des affaires étrangères de France?	Mort.
M. Canning, ministre des affaires étrangères d'Angleterre?	Mort.
M. de Bernstorff, ministre des affaires étrangères en Prusse?	Mort.
M. Gentz, de la chancellerie d'Autriche?	Mort.
Le cardinal Consalvi, secrétaire d'État de Sa Sainteté?	Mort.
M. de Serre, mon collègue au congrès?	Mort.
M. de Lamaisonfort, ministre à Florence?	Mort.
M. d'Aspremont, mon secrétaire d'ambassade?	Mort.
Le comte de Nieperg, mari de la veuve de Napoléon?	Mort.
La comtesse Tolstoï?	Morte.
Son grand et jeune fils?	Mort.
Mon hôte du palais Lorenzi?	Mort.

Combien manque-t-il encore de personnages parmi ceux que l'on a comptés pendant la guerre d'Espagne? Ferdinand VII n'est plus, Mina n'est plus, M. de Raynéval n'est plus, sans parler du premier de tous à mes yeux, de Carrel, échappé des champs de la Catalogne et tombé à Vincennes. Carrel, je vous félicite d'avoir, d'un seul pas, achevé le voyage dont le trajet prolongé devient si fatigant et si désert. J'envie ceux qui sont partis avant moi : comme les soldats de César, à Brindes, du haut des rochers du rivage je jette ma vue sur la grande mer; je regarde vers l'Épire, dans l'attente de voir revenir les vaisseaux qui ont passé les premières légions, pour m'enlever à mon tour.

Si tant d'hommes couchés avec moi sur le registre du congrès se sont fait inscrire à l'obituaire; si des peuples et des dynasties royales ont péri;

si la Pologne a succombé; si l'Espagne est de nouveau anéantie; si je suis allé à Prague, m'enquérant des restes fugitifs de la grande race dont j'étais le représentant à Vérone, qu'est-ce donc que les choses de la terre? Prestige du génie! Personne ne se souvient des discours que nous tenions autour de la table du prince de Metternich : aucun voyageur n'entendra jamais chanter l'alouette dans les champs de Vérone sans se rappeler Shakspeare. Chacun de nous, en fouillant à diverses profondeurs dans sa mémoire, retrouve une autre couche de morts, d'autres sentiments éteints, d'autres chimères sans vie, qu'inutilement il allaita, comme celles d'*Herculanum*, à la mamelle de l'espérance.

XXVIII

Fin.

La fortune, écartant l'homme de vertu auquel était réservé un œuvre plus saint, me choisit pour me charger de la puissante aventure qui, sous la restauration, aurait pu renouveler la face du monde : elle me transforma en homme politique. A la table de jeu où elle m'assit, elle plaça devant moi, comme adversaire, une France ennemie des Bourbons et les deux grands ministres du temps, le prince de Metternich et M. Canning : elle me fit gagner contre eux la partie.

Les transactions de la guerre d'Espagne me resteront. Cette grande tache de faits, répandue sur le tissu des rêves de ma vie, ne s'effacera point, parce qu'elle est une ombre projetée de l'histoire. Pauvre et riche, puissant et faible, heureux et misérable, homme d'action, homme de pensée, j'ai mis ma main dans le siècle, mon intelligence au désert.

Du fond de ce désert, étudiant l'action composée de l'humaine nature, j'ai appris qu'il y a deux nécessités : l'une vient de la *matière*, c'est la fatalité; l'autre vient de *l'esprit*, c'est la Providence. Pour l'homme de courage, céder à la nécessité, c'est force; il a senti que cette nécessité était absolue; pour l'homme timide, se soumettre à la nécessité, c'est faiblesse; il a cru cette nécessité entière. La résignation du pusillanime est une excuse qu'il se ménage, une manière de se débarrasser des exigences du présent et des soucis de l'avenir : la poltronnerie se coiffe d'un froc pour se dispenser de prendre un casque et de demander raison à la destinée.

Grâce à Dieu, chrétien sans peur, je n'en suis pas là; mais tant de choses et tant d'hommes ont passé devant moi; j'ai tant vu faire d'inutiles efforts pour arrêter un monde qui se retire, que je me suis demandé s'il était possible de changer les conseils de la Providence. Ces temps d'arrêt, pendant lesquels les peuples haletants se reposent, ne peuvent être pris pour de* pas en arrière que par des esprits superficiels, des désirs aveugles et des positions faites. Royauté et aristocratie sont deux choses qui survivent ; elles ne vivent pas l'idée : démocratique creuse, l'égalité croît, le mineur est sous les trônes ; quand la galerie souterraine sera finie, la fougasse chargée, l'étincelle mise à la poudre, les remparts voleront en l'air, et les peuples entreront par les brèches des murs écroulés. On ne se défend point de l'invasion des années avec des souvenirs : Sabinus vainement entassa les statues des ancêtres sur le seuil des portes du Capitole pour empêcher l'ennemi d'y pénétrer la torche à la main ; les aigles mêmes qui soutenaient les voûtes s'embrasèrent et mirent le feu à l'édifice, leur nid paternel.

Au-dessus des fluctuations terrestres, il est une loi constante, irrésistible, établie de Dieu, solitaire comme *lui;* elle emporte nos révolutions bornées en accomplissant une révolution immense, de même que le mouvement général de l'univers domine les mouvements particuliers des sphères : les sociétés meurent comme les individus. Dorénavant indépendant de ces sociétés transitoires et variables, je ne reconnais plus que l'autorité mystérieusement souveraine attachée par le Christ aux branches de la croix avec la liberté première. Mieux vaut relever du ciel que des hommes : la religion est le seul pouvoir devant lequel on peut se courber sans s'avilir.

NOTE

A la page 184 on lit : « Une chose est consolante pour nous : les hommes qui nous avaient été d'abord les plus adverses sont devenus nos amis; témoin MM. Béranger, Benjamin Constant et Carrel. En preuve de cette assertion nous donnerons, à la fin de cet ouvrage, des lettres de ces illustres contemporains; c'est un présent que nous faisons à leur patrie. »

Le voici, ce présent.

Des trois hommes qui m'ont écrit les lettres suivantes, deux ne sont déjà plus. Au milieu de mes regrets, je ne puis me défendre d'une certaine satisfaction d'honnête homme, quand je vois mes principales opinions religieuses et politiques approuvées par des esprits éminents et divers.

J'ai accompagné M. Carrel au lieu de son repos; je suis retourné depuis au cimetière de Saint-Mandé, solitaire asile où nul autre homme que moi n'était debout. Beaucoup de personnages qui se croyaient puissants ont défilé devant moi; je n'ai pas daigné ôter mon chapeau à leurs cendres : une casaque brochée d'or ne vaut pas le morceau de flanelle que la balle a enfoncé dans le ventre de Carrel.

M. de Béranger nous reste : puisqu'il est pourvu d'un des grands offices de la Renommée, il appartient à tous; ce qu'il écrit tombe dans le domaine public; il me pardonnera donc d'avoir fait connaître sa lettre, aussi spirituelle qu'admirable (ma foi catholique mise à part); elle prouve que, chez lui, le grand poète n'ôte rien à l'homme de raison et au grand écrivain.

M. BENJAMIN CONSTANT A M. DE CHATEAUBRIAND.

Paris, ce 31 mai 1824.

Monsieur le Vicomte,

Je remercie Votre Excellence de vouloir bien, quand elle le pourra, consacrer quelques instants à la lecture d'un livre dont, j'ose l'espérer, malgré des différences d'opinion, quelques détails pourront lui plaire. Elle doit, ce me semble, en aimer une des idées dominantes; c'est que sans le sentiment religieux aucune liberté n'est possible, et que ce sentiment seul peut tirer l'espèce humaine de l'état d'abaissement dans lequel tant de causes concourent à la plonger.

Vous avez le mérite d'avoir le premier parlé cette langue, lorsque toutes les idées élevées étaient frappées de défaveur, et si j'obtiens quelque attention du public, je le devrai aux émotions que le *Génie du Christianisme* a fait naître, et qui se sont prolongées parce que la puissance du talent imprime des traces ineffaçables. Quelle que soit la croyance positive, tous les hommes dont l'âme a quelque valeur doivent se réunir pour faire triompher les sentiments qui nous rappellent au ciel sur ceux qui nous courbent vers la terre.

Votre Excellence trouvera dans mon livre un hommage bien sincère à la supériorité de son talent et au courage avec lequel elle est descendue dans la lice, forte de ses propres forces, tandis que ceux-là qui s'y montrent aujourd'hui y arrivent avec l'autorité pour appui, et menacent souvent de prendre la persécution pour auxiliaire.

Si à cet hommage j'ai osé joindre de légères critiques, mon tribut d'éloges ne vous en paraîtra que plus impartial, lors même que mes critiques seraient mal fondées. Cependant, si le livre n'eût pas été imprimé depuis trois mois, cette impartialité me serait devenue impossible; car je me ferai toujours une grande joie de professer envers Votre Excellence ma reconnaissance personnelle dans deux occasions importantes, et d'en joindre l'expression à celle des sentiments que je lui ai voués.

Benjamin Constant.

M. DE BÉRANGER A M. DE CHATEAUBRIAND.

Passy, 19 août 1832.

Monsieur,

Huit jours passés dans une campagne, à quelques lieues de Paris, m'ont privé du plaisir de recevoir votre lettre à sa date et d'y répondre sur-le-champ.

Quoi! vous partez sans me donner l'espoir de vous revoir bientôt! C'est accroître le regret que j'ai éprouvé, Monsieur, de ne vous avoir pas trouvé chez vous lorsque les journaux m'ont appris que vous alliez faire une nouvelle absence. Je ne considérais ce voyage que comme un besoin de santé et de repos moral, après des jours d'ennui et de tracasseries. Mais vous ne me parlez pas de retour, et je m'en afflige vivement. Faut-il que le sort nous ait fait naître dans des camps opposés! Sans cela, peut-être vous aurais-je été bon à quelque chose. Oui, j'aurais pu vous être utile. Ne cherchez pas dans ces paroles une prétention ridicule. Elles me sont inspirées par une vive et franche affection, déjà bien ancienne. J'ai en moi quelque chose qui vaut mieux qu'on ne saurait croire: c'est un instinct assez juste du caractère et des sentiments des autres, ce qui, en rendant ma raison fort tolérante, la met à leur service, et cela presque à leur insu.

Lié plus intimement, Monsieur, j'ose croire que j'aurais pu verser quelques consolations dans votre âme de grand poète, et vous aider à voir dans l'avenir autre chose que ce que vous semblez y démêler. Cet avenir, vous y aurez une si belle place, qu'il y a ingratitude à vous à douter de sa grandeur. Oui, Monsieur, la société subit une transformation; oui, elle accomplit la grande pensée chrétienne de l'égalité. Cette pensée chrétienne, que vous avez remise en honneur parmi nous, en l'ornant de toutes les richesses du génie, s'empare du monde, élaborée comme elle l'est, depuis près d'un demi-siècle, par notre chère et belle France. Beaucoup d'hommes des anciens jours le nient, parce qu'elle s'est dépouillée d'une partie de ses voiles religieux. Mais elle est claire et distincte pour ceux qui, comme moi, n'ont jamais vu dans le christianisme qu'une grande forme sociale qui, à sa naissance, a eu besoin de la sanction divine. Mon Dieu est bien au-dessus de ces changements humains; mais il n'en est pas moins présent au grand drame où nous avons tous une part plus ou moins active, et c'est sa présence qui me donne de la résignation. Mon rôle de comparse ou de niais s'est agrandi. Vous, Monsieur, à qui ce Dieu a donné à remplir un rôle principal, n'y puisez-vous pas de la force pour le conduire jusqu'au bout? Vous avez conservé bien plus de jeunesse qu'on n'en a ordinairement à notre âge. Votre esprit est si plein de verdeur, qu'il semble que vous n'ayez reçu ce privilége que pour nous éclairer dans les routes nouvelles où voilà le monde lancé. On chante toujours sur des tombeaux, grâce à ce temps maudit qui va fauchant sans fin et partout; mais on n'a pas souvent l'avantage de chanter auprès d'un berceau qui contienne des destinées futures aussi grandes, ni peut-être aussi prochaines. Toutefois, il y a longtemps que je me dis, comme vous, que ceux qui naissent aux époques de transition sont bousculés, renversés, écrasés dans la lutte des générations qui s'entre-choquent. C'est sur nos cadavres que doivent passer les combattants qui nous suivent. Nous comblerons le fossé qu'il leur faudra franchir pour prendre d'assaut la place où tous nos efforts n'auront pu que faire brèche. Mais espérons qu'une fois *ville gagnée*, les vainqueurs viendront relever les morts pour leur faire un bel enterrement, enseignes déployées et à grand bruit de fanfares. Et qui sait enfin si Dieu lui-même ne distribue pas des croix d'honneur aux braves restés sur le champ de bataille? Ah! pour celles-là, messieurs de la police n'en tâteront pas.

Peut-être me direz-vous, Monsieur : Mais, dans un tel conflit, qui peut être sûr d'avoir été utile? Je vous répondrai que j'ai peine à croire qu'un homme de génie, même méconnu, n'ait pas toujours un peu la conscience de sa valeur. Avec bien plus de raison doit-il avoir cette certitude celui que les nations ont placé si haut dans leur estime et dans leur admiration. Chaque homme de talent se fait son effigie, en marbre ou en bronze : seulement les plus timides se contentent d'un buste, les autres vont à la statue. Tout revenu que vous êtes des vanités de ce monde, la voix de vos contemporains vous aura forcé de faire la vôtre colossale. Eh bien! quand au milieu de la foule, dont la marche paraît souvent inexplicable et étourdissante, vous éprouvez des moments de dégoût et d'abattement, convenez-en, Monsieur, vous jetez un regard sur cette glorieuse figure, et, vous appuyant sur elle, vous laissez avec plus de résignation le temps et la multitude passer au milieu du bruit et de la poussière.

Quand je vous sais des motifs d'affliction, je me plais à vous voir ainsi, et, par un retour sur moi-même, je suis tout fier alors de penser que vous m'avez permis d'écrire, à la pointe du couteau, mon nom sur le piédestal de cette statue.

A propos de cela, savez-vous, Monsieur, que j'ai une véritable crainte? Je vais, comme je vous l'ai dit, publier dans quelques mois mon dernier recueil de chansons; vous pensez bien que celle dont votre nom a fait le succès y figurera; mais j'ai peur que vous ne vous y trouviez en bien mauvaise compagnie : le goût que j'ai pour la poésie populaire me souffle souvent d'étranges choses. Mon antipathie pour le solennel affecté, si opposé au génie de notre langue, fait toujours, dans mes chants, suivre les tons graves de quelques notes burlesquement accentuées. Quoique, habituellement, ces disparates ne soient pas sans but, je conçois que vous autres, gens d'en haut, y trouviez à redire. Que faire à cela? J'ai voulu essayer de transporter la poésie dans les carrefours, et j'ai été conduit à la chercher jusque dans le ruisseau : qui dit chansonnier, dit chiffonnier. Doit-on être surpris que ma pauvre Muse n'ait pas toujours une tunique bien propre? Le moraliste des rues doit attraper plus d'une éclaboussure. Au reste, si vous me lisez, pensez un peu à Aristophane, mais n'y pensez pas trop.

C'est le cas de répéter ce que je disais plus haut, mais dans un autre sens : lié plus intimement avec vous, Monsieur, je me serais sans doute amendé, et de plus nobles inspirations me seraient venues auprès de votre Muse héroïque et pieuse, et nous voilà encore une fois loin l'un de l'autre! Ah! pour Dieu, revenez dans votre patrie : vous ne pourrez vivre heureux loin d'elle. Goutte de sang français, où allez-vous vous extravaser? Quoi! vous pourriez rester longtemps loin de Paris, loin de ce cœur si chaud dont les rapides pulsations donnent tant à penser et sentir? Non, vous nous reviendrez bientôt, j'en ai l'espérance, pour vivre encore ici de littérature et de gloire, entouré de nombreux amis, car vous devez en avoir beaucoup qui, comme moi sans doute, se plaignent de votre nouvelle absence.

« En attendant votre retour, Monsieur, et sans redouter des réponses aussi longues que celle-ci, ayez la bonté de me donner de vos nouvelles. Les journaux m'en apprendront sans doute; mais vous devez juger du prix que j'attache à vos lettres. Quand vous me donnez une marque de souvenir, il me semble que j'entends la postérité prononcer mon nom.

Recevez, Monsieur, la nouvelle assurance de mon entier dévouement et de ma respectueuse amitié.

Votre très-humble serviteur,

BÉRANGER.

M. CARREL A M. LE VICOMTE DE CHATEAUBRIAND.

Puteaux, près Neuilly, 4 octobre 1834.

MONSIEUR,

Votre lettre du 31 août ne m'est remise qu'à mon arrivée à Paris. J'irais vous en remercier d'abord, si je n'étais forcé de consacrer à quelques préparatifs d'entrée en prison le peu de temps qui pourra m'être laissé par la police, informée de mon retour. Oui, Monsieur, me voici condamné à six mois de prison par la magistrature pour un délit imaginaire, et en vertu d'une législation également imaginaire, parce que le jury m'a sciemment renvoyé impuni sur l'accusation la plus fondée, et après une défense qui, loin d'atténuer mon crime de vérité, avait aggravé ce crime en l'érigeant en droit acquis pour toute la presse de l'opposition. Je suis heureux que les difficultés d'une thèse, si hardie par le temps qui court, vous aient paru à peu près surmontées par la défense que vous avez lue, et dans laquelle il m'a été si avantageux de pouvoir invoquer l'autorité du livre dans lequel vous instruisiez, il y a dix-huit ans, votre propre parti des principes de la responsabilité constitutionnelle.

Je me demande souvent avec tristesse à quoi auront servi des écrits tels que les vôtres, Monsieur, tels que ceux des hommes les plus éminents de l'opinion à laquelle j'appartiens moi-même, si, de cet accord des plus hautes intelligences du pays dans la constante défense du droit de discussion, il n'était pas résulté, enfin, pour la masse des esprits en France, un parti désormais pris de vouloir sous tous les régimes, d'exiger de tous les systèmes victorieux quels qu'ils soient, la liberté de penser, de parler, d'écrire, comme condition première de toute autorité légitimement exercée. N'est-il pas vrai, Monsieur, que lorsque vous demandiez sous le dernier gouvernement la plus entière liberté de discussion, ce n'était pas pour le service momentané que vos amis politiques en pouvaient tirer dans l'opposition contre des adversaires devenus maîtres du pouvoir? Quelques-uns se servaient ainsi de la presse, qui l'ont bien prouvé depuis ; mais vous, vous demandiez la liberté de discussion comme le bien commun, l'arme et la protection générale de toutes les idées vieilles ou jeunes ; c'est là ce qui vous a mérité, Monsieur, la reconnaissance et les respects des opinions auxquelles la révolution de Juillet a ouvert une lice nouvelle. C'est pour cela que notre œuvre se rattache à la vôtre, et lorsque nous citons vos écrits, c'est moins comme admirateurs du talent incomparable qui les a produits, que comme aspirant à continuer de loin la même tâche, jeunes soldats d'une cause dont vous êtes le vétéran le plus glorieux.

Ce que vous avez voulu depuis trente ans, Monsieur, ce que je voudrais, s'il m'est permis de me nommer après vous, c'est d'assurer aux intérêts qui se partagent notre belle France une loi de combat plus humaine, plus civilisée, plus fraternelle, plus concluante que la guerre civile, et il n'y a que la discussion qui puisse détrôner la guerre civile. Quand donc réussirons-nous à mettre en présence les idées à la place des partis, et les intérêts légitimes et avouables à la place des déguisements de l'égoïsme et de la cupidité? Quand verrons-nous s'opérer par la persuasion et par la parole ces inévitables transactions que le duel des partis et l'effusion du sang amènent aussi par épuisement, mais trop tard pour les morts des deux camps, et trop souvent pour les blessés et les

TALLEYRAND

survivants? Comme vous le dites douloureusement, Monsieur, il semble que bien des enseignements aient été perdus, et qu'on ne sache plus en France ce qu'il en coûte de se réfugier sous un despotisme qui promet silence et repos. Il n'en faut pas moins continuer de parler, d'écrire, d'imprimer; il sort quelquefois des ressources bien imprévues de la constance. Aussi de tant de beaux exemples que vous avez donnés, Monsieur, celui que j'ai le plus constamment sous les yeux est compris dans un mot : persévérer.

Agréez, Monsieur, les sentiments d'inaltérable affection avec lesquels je suis heureux de me dire

Votre plus dévoué serviteur;
A. Carrel.

FIN DU CONGRÈS DE VÉRONE.

VIE DE RANCÉ

DÉDICACE

A LA MÉMOIRE DE L'ABBÉ SÉGUIN, PRÊTRE DE SAINT-SULPICE, NÉ A CARPENTRAS LE 8 AOUT 1748, MORT A PARIS, A 95 ANS, LE 19 AVRIL 1843.

CHATEAUBRIAND.

AVERTISSEMENT

DE LA PREMIÈRE ÉDITION.

Je n'ai fait que deux dédicaces dans ma vie : l'une à Napoléon, l'autre à l'abbé Séguin. J'admire autant le prêtre obscur qui donnait sa bénédiction aux victimes qui mouraient sur l'échafaud, que l'homme qui gagnait des victoires. Lorsque j'allai voir, il y a plus de vingt ans, mesdemoiselles d'Acosta (cousines de madame de Chateaubriand, alors au nombre de quatre, et qui ne sont plus que deux), je rencontrai, rue du Petit-Bourbon, un prêtre vêtu d'une soutane relevée dans ses poches : une calotte noire à l'italienne lui couvrait la tête ; il s'appuyait sur une canne, et allait, en marmottant son bréviaire, confesser, dans le faubourg Saint-Honoré, madame de Monboissier, fille de M. de Malesherbes. Je le retrouvai plusieurs fois aux environs de Saint-Sulpice ; il avait peine à se défendre d'une troupe de mendiantes qui portaient dans leurs bras des enfants empruntés. Je ne tardai pas à connaître plus intimement cette proie des pauvres, et je le visitai dans sa maison, rue Servandoni, n° 16. J'entrais dans une petite cour mal pavée ; le concierge allemand ne se dérangeait pas pour moi : l'escalier s'ouvrait à gauche au fond de la cour, les marches en étaient rompues ; je montais au second étage ; je frappais ; une vieille bonne vêtue de noir venait m'ouvrir, elle m'introduisait dans une antichambre sans meubles où il n'y avait qu'un chat jaune qui dormait sur une chaise. De là je pénétrais dans un cabinet orné d'un grand crucifix de bois noir. L'abbé Séguin, assis devant le feu et séparé de moi par un paravent, me reconnaissait à la voix : ne pouvant se lever, il me donnait sa bénédiction et me demandait des nouvelles de ma femme. Il me racontait que sa mère lui disait souvent dans le langage figuré de son pays : « Rappelez-vous que la robe des prêtres ne doit jamais être brodée d'ava-« rice. » La sienne était brodée de pauvreté. Il avait eu trois frères, prêtres comme lui, et tous quatre avaient dit la messe ensemble dans l'église paroissiale de Sainte-Maure. Ils allèrent aussi se prosterner à Carpentras sur le tombeau de leur mère. L'abbé Séguin refusa de prêter le serment : poursuivi pendant la révolution, il traversa un jour en courant le jardin du Luxembourg et se sauva chez M. de Jussieu, rue Saint-Dominique-d'Enfer. En quittant le Luxembourg pour la dernière fois en 1830, je passai de même à travers le jardin solitaire avec mon ami, M. Hyde de Neuville. De tristes échos se réveillent dans les cœurs qui ont retenu le bruit des révolutions.

L'abbé Séguin rassemblait, dans des lieux cachés, les chrétiens persécutés. L'abbé Antoine, son frère, fut arrêté, mis aux Carmes et massacré le 2 septembre. Quand cette nouvelle parvint à Jean-Marie, il entonna le *Te Deum*. Il allait déguisé, de faubourg en faubourg, administrer des secours aux fidèles. Il était souvent accompagné de femmes pieuses et dévouées; madame Choque passait pour sa fille; elle faisait le guet et était chargée d'avertir le confesseur. Comme il était grand et fort, on l'enrôla dans la garde nationale. Dès le lendemain de cet enrôlement, il fut envoyé avec quatre hommes visiter une maison, rue Cassette. Le ciel lui apprit ce qu'il avait à faire : il demande avec fracas que les appartements lui soient ouverts. Il aperçoit un tableau placé contre un mur et qui cachait ce qu'il ne voulait pas trouver. Il en approche, soulève avec sa baïonnette un coin de ce tableau, et s'aperçoit qu'il bouche une porte. Aussitôt, changeant de ton, il reproche à ses camarades leur inactivité, leur donne l'ordre d'aller visiter les chambres en face du cabinet que dérobait le tableau. Pendant que la religion inspirait ainsi l'héroïsme à des femmes et à des prêtres, l'héroïsme était sur le champ de bataille avec nos armées : jamais les Français ne furent si courageux et si infortunés. Dans la suite l'abbé Séguin, ayant vu quel parti on pouvait tirer de la garde nationale, était toujours prêt à s'y présenter. Le mensonge était sublime, mais il n'en offensait pas moins l'abbé Séguin, parce qu'il était mensonge. Au milieu de ses violents sacrifices, il tombait dans un silence consterné qui épouvantait ses amis. Il fut délivré de ses tourments par suite du changement des choses humaines. On passa du crime à la gloire, de la république à l'empire.

C'est pour obéir aux ordres du directeur de ma vie que j'ai écrit l'histoire de l'abbé de Rancé. L'abbé Séguin me parlait souvent de ce travail, et j'y avais une répugnance naturelle. J'étudiai néanmoins, je lus, et c'est le résultat de ces lectures qui compose aujourd'hui la Vie de Rancé.

Voilà tout ce que j'avais à dire. Mon premier ouvrage a été fait à Londres en 1797, mon dernier à Paris en 1844. Entre ces deux dates, il n'y a pas moins de quarante-sept ans, trois fois l'espace que Tacite appelle une longue partie de la vie humaine : « *Quindecim annos, grande mortalis ævi spatium.* » Je ne serai lu de personne, excepté peut-être de quelques arrière-petites-nièces habituées aux contes de leur vieil oncle. Le temps s'est écoulé; j'ai vu mourir Louis XVI et Buonaparte; c'est une dérision que de vivre après cela. Que fais-je dans le monde? Il n'est pas bon d'y demeurer lorsque les cheveux ne descendent plus assez bas pour essuyer les larmes qui tombent des yeux. Autrefois je barbouillais du papier avec mes filles, Atala, Blanca, Cymodocée; chimères qui ont été chercher ailleurs la jeunesse. On remarque des traits indécis dans le tableau du Déluge, dernier travail du Poussin : ces défauts du temps embellissent le chef-d'œuvre du grand peintre, mais on ne m'excusera pas : je ne suis pas Poussin, je n'habite point au bord du Tibre, et j'ai un mauvais soleil.

AVERTISSEMENT

DE LA SECONDE ÉDITION.

J'ai suivi dans la seconde édition tous les changements qui m'ont été indiqués. On ne peut me faire plus de plaisir que de m'avertir quand je me suis trompé : on a toujours plus de lumière et plus de savoir que moi.

LIVRE PREMIER

Dom Pierre Le Nain, religieux et prieur de l'abbaye de la Trappe, frère du grand Tillemont et presque aussi savant que lui, est reconnu comme le plus complet historien de Rancé. Il commence ainsi la vie de l'abbé réformateur :

« L'illustre et pieux abbé du monastère de Notre-Dame de la Trappe, l'un des plus beaux monuments de l'ordre de Cîteaux, le parfait miroir de la pénitence ; le modèle accompli de toutes les vertus chrétiennes et religieuses, le digne fils et le fidèle imitateur du grand saint Bernard, le révérend père *dom Armand-Jean Le Bouthillier de Rancé*, de qui, avec le secours du ciel, nous entreprenons d'écrire l'histoire, naquit à Paris le 9 janvier 1626, d'une des plus anciennes et illustres familles du royaume. Il n'y a personne qui ne sache qu'elle a donné à l'Église monseigneur Victor Le Bouthillier, évêque de Boulogne, depuis archevêque de Tours, premier aumônier de monseigneur le duc d'Orléans ; monseigneur Sébastien Le Bouthillier, évêque d'Aire, prélat d'une piété singulière ; et à l'État, Claude Le Bouthillier, sieur de Pons et de Foligny, qui fut d'abord conseiller au parlement de Paris, ensuite secrétaire d'État, et, quelques années après, surintendant des finances et grand trésorier des ordres du roi. Cette famille, qui tirait son origine de Bretagne et touchait de parenté aux ducs de cette province, a été encore plus ennoblie par la sainteté de celui dont nous écrivons la vie.

« Son père se nommait Denis Le Bouthillier, seigneur de Rancé, maître des requêtes, président en la chambre des comptes et secrétaire de la reine Marie de Médicis. Il épousa Charlotte Joly, de laquelle il eut huit enfants : cinq filles, qui se firent religieuses presque toutes, et trois garçons. Le premier, Denis-François Le Bouthillier, fut chanoine de Notre-Dame de Paris ; le second fut notre digne abbé ; le troisième est le chevalier de

Rancé, qui servit Sa Majesté en qualité de capitaine du port de Marseille et de chef d'escadre.

« Comme notre abbé avait été baptisé en la maison de son père, sans les cérémonies ordinaires de l'Église, elles furent suppléées le 30 mai 1627 en la paroisse de Saint-Côme-et-Saint-Damien. L'éminentissime cardinal de Richelieu fut son parrain, et lui donna le nom d'Armand-Jean ; il eut pour marraine Marie de Fourcy, femme du marquis d'Effiat, surintendant des finances. »

Tel est le début du père Le Nain. Le désert se réjouit, le réformateur se montre au monde entre Richelieu, son protecteur, et Bossuet, son ami. Il fallait que le prêtre fût grand, pour ne pas disparaître entre ses acolytes.

Le frère aîné de Rancé, Denis-François, le chanoine de Notre-Dame, était, dès le berceau, abbé commendataire de la Trappe ; la mort de Denis rendit Armand le chef de sa famille : il hérita de l'abbaye de son frère par cet abus des bénéfices convertis en espèce de biens patrimoniaux. Admis dans l'ordre de Malte, quoiqu'il fût devenu l'aîné, ses parents le laissèrent dans la carrière de l'Église.

Le père de Rancé, frappé des dispositions de son fils, lui donna trois précepteurs : le premier lui montrait le grec, le second le latin, le troisième veillait sur ses mœurs ; traditions d'éducation qui remontaient à Montaigne. Les parlementaires étaient alors très-érudits, témoin Pasquier et le président Cousin. A peine sorti des langes, Armand expliquait les poëtes de la Grèce et de Rome. Un bénéfice étant venu à vaquer, on mit sur la liste des recommandés le filleul du cardinal de Richelieu ; le clergé murmura ; le P. Caussin, jésuite et confesseur du roi, fit appeler l'abbé en jaquette. Caussin avait un *Homère* sur sa table, il le présenta à Rancé : le petit savant expliqua un passage à livre ouvert. Le jésuite pensa que l'enfant s'aidait du latin placé en regard du texte, il prit les gants de l'écolier et en couvrit la glose. L'écolier continua de traduire le grec. Le P. Caussin s'écria : *Habes lynceos oculos ;* il embrassa l'enfant, et ne s'opposa plus aux faveurs de la cour.

A l'âge de douze ans (1638), Rancé donna son *Anacréon*. Cette précocité de science est suffisamment démontrée possible par ce que l'on sait de Saumaise et des enfants célèbres. Rancé, à soixante-huit ans, dans une lettre à l'abbé Nicaise, s'avoue l'auteur du commentaire.

L'*Anacréon* grec parut sous la protection du cardinal de Richelieu ; Chardon de La Rochette a fourni la traduction de l'épître dédicatoire. On la pourrait faire plus précise, non plus exacte. Il est curieux d'entendre celui qui devait dédaigner le monde parler à celui qui n'aspirait qu'à en devenir le maître : l'ambition est de toutes les âmes ; elle mène les petites, les grandes la mènent.

L'épître ouvre par ces mots :

« Au grand Armand-Jean, cardinal de Richelieu, Armand-Jean Le Bouthillier, abbé,

« Salut et longue prospérité. Ayant appris de bonne heure à me pénétrer des sentiments de reconnaissance, etc.

« La langue grecque est aussi la langue des saintes Écritures, etc.

« J'ai donné à l'étude de cette langue les mêmes soins qu'à celle des Romains, etc.

« Me dévouant tout entier au service de Votre Éminence... »

C'est une des immortalités contradictoires de Richelieu d'avoir eu pour panégyristes Rancé, scoliaste d'*Anacréon*, et Corneille, qui devint à son tour pénitent : les *Horaces* sont dédiés au persécuteur du *Cid*.

Les scolies, dans l'*Anacréon* de Rancé, suivent une à une les notes : les pièces à la louange du jeune traducteur, imprimées à la tête de l'ouvrage, ne donnent guère une idée de l'avenir du saint. Dans les colléges il y avait une sorte d'enfance mythologique qui passait d'une génération à l'autre.

« Quels vœux formes-tu, chantre de Téos? dit un des rapsodes de ces pièces; brûles-tu pour Bathille, pour Bacchus, pour Cythérée? aimes-tu les danses des jeunes vierges? Voici Armand (de Rancé) qui l'emporte sur Bathille et sur les jeunes vierges; si tu possèdes Armand, vis heureux. »

Singulière annonciation du saint. Je me souviens qu'un de nos régents nous expliquait en classe l'églogue d'Alexis : Alexis était un écolier indocile qui refusait d'écouter les paroles de son affectueux maître. Candide pudeur chrétienne !

Rancé subséquemment jeta au feu ce qui lui restait du tirage de l'*Anacréon*, dont on trouve néanmoins des exemplaires à la Bibliothèque du roi. Un voyageur anonyme, qu'on sait être aujourd'hui l'abbé Nicaise, dans un voyage fait à la Trappe du vivant de Rancé, raconte une conversation qu'il eut avec l'abbé. Celui-ci lui dit : « qu'il n'avait gardé dans sa bibliothèque qu'un exemplaire de l'*Anacréon*, qu'il avait donné cet exemplaire à M. Pélisson, non pas comme un bon livre, mais comme un livre fort propre et fort bien relié; que dans les deux premières années de sa retraite, avant que d'être religieux, il avait voulu lire les poëtes, mais que cela ne faisait que rappeler ses anciennes idées, et qu'il y a dans cette lecture un poison subtil, caché sous des fleurs, qui est très-dangereux, et qu'enfin il avait quitté tout cela [1]. »

Il écrivait à l'abbé Nicaise, le 6 avril 1692 : « Ce que j'ai fait sur *Anacréon* n'est rien de considérable; qu'est-ce que l'on peut penser à l'âge de

---

[1] *Correspondances de l'abbé Nicaise*, 5 vol. in-4° (Bib. royale).

douze ans qui mérite qu'on l'approuve ! J'aimais les lettres et je m'y plaisais, voilà tout. »

Protégé de Richelieu et chéri de la reine mère, Rancé entrait dans la vie sous les auspices les plus heureux. Marie de Médicis avait pour lui une tendresse d'aïeule ; elle le tenait sur ses genoux, le portait, le baisait ; elle dit un jour au père de Rancé : « Pourquoi ne m'avez-vous pas encore amené mon fils ? Je ne prétends pas être si longtemps sans le voir ! » On aurait pris ces caresses pour le comble de la fortune ; mais elles venaient de la veuve de Henri IV et de la mère de la femme de Charles Ier. Il ne manquait rien à l'opulence de l'écolier : pourvu d'un canonicat de Notre-Dame de Paris, et abbé de la Trappe, il jouissait du prieuré de Boulogne près de Chambord, de l'abbaye de Notre-Dame-du-Val, de Saint-Symphorien de Beauvais ; il était prieur de Saint-Clémentin en Poitou, archidiacre d'Outre-Mayenne dans l'église d'Angers et chanoine de Tours, faveurs obtenues de Richelieu par le crédit d'*Anacréon*.

Vers cette époque le jeune Bouthillier aurait eu à subir une épreuve : Richelieu s'était brouillé avec Marie de Médicis. La reine italienne aurait mieux fait de continuer d'élever le Luxembourg et l'aqueduc d'Arcueil, de perfectionner son propre portrait gravé en bois par elle-même. Bouthillier le père, qui demeurait attaché à la fortune de Marie, voulut contraindre Rancé à cesser d'aller chez son parrain ; Rancé resta fidèle au cardinal et le vit secrètement jusqu'à sa mort. Telles sont les traditions conservées dans les biographies, mais la chronologie les renverse ; lorsque Marie de Médicis se réfugiait dans les Pays-Bas, Rancé n'avait que trois à quatre ans.

Richelieu mourut le 4 décembre 1642, dans la dix-huitième année de son ministère : le génie est une royauté par l'ère de laquelle il faut compter. *Le Père Joseph, Marion de Lorme, la Grande Pastorale*, sont des infirmités ensevelies avant celui auquel elles furent attachées.

Sous la régence d'Anne d'Autriche et le ministère de Mazarin, Rancé poursuivit son éducation. Dans ses cours de philosophie et de théologie, il obtint des succès que la société d'alors voyait avec un vif intérêt : il dédia sa thèse à la mère de Louis XIV. Un jour, poussé par un professeur qui appuyait son opinion sur un passage concluant d'Aristote, il répondit qu'il n'avait jamais lu Aristote qu'en grec, et que, si l'on voulait lui produire le texte, il tâcherait de l'expliquer. Le professeur ne savait pas le grec ; ce que Rancé avait soupçonné. Alors l'abbé cita de mémoire l'original et fit voir la différence qui existait entre le texte et la version latine.

Rancé eut le bonheur de rencontrer aux études un de ces hommes auprès desquels il suffit de s'asseoir pour devenir illustre, Bossuet. Rancé commença par la cour et finit par la retraite, Bossuet commença par la retraite et finit par la cour ; l'un grand par la pénitence, l'autre par le génie. Dans sa licence, Bossuet n'atteignit qu'à la seconde place, Rancé obtint la première; on attribua ce succès à sa naissance : Rancé n'en triompha pas; Bossuet n'en fut point humilié.

Rancé prêcha avec succès dans diverses églises. Sa parole avait du torrent, comme plus tard celle de Bourdaloue; mais il touchait davantage et parlait moins vite.

Dans l'année 1648 s'ouvrit la Fronde, tranchée dans laquelle sauta la France, pour escalader la liberté. Cette bacchanale entachée de sang brouille les rôles ; les femmes devinrent des capitaines; le duc d'Orléans écrivait des lettres adressées *à mesdames les comtesses maréchales de camp dans l'armée de ma fille contre le Mazarin.*

Broussel, le conseiller, était le grand homme ; Condé, un petit personnage tenu en cage à Vincennes par un prêtre ; le coadjuteur attendait à Saint-Denis le sac de Paris. On égorgeait le voisin et l'on se consolait par des vers :

En voyant ces œillets qu'un illustre guerrier...

Mazarin et Turenne étaient des amoureux, l'un de la reine, l'autre de madame de Longueville, tandis que Charles Ier tombait sous la hache de Cromwell et que la fille de Henri IV mourait de froid au Louvre. Chaque jour voyait naître des gazettes : *le Courrier français* et *le Courrier extravagant* étaient écrits en vers burlesques; à peine rencontre-t-on parmi des choses insipides quelques lignes comme celles-ci :

« Le jeune Tancrède de Rohan fut le premier qui porta des nouvelles aux Champs-Élysées de la cruelle guerre que le cardinal Mazarin avait allumée en France. Le nautonier Caron, ayant passé ce jeune guerrier dans sa barque, lui montra les champs délicieux où se divertissent les princes et les héros; il lui donna une des plus jeunes et plus fières Destinées pour l'accompagner jusqu'à la porte de cet admirable pourpris, où il fut reçu avec regret à cause de sa jeunesse. »

Plus avant, vous rencontrez le duc *de Jeûne* avec l'*infante Abstinence, sa femme*, se saisissant du *fort de Carême* par l'entremise du *jour des Cendres.*

C'était là la lecture dont se nourrissait le réformateur de la Trappe. Il pouvait errer au milieu des sociétés qui commencèrent avant la Fronde et qui finirent avec elle : en effet, ce fut là qu'il connut madame de Montbazon. Ces sociétés étaient de diverses sortes; la première et la plus illustre de toutes était celle de l'hôtel de Rambouillet. Arrêtons-nous pour y jeter un regard. On comprendra mieux d'où Rancé était parti, quand on saura de quelle extrémité de la terre il était revenu.

Madame de Rambouillet, fille du marquis de Pisani et de madame Savelli, dame romaine, avait, ainsi que plusieurs familles de l'époque de nos Médicis, du sang italien dans les veines. Elle enseigna à Paris la disposition des grands hôtels dont la renaissance avait déjà indiqué les principes. Quand la reine mère bâtit le Luxembourg, elle envoya ses architectes étudier l'hôtel de Pisani, devenu l'hôtel de Rambouillet, et situé dans l'espace qu'occupe aujourd'hui la rue de Chartres, ayant vue sur le petit palais de Philibert Delorme : la seconde galerie du Louvre n'a été bâtie que de notre temps. Cet hôtel était le rendez-vous de tout ce qu'il y avait de plus élégant à la cour et de plus connu parmi les gens de lettres. Là, sous la protection des femmes, commença le mélange de la société, et se forma, par la fusion des rangs, cette égalité intellectuelle, ces mœurs inimitables de notre ancienne patrie. La politesse de l'esprit se joignit à la politesse des manières; on sut également bien vivre et bien parler.

Mais le goût et les mœurs ne se jettent pas d'une seule fonte : le passé traîne ses restes dans le présent ; il faut avoir la bonne foi de reconnaître les défauts que l'on aperçoit dans les époques sociales. En essayant de curieuses divisions de temps, on s'est efforcé d'accuser Molière d'exagérations dans ses critiques : pourtant il n'a dit que ce que racontent les mémoires, de même que les lettres de Guy Patin montrent que, dans la peinture des médecins, le grand comique n'a pas passé la mesure.

Marini, le Napolitain, reçu avec transport à l'hôtel de Rambouillet, acheva de gâter le goût en nous apportant l'amour des *concetti*. Marie de Médicis faisait à Marini une pension de deux mille écus. Corneille lui-même fut entraîné par ce goût d'outre-monts, mais son grand génie résista : dépouillé de sa calotte italienne, il ne lui resta que cette tête chauve qui plane au-dessus de tout.

Il régnait à l'hôtel de Rambouillet, à l'époque de sa plus ancienne célébrité, un attrait de mauvaise plaisanterie qu'on retrouvait encore dans ma jeunesse au fond des provinces. Ainsi des vêtements rétrécis, afin de persuader à celui qui les reprenait qu'il avait enflé pendant la nuit : ainsi Godeau accoutré en nain de Julie et rompant une lance de paille contre d'Andilly, qui lui donna un soufflet; voilà où en était l'hôtel de Rambouillet. Lorsque Corneille y lut *Polyeucte*, on lui déclara que *Polyeucte* n'était pas fait pour la scène. Voiture fut chargé d'aller signifier à Pierre de remettre son chef-d'œuvre dans sa poche. C'est pourtant cette puissante race normande qui a donné Shakspeare à l'Angleterre et Corneille à la France.

On n'aimait pas, à l'hôtel de Rambouillet, les bonnets de coton : Montausier n'eut la permission d'en user qu'en considération de ses vertus. Les femmes portaient, le jour, une canne comme les châtelaines du quatorzième siècle ; les mouchoirs de poche étaient garnis de dentelle, et l'on appelait *lionnes* les jeunes femmes blondes. Rien de nouveau sous le soleil.

Dans une fête que donnait madame de Rambouillet, elle conduisit une nombreuse compagnie vers des rochers plantés de grands arbres. Mademoiselle de Rambouillet et les demoiselles de sa maison, vêtues en nymphes, faisaient le plus agréable spectacle. Julie d'Angennes apparut avec l'arc et le visage de Diane; elle était si charmante, qu'elle vainquit au chant un rossignol et que la tour de Montlhéry haussait le cou dans les nues pour apercevoir ses beaux yeux [1].

Il y avait un cabinet appelé la chambre bleue, à cause de son ameublement de velours bleu rehaussé d'or et d'argent. On y respirait des parfums, on y composait des stances à Zyrphée, reine d'Argennes à la cour d'Arthénice, anagramme du nom de Catherine, faite par Racan pour Catherine de Rambouillet, dont il était amoureux. Celle-ci écrit à l'évêque de Vence :

« Je vous souhaite à tout moment dans la loge de Zyrphée; elle est soutenue par des colonnes de marbre transparent, et a été bâtie au-dessus de la moyenne région de l'air par la reine Zyrphée. Le ciel y est toujours serein; les nuages n'y offusquent ni la vue ni l'entendement, et de là tout à mon aise j'ai considéré le trébuchement de l'ange terrestre. »

L'*Astrée* de d'Urfé, publié entre 1610 et 1620, florissait à l'hôtel de Rambouillet. C'est par l'*Astrée* que s'introduisirent les longs verbiages d'amour, peut-être nécessaires pour corriger les amours du seizième siècle. D'Urfé, épris de Diane de Châteaumorand, femme de son frère, dont le mariage fut cassé, épousa Diane.

Tout ce système d'amour, quintessencié par mademoiselle de Scudéri, et géographié sur la carte du royaume de Tendre, se vint perdre dans la Fronde, gourme du siècle de Louis XIV encore au pâturage. Voiture fut presque le premier bourgeois qui s'introduisit dans la haute société; on a des lettres de lui à Julie d'Angennes. Naturellement fat, il voulut baiser le bras de Julie, de laquelle il fut vivement repoussé : le grand Condé le trouvait insupportable : il n'a pas, quoi qu'on en dise, décrit Grenade et l'Alhambra. Puis venaient Vaugelas, Ménage, Gombault, Malherbe, Racan, Balzac, Chapelain, Cottin, Benserade, Saint-Évremont, Corneille, La Fontaine, Fléchier, Bossuet. Les cardinaux de La Valette et de Richelieu passèrent à l'hôtel de Rambouillet, qui toutefois résista à la puissance du maître de Louis XIII. En femmes, on vit successivement venir la marquise de Sablé, Charlotte de Montmorency et mademoiselle de Scudéri, moins jeune et moins simple que madame de Scudéri; enfin, au bout du rôle paraît madame de Sévigné.

Mademoiselle de Scudéri était la grande romancière du temps, et jouis-

---

[1] *Recueil de chansons manuscrites* (Bib. royale).

sait d'une réputation fabuleuse. Elle avait gâté et soutenu à la fois le grand style, accoutumant les esprits à passer de *Clélie* à *Andromaque.* Nous n'avons rien à regretter de cette époque. Madame Sand l'emporte sur les femmes qui commencèrent la gloire de la France : l'art vivra sous la plume de l'auteur de *Lélia.* L'insulte à la rectitude de la vie ne saurait aller plus loin, il est vrai, mais madame Sand fait descendre sur l'abîme son talent, comme j'ai vu la rosée tomber sur la mer Morte. Laissons-la faire provision de gloire pour le temps où il y aura disette de plaisirs. Les femmes sont séduites et enlevées par leurs jeunes années; plus tard elles ajoutent à leur lyre la corde grave et plaintive sur laquelle s'expriment la religion et le malheur. La vieillesse est une voyageuse de nuit : la terre lui est cachée; elle ne découvre plus que le ciel.

Montausier, que la différence de religion avait d'abord empêché d'épouser Julie d'Angennes, rompit par son mariage la première société de l'hôtel de Rambouillet. La *Guirlande de Julie,* un peu fanée, est arrivée jusqu'à nous; la *Violette* y fait entendre encore sa langue parfumée.

Lorsqu'on a à raconter une série d'événements, et qu'on pousse son récit jusqu'à la mort des personnages, on parvient à cette gravité des enseignements qui résulte des variations de la vie. La marquise de Rambouillet mourut à l'âge de quatre-vingt-deux ans, en 1665. Il y avait déjà longtemps qu'elle n'existait plus, à moins de compter des jours qui ennuient. Elle avait fait son épitaphe :

> Et si tu veux, passant, compter tous ses malheurs,
> Tu n'auras qu'à compter les moments de sa vie.

Tel est le secret de ces moments qui passent pour heureux.

Madame de Montausier expira le 13 avril 1671, à l'âge de soixante-quatre ans. Nommée gouvernante des enfants de France lors de la grossesse de Marie-Thérèse d'Autriche, ensuite dame d'honneur de la reine lorsque la duchesse de Navailles donna sa démission, elle fut effrayée de l'apparition de M. de Montespan, ce mari de l'Alcmène de Molière, qu'elle crut voir dans un passage obscur et qui la menaçait. Julie d'Angennes se reprochait la flatterie de son silence. Responsable des devoirs que lui imposait le nom de son mari, elle semblait avoir ouï l'apostrophe de l'orateur aux cendres de Montausier :

« Ce tombeau s'ouvrirait, ses cendres se ranimeraient pour me dire : Pourquoi viens-tu mentir pour moi, qui ne mentis jamais pour personne? »

Madame de Montausier se retira, languit et disparut : on entendit à peine se refermer sa tombe.

Hélas! une des plus belles renommées commencées à l'hôtel de Rambouillet s'ensevelit à Grignan, à la source de son immortalité. Madame de Sévigné ne s'était pas fait illusion sur sa jeunesse comme madame de Montausier. Elle écrivait à sa fille : « Je vois le temps accourir et m'apporter en passant l'affreuse vieillesse. » Elle écrivait encore à ses enfants : « Vous voilà donc à nos pauvres Rochers. » Et c'était là qu'avait habité longtemps madame de Sévigné elle-même. La lettre datée de Grignan, du 29 mars 1696, quatre ans avant la mort de Rancé, regarde le jeune Blanchefort, « *arraché comme une fleur que le vent emporte.* » Cette lettre est une des dernières de l'Épistolaire ; plainte du vent qui passe sur un tombeau. « Je mérite, dit-elle, d'être mise dans la hotte où vous mettez ceux qui vous aiment, mais je crains que vous n'ayez point de hottes pour ces derniers. » Ces hottes ne pèsent guère ; elles ne portent que des songes. On se plaît mélancoliquement à voir dans quel cercle roulaient les idées dernières de madame de Sévigné : on ne dit pas quelle fut sa parole fatidique. On aimerait à avoir un recueil des derniers mots prononcés par les personnes célèbres ; ils feraient le vocabulaire de cette région énigmatique des sphinx par qui, en Égypte, l'on communique du monde au désert.

A Rome, qu'avait habitée madame des Ursins, alliée de madame de Rambouillet, madame des Ursins ne se pouvait résoudre à retourner proscrite et vieille : « Occupée du monde, dit Saint-Simon, de ce qu'elle avait été et de ce qu'elle n'était plus, elle eut le plaisir de voir madame de Maintenon oubliée s'anéantir dans Saint-Cyr. »

Et pourtant M. le duc de Noailles vient de faire de Saint-Cyr une restauration admirable. En nous parlant du plaisir que devait trouver madame des Ursins à prolonger ses jours parmi les ruines, Saint-Simon regardait apparemment comme plaisir la plus dure des afflictions, le survivre. Heureux l'homme expiré en ouvrant les yeux ! il meurt aux bras de ces femmes du berceau, qui ne sont dans le monde qu'un sourire.

Des débris de cette société se forma une multitude d'autres sociétés qui conservèrent les défauts de l'hôtel de Rambouillet, sans en avoir les qualités. Rancé rencontra ces sociétés ; il n'y put gâter son esprit, mais il y gâta ses mœurs ; il eut plusieurs duels, à l'exemple du cardinal de Retz, s'il faut en croire quelques écrits dont on doit néanmoins se défier.

L'hôtel d'Albret et l'hôtel de Richelieu furent les deux grandes dérivations de cette première source d'où sortirent l'hôtel de Longueville et l'hôtel de madame de La Fayette, en attendant les jardins de La Rochefoucauld, que j'ai vus encore entiers dans la petite rue des Marais. On tenait ruelle ; Paris était distribué en quartiers qui portaient des noms merveilleux ; on les peut voir dans le *Dictionnaire des Précieuses.* Le faubourg Saint-Germain s'appelait la Petite-Athènes ; la place Royale, la place Dorique; le Marais, le quartier des Scholies; l'île Notre-Dame, la place de Délos. Tous les personnages du commencement du seizième siècle avaient changé d'appellation : témoin le discours de Boileau sur les *héros de roman*. Madame d'Aragonnais était la princesse *Philoxène;* madame d'Aligre, *Thélamyre;* Sarrasin, *Polyandre;* Conrard, *Théodamas;* Saint-Aignan, *Artaban;* Godeau, le *mage de Sidon*.

Loin de là se trouvait une autre société qui prenait le nom du Marais et dont les personnages se mêlaient parfois à ceux de l'hôtel de Rambouillet. Là régnait le grand Condé, et passait Molière; on y rencontrait La Rochefoucauld, Longueville, d'Estrées, La Châtre. Condé avait quitté les *petits-maîtres*, ses premiers compagnons, et n'apprenait plus à monter à cheval avec Arnauld d'Andilly. Molière puisa dans une conversation avec Ninon, qui se trouvait là, la peinture de l'hypocrite, dont il fit ensuite le Tartufe.

Ninon, puisque l'histoire, qui malheureusement ne sait point rougir, force à prononcer son nom, paraîtrait cependant n'avoir pas été connue de Rancé. Elle était impie; de là la faveur dont elle a joui dans le dix-huitième siècle; philosophe et courtisane, c'était la perfection. On a fait trop de bruit de la fidélité que mademoiselle de Lenclos mit à rendre un dépôt : cela prouve qu'elle ne volait pas. Son incrédulité passait sous la protection de son esprit : il fallait qu'elle en eût beaucoup pour que mesdames de La Suze, de Castelnau, de La Ferté, de Sully, de Fiesque, de La Fayette, ne fissent aucune difficulté de la voir. Madame de Maintenon, n'étant encore que madame Scarron, était liée avec elle; elle voulut l'appeler à Saint-Cyr. La comtesse Sandwich la recherchait; la reine Christine, s'efforçant de l'emmener à Rome, l'appelait *l'illustre* Ninon; Port-Royal prétendit la convertir. Elle avait exclu Chapelle de sa société pour son ivrognerie; Chapelle jura que pendant un mois il ne se coucherait pas sans être ivre et sans avoir fait une chanson contre Ninon.

Les œuvres de Saint-Évremont renferment huit lettres de mademoiselle de Lenclos, écrites pour l'exilé qui, n'ayant pu obtenir un tombeau dans sa patrie, a un mausolée à Westminster. Saint-Évremont apercevait Paris à l'envers, du fond de Londres; il est vrai qu'il avait auprès de lui le chevalier de Grammont, et, comme Français, l'*Écossais* Hamilton, sans compter les Italiennes Mazarini. Les lettres de Ninon sont fines de style et de goût :

« Je crois comme vous, dit-elle à Saint-Évremont, que les rides sont les marques de la sagesse. Je suis ravie que vos vertus extérieures ne vous attristent point. »

Madame de Sévigné aurait-elle parlé plus agréablement de ses *vertus extérieures?*

Le siècle de Louis XIV achève de défiler derrière ce transparent tendu par la main d'une nouvelle habitante de Céa.

On n'a jamais bien su la cause de la disgrâce du correspondant de Ninon et de l'implacabilité de Louis XIV. La lettre politique citée par Saint-Simon, malgré la susceptibilité du roi (fort naturelle après les troubles de sa minorité), ne saurait être la vraie cause de sa disgrâce; il faut qu'il y ait eu quelque blessure secrète : Saint-Évremont avait été lié avec Fouquet, et Fouquet touchait aux lettres de madame de La Vallière.

Les lettres de Saint-Évremont, en réponse à mademoiselle de Lenclos, sont agréables sans être naturelles. On reconnaissait parmi les étrangers ces éclats détachés de la planète de la France, et qui formaient de petites sphères indépendantes de la région dans laquelle elles tournaient. Il est à peu près certain que Saint-Évremont est l'auteur de la conversation du père Canaye avec le maréchal d'Hocquincourt.

L'*Anacréon du Temple*, ainsi appelait-on Chaulieu, parlant de la vieille mademoiselle de Lenclos, assurait que l'amour s'était retiré jusque dans ses rides; toute cette jeune société avait plus de quatre-vingts ans. Voltaire, au sortir du collége, fut présenté à Ninon. Elle lui laissa deux mille francs pour acquérir des livres, et apparemment le cercueil que l'Égypte faisait tourner autour de la table du festin. Ninon, dévorée du temps, n'avait plus que quelques os entrelacés, comme on en voit dans les cryptes de Rome. Les temps de Louis XIV ne rendent pas innocent ce qui sera éternellement coupable, mais ils agrandissent tout; placez-la hors de ces temps, que serait-ce aujourd'hui que Ninon?

Au moment que paraît Ninon, se lève un nouvel astre, madame Scarron. Elle demeurait avec son mari vers la rue du Mouton. Scarron, étant au Mans, s'était enduit de miel, et, roulé dans un tas de plumes, il avait jouté dans les rues en façon de coq. Tout cul-de-jatte qu'il était, il épousa mademoiselle d'Aubigné, belle et pauvre, née dans les prisons de la conciergerie de Niort, élevée au Château-Trompette, où Agrippa d'Aubigné avait été transféré. Elle revenait d'Amérique; son père Agrippa y avait passé. L'amiral Coligny avait voulu, dans les Florides, fonder une colonie.

Selon Segrais, mademoiselle d'Aubigné fut recherchée dans son enfance par un serpent : Alexandre est au fond de toute l'histoire. Retirée chez madame de Villette, calviniste, et chez madame de Neuillant, avare, madame de Maintenon commandait dans la basse-cour. Ce fut par ce gouvernement que commença son règne. L'auteur du *Roman comique* produisit sa femme à l'aide du chevalier de Méré, qui appelait la femme de son joyeux ami sa *jeune Indienne*. Madame Scarron éleva d'abord les bâtards de Louis et de madame de Montespan, dans une maison isolée, au milieu de la plaine de Vaugirard ; ce qui lui fournit l'occasion de voir Louis, dont elle parvint à devenir la femme. Scarron fut chargé de la sorte d'une grande destinée : les nègres nourrissent pour leur maître d'élégantes créatures du désert.

Au centre de la société commençaient les fêtes des Tuileries, bals, comédies, promenades en calèche. Les différents jardins de Fontainebleau paraissaient des jardins enchantés, et, comme on disait, les *déserts des Champs-Élysées*. Louis XIV suivait alors Madame, Henriette d'Angleterre, qui épousa Monsieur.

Mademoiselle de Montpensier raconte que l'on fut une fois trois jours à accommoder sa parure; sa robe était chamarrée de diamants avec des houppes incarnates, blanches et noires : la reine d'Angleterre avait prêté une partie de ses diamants. Mademoiselle, qui se vantait de sa belle taille, de sa blancheur et de l'éclat de ses cheveux blonds, était laide; elle avait les dents noires, ce dont elle s'enorgueillissait comme d'une preuve de sa descendance. Sous le cardinal de Richelieu, Mademoiselle avait déjà paru dans le ballet du *Triomphe de la beauté :* elle représentait la Perfection; mademoiselle de Bourbon, l'Admiration; mademoiselle de Vendôme, la Victoire.

Les contrastes assaisonnaient ces joies. Mademoiselle, pendant la Fronde, après avoir saisi Orléans pour Monsieur, traversait le Petit-Pont, à Paris; son carrosse s'accroche à la charrette que l'on menait toute la nuit pleine de morts; elle ne fit que changer de portière, *de crainte que quelques pieds ou mains ne lui donnassent par le nez*. Durant cette révolution, on vivait dans la rue comme en 1792. Mademoiselle fit une visite à Port-Royal ; elle projetait d'avoir dans son désert un couvent de carmélites : confusion scandaleuse de sujets et d'idées que l'on retrouve à chaque pas dans ces temps où rien n'était encore classé.

Le cardinal de Retz était partout : il fréquentait l'hôtel de Chevreuse. Enfin, au Marais et dans l'île Saint-Louis, demeuraient Lamoignon et d'Aguesseau, graves magistrats; on en égalisait le poids dans leur jeunesse avec un pain, lorsqu'une grosse cavale les portait l'un vis-à-vis de l'autre dans deux paniers. Jadis Henri III aimait à surprendre ces compagnies retirées, et s'asseyait au milieu d'elles sur un bahut.

Sociétés depuis longtemps évanouies, combien d'autres vous ont succédé ! Les danses s'établissent sur la poussière des morts, et les tombeaux poussent sous les pas de la joie. Nous rions et nous chantons sur les lieux arrosés du sang de nos amis. Où sont aujourd'hui les maux d'hier? Où seront demain les félicités d'aujourd'hui? Quelle importance pourrions-nous attacher aux choses de ce monde? L'amitié? elle disparaît quand celui qui est aimé tombe dans le malheur, ou quand celui qui aime devient puissant. L'amour? il est trompé, fugitif ou coupable. La renommée? vous la partagez avec la médiocrité ou le crime. La fortune ? pourrait-on compter comme un bien cette frivolité ? Restent ces jours dits heureux qui coulent ignorés dans l'obscurité des soins domestiques, et qui ne laissent à l'homme ni l'envie de perdre ni de recommencer la vie.

Rancé avait l'entrée des salons que je viens de peindre par ses amis de la Fronde, personnages dont nous le verrons porter les lettres de recommandation à Rome. Le cardinal de Retz le logea chez lui près du Vatican. Champvallon, archevêque de Paris, était son familier. Champvallon avait l'habileté et l'audace des Sancy ; il agréait à Louis XIV : on croit que le prince le choisit pour la célébration de son mariage avec madame de Maintenon. Celle-ci expia son ambition en osant écrire qu'elle s'ennuyait d'un roi qui n'était plus amusable. Champvallon contraria Bossuet dans l'assemblée du clergé en 1682. Il mourut à Conflans, qu'il avait acheté et qui est resté à l'archevêché de Paris.

Rancé était encore le compagnon de Châteauneuf et de Montrésor, petit-fils de Brantôme. Il chassait avec le duc de Beaufort. Enfin il tenait à tous ces êtres futiles par les familiers de l'hôtel de Montbazon, où sa liaison avec la duchesse de Montbazon l'avait introduit.

Au sortir de la Fronde, l'abbé Le Bouthillier résidait tantôt à Paris, tantôt à Veretz, terre de son patrimoine et l'une des plus agréables des environs de Tours. Il embellissait chaque année sa châtellenie ; il y perdait ses jours à la manière de saint Jérôme et de saint Augustin, comme quand, dans les oisivetés de ma jeunesse, je les conduisis sur les flots du golfe de Naples.

Rancé inventait des plaisirs : ses fêtes étaient brillantes, ses festins somptueux ; il rêvait de délices et il ne pouvait arriver à ce qu'il cherchait. Un jour, avec trois gentilshommes de son âge, il résolut d'entreprendre un voyage, à l'imitation des chevaliers de la Table-Ronde ; ils firent une bourse en commun, et se préparèrent à courir les aventures : le projet s'en alla en fumée. Il n'y avait pas loin de ces rêves de la jeunesse aux réalités de la Trappe.

Ainsi que Catherine de Médicis, dont on voit encore la tour des sortiléges accolée à la rotonde du Marché au blé, Rancé donna dans l'astrologie. Le fonds de religion qu'il avait reçu de son éducation chrétienne combattait ses superstitions ; les avertissements qu'il croyait recevoir des astres tournaient au profit de sa conversion future. De même que les anciens observateurs des révolutions sidérales, il connaissait les montagnes de la lune avant que les montagnes de la terre lui fussent connues. Un jour, derrière Notre-Dame, à la pointe de l'île, il abattait des oiseaux ; d'autres chasseurs tirèrent sur lui du bord opposé de la rivière ; il fut frappé ; il ne dut la vie qu'à la chaîne d'acier de sa gibecière : « Que serais-je devenu, dit-il, si Dieu m'avait appelé dans ce moment? » Réveil surprenant de la conscience [1] !

Une autre fois, à Veretz, il entend des chasseurs dans les avenues de son château : il court, tombe au milieu d'une troupe d'officiers à la tête desquels était un gentilhomme renommé par ses duels. Rancé s'élance sur le délinquant et le désarme. « Il faut, disait après le braconnier noble, que le ciel ait protégé Rancé, car je ne puis comprendre ce qui m'a empêché de le tuer. » On trouve une autre version de cette aventure : Rancé, à cheval, fut couché en joue par des chasseurs ; il n'était accompagné que d'un jockey, qu'on appelait alors un *petit laquais* : il se jette dans la bande, la fait reculer, et la force à lui demander des excuses.

Avant qu'il eût pris sa route en bas, son ambition le poussait à monter. Tonsuré le 21 décembre 1635, bachelier en théologie en 1647, licencié en 1649, il reçut en 1653 le bonnet de docteur de la faculté de Navarre ; dès 1651 l'archevêque de Tours, dans l'église de Saint-Jacques du Haut-Pas, lui avait conféré à la fois les quatre ordres mineurs, le sous-diaconat et le diaconat ; quelques mois après, le 22 janvier 1651, il fut ordonné prêtre.

L'imposition des mains étant faite, il ne restait plus qu'à passer à une cérémonie redoutable. J'ai entendu, au pied des Alpes vénitiennes, carillonner la nuit en l'honneur d'un pauvre lévite qui devait dire sa première messe le lendemain. Pour Rancé, les ornements et les vêtements préparés à la lumière du jour étaient magnifiques ; mais soit qu'il fût saisi des terreurs du ciel, soit qu'il regardât comme des licences sacriléges celles qu'il avait obtenues, soit qu'il ressentît cette épouvante qui saisissait un trop jeune coupable quand la Rome païenne lui délivrait des dispenses d'âge pour mourir, Rancé s'alla cacher aux Chartreux. Dieu seul le vit à l'autel. Le futur habitant du désert consacra sur la montagne, à l'orient de Jérusalem, les prémices de sa solitude.

« Ce que le monde appelle les belles passions, dit un des historiens de Rancé, occupait son cœur : les plaisirs le cherchaient, et il ne les fuyait pas. Jamais homme n'eut les mains plus nettes, n'aima mieux à donner et moins à prendre. »

L'abbé Marsollier, dont je rapporte les paroles, était chargé d'écrire la vie du réformateur par les ordres du roi et de la reine d'Angleterre. Les injonctions de ces majestés tombées impriment à l'expression du serviteur de Dieu ce quelque chose de tempérant et de grave qu'inspire l'infortune.

Mazarin n'aimait pas les hommes qui sortaient de la Fronde ; il aimait

---

[1] *Jugement critique* de dom Gervaise.

encore moins les protégés de son devancier et s'opposait à l'avancement de Rancé. Rancé lui-même ne se prêtait pas à cet avancement quand il n'y trouvait pas sa convenance. Peu de temps après avoir reçu la prêtrise, il refusa l'évêché de Léon ; il n'en trouvait pas le revenu assez considérable, et la Bretagne était trop loin de la cour. Dom Gervaise raconte que la chasse était un de ses amusements favoris : « On l'a vu plus d'une fois, dit-il, après avoir chassé trois ou quatre heures le matin, venir le même jour en poste, de douze ou quinze lieues, soutenir une thèse en Sorbonne ou prêcher à Paris avec autant de tranquillité d'esprit que s'il fût sorti de son cabinet. » Champvallon, l'ayant rencontré dans les rues, lui dit : « Où vas-tu, l'abbé ; que fais-tu aujourd'hui ? — Ce matin, répondit-il, prêcher comme un ange, et ce soir chasser comme un diable [1]. »

L'abbé de Marolles, dans ses Mémoires, cite Rancé : « Cet abbé, dit-il, de qui l'humeur est si douce et l'esprit si éclairé, s'il avait plu au roi de le nommer coadjuteur de monsieur l'archevêque de Tours, son oncle, son oncle en eût été ravi, autant pour les avantages de son diocèse que pour l'honneur de sa famille.... L'archevêque crut d'abord, continue Marolles, que ce n'était de ma part que pures civilités ; mais comme il connut que j'y prenais quelque sorte d'intérêt pour les grandes espérances que je concevais de la capacité de l'abbé de Rancé, il me remercia. » La mère de l'abbé de Marolles, dont il est ici question, allait à la messe dans un chariot mené par quatre chevaux blancs pris sur les Turcs, en Hongrie. Elle portait son fils à une fontaine qui coulait au travers d'une saulaie.

L'inclination militaire de Rancé le poussait dans les lieux d'escrime. Quand il parvenait à faire sauter le fleuret d'un prévôt d'armes, rien n'égalait sa joie.

L'habit de fantaisie de celui qui devait revêtir la bure était un justaucorps violet d'une étoffe précieuse ; il portait une chevelure longue et frisée, deux émeraudes à ses manchettes, un diamant de prix à son doigt. A la campagne ou à la chasse, on ne voyait sur lui aucune marque des autels : « Il avait, continue Gervaise, l'épée au côté, deux pistolets à l'arçon de sa selle, un habit couleur de biche, une cravate de taffetas noir où pendaient une broderie d'or. Si, dans les compagnies plus sérieuses qui le venaient voir, il prenait un justaucorps de velours noir avec des boutons d'or, il croyait beaucoup faire et se mettre régulièrement. Pour la messe, il la disait peu. »

Il reste quelques pages de Rancé, intitulées : *Mémoire des dangers que j'ai courus durant ma vie, et dont je n'ai été préservé que par la bonté de Dieu*. « A l'âge de quatre ans, dit l'auteur du *Memento*, je fus attaqué

---

[1] Jugement critique, mais équitable, des Vies de feu M. l'abbé de Rancé (GERVAISE).

d'une hydropisie de laquelle je ne guéris que contre le sentiment de tout le monde. A l'âge de quatorze ans, j'eus la petite vérole. Une fois, en essayant un cheval dans une cour, l'ayant poussé plusieurs fois et arrêté devant la porte d'une écurie, le cheval m'emporta; et, comme l'écurie était retranchée, il passa deux portes : ce fut une espèce de miracle que cela se pût faire sans me tuer. »

Suit cinq à six autres accidents de chevaux; ils font honneur au courage et à la présence d'esprit de Rancé. J'ai vu des brouillons de la jeunesse de Buonaparte; il jalonnait le chemin de la gloire comme Rancé le chemin du ciel.

Ces dangers auxquels le hasard exposait Rancé frappèrent un esprit sérieux chez qui les réflexions graves commençaient à naître. En s'attachant à une femme qui avait déjà franchi la première jeunesse, Rancé aurait dû s'apercevoir que la voyageuse avait achevé avant lui une partie de la route.

Le duc de Montbazon présidait un jour un assaut scolastique dans lequel l'abbé de Rancé était rudement mené. Fatigué des criailleries, le vieux duc se lève, s'avance au milieu de la salle en faisant jouer sa canne comme pour séparer des chiens, et dit en latin à Rancé : *Contra verbosos, verbis ne dimices ultra*. Montbazon, mort en 1644, à l'âge de quatre-vingt-six ans, était né en 1558, sous Henri II. Il avait vu passer la Ligue et la Fronde. Était-il dans la voiture de Henri IV lorsque celui-ci fut assassiné ?

Le duc de Montbazon, corrompu par ces temps dépravés qui s'étendirent de François Ier à Louis XIV, faisait confidence à sa femme de ses infidélités octogénaires. Devenu honteusement amoureux d'une joueuse de luth, il se prit de querelle avec la musicienne et la voulut jeter par la fenêtre. La force manqua à sa vengeance; il retomba sur son lit près du volage fardeau que ne put soulever ni son bras ni sa conscience.

C'était à cette école de remords et de honte qu'il endoctrinait sa femme âgée de seize ans, fille aînée de Claude de Bretagne, comte de Vertus, et de Catherine Fouquet de La Varennes. Le comte de Vertus avait fait tuer chez lui Saint-Germain La Troche, qu'il croyait corrupteur de sa femme. La duchesse de Montbazon était en religion lorsqu'elle épousa son mari. Tandis qu'avec Bassompierre, sorti de la Bastille, le duc de Montbazon s'entretenait du passé, la duchesse de Montbazon s'occupait du présent. Elle disait qu'à trente ans on n'était bonne à rien, et qu'elle voulait qu'on la jetât dans la rivière quand elle aurait atteint cet âge.

Hercule de Rohan, gouverneur de Paris, était veuf lorsqu'il épousa la fille du comte de Vertus. Il avait plusieurs enfants d'un autre lit, entre autres la duchesse de Chevreuse : de sorte que madame la duchesse de

Montbazon était belle-mère de la duchesse de Chevreuse, quoique infiniment plus jeune que sa belle-fille.

Tallemant des Réaux assure que madame de Montbazon était une des plus belles personnes qu'on pût voir. Le duc de Montbazon et Le Bouthillier le père étaient liés. Nous venons de voir comment le vieux duc vint au secours du fils dans un assaut scolastique.

Rancé, caressé dans la maison du duc, fut élevé sous les yeux de la jeune duchesse ; il résulta de ce rapprochement une liaison. Le duc mourut en 1644 ; sa femme avait alors trente-deux ans et ne paraissait pas en avoir plus de vingt. Les relations de madame de Montbazon et de Rancé continuèrent ; elles ne furent troublées qu'en 1657 par un accident. La duchesse se pensa noyer en traversant un pont qui se rompit sous elle. Le bruit de sa mort se répandit ; on lui fit cette épitaphe :

> Ci-gît Olympe, à ce qu'on dit :
> S'il n'est pas vrai, comme on souhaite,
> Son épitaphe est toujours faite :
> On ne sait qui meurt, ni qui vit.

Marie de Montbazon devint célèbre. Le duc de Beaufort était son serviteur. On ne se pouvait ouvrir à lui d'aucun secret important à cause de la duchesse, qui n'avait point de discrétion. Elle eut une excuse à faire à madame de Longueville, au sujet de deux billets de madame de Fouquerolles adressés au comte de Maulevrier, et qui étaient tombés de la poche de celui-ci. Madame de Montbazon les trouva, prétendit qu'ils étaient de madame de Longueville et qu'ils regardaient Coligny. Madame de Montbazon les commenta avec toutes sortes de railleries. Cela fut rapporté à madame de Longueville, qui devint furieuse. La cour se divisa. Les *importants* prirent le parti de madame de Montbazon, et la reine se rangea du parti de madame de Longueville, sœur du duc d'Enghien, dernièrement vainqueur à Rocroy. Les *importants* étaient un parti composé de *quatre ou cinq mélancoliques qui avaient l'air de penser creux* (Retz). C'était madame de Cornuel qui les avait ainsi nommés, parce qu'ils terminaient leurs discours par ces mots : « Je m'en vais pour une affaire d'importance. » Le duc de Beaufort, le héros des halles, leur donnait une certaine renommée vaille que vaille. « Il avait tué le duc de Nemours, pleuré des hommes en public et des femmes en secret, » dit Benserade.

Le cardinal Mazarin convertit des tracasseries de femmes en une affaire d'État. Madame de Longueville exigeait une réparation, et Condé appuyait sa sœur ; madame de Montbazon refusait toute satisfaction, et le duc de Beaufort la soutenait.

« Durant que j'étais à Vincennes, dit mademoiselle de Scudéri, vint madame de Montbazon avec M. de Beaufort; il lui faisait voir toutes les incommodités de ce logement, triomphant lâchement du malheur d'un prince qu'il n'oserait regarder qu'en tremblant s'il était en liberté. »

Mademoiselle de Scudéri se souvient trop qu'elle a fait un beau quatrain sur la prison du grand Condé. Le duc de Beaufort osait regarder tout le monde en face; il avait même insulté Condé, et l'avantage de la branche bâtarde était resté aux illégitimes sur la branche cadette des légitimes.

Après maintes allées et venues pour concilier madame de Longueville et madame de Montbazon, on convint, d'après l'avis d'Anne d'Autriche et de Mazarin, des excuses que madame de Montbazon aurait à faire à madame de Longueville. Ces excuses furent écrites dans un billet attaché à l'éventail de madame de Montbazon. Madame de Montbazon, fort parée, entra dans la chambre de la princesse; elle lut le petit papier attaché à son éventail :

« Madame, je viens vous protester que je suis très-innocente de la méchanceté dont on m'a voulu accuser; il n'y a aucune personne d'honneur qui puisse dire une calomnie pareille. Si j'avais fait une faute de cette nature, j'aurais subi les peines que la reine m'aurait imposées; je ne me serais jamais montrée dans le monde et vous en aurais demandé pardon. Je vous supplie de croire que je ne manquerai jamais au respect que je vous dois et à l'opinion que j'ai de la vertu et du mérite de madame de Longueville. »

La princesse répondit :

« Madame, je crois très-volontiers à l'assurance que vous me donnez de n'avoir nulle part à la méchanceté que l'on a publiée; je défère trop au commandement que la reine m'en a fait. »

« Madame de Montbazon prononça le billet, dit madame de Motteville, de la manière du monde la plus fière et la plus haute, faisant une mine qui semblait dire : « Je me moque de ce que je dis. »

Les deux dames se retrouvèrent dans le jardin de Renard, au bout du jardin des Tuileries; madame de Longueville déclara qu'elle n'accepterait point la collation si sa rivale demeurait; madame de Montbazon refusa de s'en aller. Le lendemain madame de Montbazon reçut un ordre du roi de se retirer dans une de ses maisons de campagne. Il y eut un duel entre M. de Guise et M. de Coligny, suite du démêlé.

La hardiesse de madame de Montbazon égalait la facilité de sa vie. Le cardinal de Retz, qui lâchait indifféremment des apophthegmes de morale et des maximes de mauvais lieux, écrivait ses Mémoires lorsqu'on croyait qu'il pleurait ses péchés. Il disait de madame de Montbazon « qu'il n'avait jamais vu de personne qui eût montré dans le vice si peu de respect pour la vertu. » Quoique grande, les contemporains trouvaient qu'elle ressemblait à une statue antique, peut-être à celle de Phryné; mais la Phryné française n'eût pas proposé, ainsi que la Phryné de Thespies, de faire rebâtir Thèbes à ses frais, pourvu qu'il lui fût permis de mettre son souvenir en opposition au souvenir d'Alexandre. Madame de Montbazon préférait l'argent à tout.

D'Hocquincourt, ayant fait révolter Péronne, écrivait à madame de Montbazon : « Péronne est à la belle des belles. » S'étant caché dans la chambre de la duchesse, il ne fut pas aussi malheureux que Chastelard, fils naturel de Bayard, sans peur, non sans reproche : Chastelard fut décapité pour s'être caché en Écosse sous le lit de Marie Stuart. Il avait fait une romance sur sa reine aimée :

> Lieux solitaires
> Et monts secrets
> Qui seuls sont secrétaires
> De mes piteux regrets.

Il y aurait de l'injustice à ne pas mettre en regard de ce tableau un pendant tracé d'une main plus amie : c'est un religieux qui tient le pinceau.

« Dès que la jeune duchesse de Montbazon parut à la cour, elle effaça par sa beauté toutes celles qui s'en piquaient. Tant que son mari vécut, sa sagesse et sa vertu ne furent jamais suspectes ; se voyant affranchie du joug du mariage, elle se donna un peu plus de liberté. L'abbé de Rancé, alors âgé de dix-neuf à vingt ans, était déjà de l'hôtel de Montbazon. Il eut le don de plaire à la duchesse, et elle en sut faire une grande différence avec tous ceux qui fréquentaient sa maison.

« M. de Rancé le père étant mort, son fils l'abbé, devenu le chef de sa maison à l'âge de vingt-six ans, le prit d'un grand vol; il parut dans le monde avec plus d'éclat qu'il n'avait jamais fait : un plus gros train, un plus bel équipage, huit chevaux de carrosse des plus beaux et des mieux entretenus, une livrée des plus lestes ; sa table à proportion. Ses assiduités auprès de madame de Montbazon augmentèrent ; il passait souvent les nuits au jeu ou avec elle ; elle s'en servait pour ses affaires : une jeune veuve a besoin de ce secours. Cette familiarité fit bien des jaloux : on en pensa et l'on en dit tout ce qu'on voulut, peut-être trop.

« Il est vrai que, de tous ceux qui firent leur cour à madame de Montbazon, l'abbé de Rancé fut celui qui eut le plus de part à son amitié. Aussi c'était un ami véritable et effectif. Il sut en plusieurs occasions lui rendre des services très-considérables ; la reconnaissance exigeait de cette dame toutes ces distinctions. Au reste ils gardaient toujours de grands dehors ; ils évitaient même de monter ensemble dans le même carrosse ; et, pendant plus de dix ans qu'a duré leur commerce, on ne les y a jamais vus qu'une fois, encore étaient-ils si bien accompagnés qu'on ne pouvait s'en formaliser. Ainsi il y a quelque apparence que l'esprit avait plus de part à cette amitié que la chair.

« La reine Christine de Suède avait envoyé en France, en qualité d'ambassadeur, le comte de Tot. Il s'était adressé à M. Ménage pour voir ce qu'il y avait de plus considérable à la cour, et lui demanda enfin si, par son moyen, il ne pourrait pas voir madame de Montbazon, dont il avait entendu dire tant de bien. M. Ménage, qui, en qualité de bel esprit, avait accès auprès de cette dame, fut la trouver, et lui dit que l'ambassadeur de Suède, ayant vu tout ce qu'il y avait de plus beau à Paris, croyait n'avoir rien vu s'il n'avait l'honneur de voir la plus belle personne du monde, qu'il lui demandait la permission de l'amener chez elle : « Qu'il vienne après-demain, répondit la duchesse, et qu'il se tienne ferme : je serai sous les armes. »

Tel est le récit de dom Gervaise. Madame de Montbazon ne vint point au rendez-vous. Déjà atteinte de la maladie qui l'emporta, elle ne parut sous les armes que devant la mort.

Malgré la dissimulation du peintre, on aperçoit le défaut principal de madame de Montbazon et le parti qu'elle savait tirer de son ami *véritable et effectif*.

Heureusement des femmes moins titrées rachetaient par leur désintéressement la rapacité des privilégiées.

Renée de Rieux, autrement la *belle Châteauneuf*, aimée de Henri III, fut mariée deux fois : elle épousa d'abord *Antinotti*, qu'elle poignarda pour cause d'infidélité ; ensuite *Altoviti* de Castellane, qui fut tué par le grand prieur de France ; *Altoviti* eut le temps, avant d'expirer, d'enfoncer un stylet dans le ventre du grand prieur. Ces assassinats de l'aristocratie ne furent point punis ; ils étaient alors du droit commun ; on ne les châtiait que dans les vilains.

La belle Châteauneuf accoucha en Provence d'une fille qui fut tenue sur les fonts de baptême par la ville de Marseille. Puis Renée de Rieux disparaît. Sa fille, Marcelle de Castellane, fut laissée sur la grève de Notre-Dame de la Garde comme une alouette de mer. Ce fut là que le duc de Guise, fils du Balafré, la rencontra. Il n'était pas beau, ainsi que son grand-père tué à Orléans, ou son père assassiné à Blois ; mais il était hardi ; il s'était emparé de Marseille pour Henri IV, et il portait le nom de Guise.

Marcelle de Castellane lui plut ; elle-même se laissa prendre d'amour : sa pâleur, étendue comme une première couche sous la blancheur de son teint, lui donnait un caractère de passion. A travers ce double lis, transpiraient à peine les roses de la jeune fille. Elle avait de longs yeux bleus, héritage de sa mère. Desportes, le Tibulle du temps, avait célébré les cheveux de Renée dans les Amours de Diane. Desportes chantait pour Henri III, qui n'avait pas le talent de Charles IX.

> Beaux nœuds crêpés et blonds nonchalamment épars,
> Mon cœur plus que mon bras est par vous enchaîné.

Marcelle dansait avec grâce et chantait à ravir; mais, élevée avec les flots, elle était indépendante. Elle s'aperçut que le duc de Guise commençait à se lasser d'elle; au lieu de se plaindre, elle se retira. L'effort était grand; elle tomba malade, et comme elle était pauvre, elle fut obligée de vendre ses bijoux. Elle renvoya avec dédain l'argent que lui faisait offrir le prince de Lorraine : « Je n'ai que quelques jours à vivre, dit-elle; le peu que j'ai me suffit. Je ne reçois rien de personne, encore moins de M. de Guise que d'un autre. » Les jeunes filles de la Bretagne se laissent noyer sur les grèves après s'être attachées aux algues d'un rocher.

Les calculs de Marcelle étaient justes; on ne lui trouva rien : elle avait compté exactement ses heures sur ses oboles; elles s'épuisèrent ensemble. La ville, sa marraine, la fit enterrer.

Trente ans après, en fouillant le pavé d'une chapelle, on s'aperçut que Marcelle n'avait point été atteinte du cercueil : la noblesse de ses sentiments semblait avoir empêché la corruption d'approcher d'elle.

Lorsque le duc de Guise partit pour la cour, Marcelle, qui possédait deux lyres, composa l'air et les rimes de quelques couplets; ils furent entendus au bord de cette mer de la Grèce d'où nous viennent tant de parfums.

> Il s'en va, ce cruel vainqueur,
> Il s'en va plein de gloire;
> Il s'en va, méprisant mon cœur
> Sa plus noble victoire.
>
> Et malgré toute sa rigueur
> J'en garde la mémoire.
> Je m'imagine qu'il prendra
> Une nouvelle amante.

Paroles de poésie et de langueur, voix d'un rêve oublié, chagrin d'un songe.

On pouvait facilement s'imaginer que madame de Montbazon prendrait le nouvel amant dont le trésor tenterait ses belles et infidèles mains.

Madame de Montbazon fut l'objet de la passion de Rancé jusqu'au jour où il vit flotter un cilice parmi les nuages de la jeunesse. « Tandis que je m'entretiens de ces choses criminelles, dit un anachorète, les abeilles volent le long des ruisseaux pour ramasser le miel si doux à ma langue qui prononce tant de paroles injustes. »

D'après l'idée qu'on s'est formée généralement de Rancé, on ne verra pas sans étonnement ce tableau de sa première vie ; on ne peut douter de ces faits, puisqu'ils sont racontés par Le Nain lui-même, prieur de la Trappe, ami de Rancé ; il a resserré ces faits en peu de mots :

« Une jeunesse passée dans les amusements de la cour, dans les vaines recherches des sciences, même damnables, après s'être engagé dans l'état ecclésiastique sans autre vocation que son ambition qui le portait avec une espèce de fureur et d'aveuglement aux premières dignités de l'Église ; cet homme, tout plongé dans l'amour du monde, est ordonné prêtre, et celui qui avait oublié le chemin du ciel est reçu docteur de Sorbonne. Voilà quelle fut la vie de M. Le Bouthillier jusqu'à l'âge de trente ans, toujours dans les festins, toujours dans les compagnies, dans le jeu, les divertissements de la promenade ou de la chasse. »

C'est ce qu'en a dit deux cents ans après le cardinal de Bausset.

L'archevêque de Tours, l'ambitieux principal de sa famille, n'ayant pu obtenir son neveu Rancé pour coadjuteur, le fit nommer, en qualité d'archidiacre de Tours, député à l'Assemblée du clergé, en 1645 ; en même temps l'archevêque donna sa démission de premier aumônier du duc d'Orléans, après avoir obtenu de Gaston que l'abbé Le Bouthillier serait pourvu de cette charge. L'Assemblée du clergé dura deux ans. Rancé ne s'y montra que la première année ; il y resserra les liens qui l'unissaient au cardinal de Retz, capable à lui seul d'empoisonner les plus heureuses natures ; il parla en faveur de son ami. Mazarin disait : « Si l'on voulait croire l'abbé de Rancé, il faudrait aller avec la croix et la bannière au-devant du cardinal de Retz. » Rancé augmenta sa réputation dans cette assemblée en venant au secours de François de Harlay, archevêque de Rouen, depuis archevêque de Paris. Le clergé chargea l'abbé Le Bouthillier de surveiller, avec les évêques de Vence et de Montpellier, une édition grecque d'Eusèbe, ou, selon d'autres, de Sozomène et de Socrate. Il fut complimenté sur sa nomination de premier aumônier du duc d'Orléans ; il signa le formulaire, car il ne cessait de suivre les doctrines de Bossuet en différant de sa conduite. Comme parlementaire, il était fidèle à la cour. Des disputes s'élevèrent. Rancé s'opposa à diverses propositions ; il montrait une grande entente des affaires. Il déplut. On l'avertit de se retirer, ses jours ne paraissant pas en sûreté à ses amis. L'avis était faux. Mazarin ne faisait assassiner personne. L'abbé Le Bouthillier, après être allé remercier Gaston à Blois, se retira à Veretz ; peu après arriva l'accident qui changea sa vie.

Il y a un silence qui plaît dans toutes ces affaires aujourd'hui si complétement ignorées : elles vous reportent dans le passé. Quand vous remueriez ces souvenirs qui s'en vont en poussière, qu'en retireriez-vous, sinon une nouvelle preuve du néant de l'homme? Ce sont des jeux finis que des fantômes retracent dans les cimetières avant la première heure du jour.

LIVRE DEUXIÈME

Il existe un traité de 230 pages in-12, imprimé à Cologne, chez Pierre Marteau, 1685; il porte deux titres : *Les véritables motifs de la conversion de l'abbé de la Trappe, avec quelques réflexions sur sa vie et sur ses écrits, ou les Entretiens de Timocrate et de Philandre sur un livre qui a pour titre : Les saints Devoirs de la vie monastique.* Je parlerai dans un autre endroit de cette seconde partie. Ce que j'en vais citer actuellement n'est introduit que par incidence. On lit :

« Je vous ai déjà dit que l'abbé de la Trappe était un homme galant et qui avait eu plusieurs commerces tendres. Le dernier qui ait éclaté fut avec une duchesse fameuse par sa beauté, et qui, après avoir heureusement évité la mort au passage d'une rivière, la rencontra peu de mois après. L'abbé, qui allait de temps en temps à la campagne, y était lorsque cette mort imprévue arriva. Ses domestiques, qui n'ignoraient pas sa passion, prirent soin de lui cacher ce triste événement, qu'il apprit à son retour.... En montant tout droit à l'appartement de la duchesse, où il lui était permis d'entrer à toute heure, au lieu des douceurs dont il croyait aller jouir, il y vit pour premier objet un cercueil, qu'il jugea être celui de sa maîtresse en remarquant sa tête toute sanglante qui était par hasard tombée de dessous le drap dont on l'avait couverte avec beaucoup de négligence, et qu'on avait détachée du reste du corps afin de gagner la longueur du col, et éviter ainsi de faire un nouveau cercueil qui fût plus long que celui dont on se servait [1]. »

« Il n'y a rien de vrai, dit Saint-Simon, rappelant cette version, dans « ce qu'on rapporte de madame de Montbazon, mais *seulement les choses* « *qui ont donné cours à une fiction*. Je l'ai demandé franchement à M. de

---

[1] Entretiens de Timocrate et de Philandre.

« la Trappe, non pas grossièrement l'amour, et beaucoup moins le bon-
« heur, mais le fait, et voici ce que j'ai appris. »

Et qu'a-t-il appris? L'autorité serait décisive, si la réponse était péremptoire. Au lieu de s'expliquer, Saint-Simon s'occupe du récit des liaisons de Rancé avec les personnages de la Fronde. Il affirme du reste, comme dom Gervaise, que Marie de Bretagne fut emportée par la rougeole, que Rancé était auprès d'elle, qu'il ne la quitta point, et lui vit recevoir les sacrements. « L'abbé Le Bouthillier, ajoute-t-il, s'en alla après à sa maison de Veretz, ce qui fut le commencement de sa séparation du monde. » Cette fin de narration prouve à quel point Saint-Simon se trompait. Les contemporains admirateurs de Rancé semblent s'être donné le mot pour se taire sur sa jeunesse : ils ne s'aperçoivent pas qu'ils diminuent la gloire de leur héros en rendant ses sacrifices moins méritoires. D'autant plus qu'ils en disent assez pour être entendus sur ce qu'ils omettent : tantôt annonçant qu'un religieux s'était enseveli à la Trappe, *pour avoir fait ce qui avait troublé Rancé;* tantôt que Rancé lui-même ne cessait de pleurer ses fragilités.

« L'abbé de Rancé, livré à toutes les séductions du monde, dit le cardinal de Bausset, se précipita dans un genre de vie peu conforme à la sainteté de son état, et qui dégradait en quelque sorte le triomphe qu'il avait obtenu sur son illustre émule... L'abbé de Rancé expiait sous la haire et le cilice les erreurs de sa jeunesse. »

Maupeou, l'un des trois historiens contemporains de l'abbé de la Trappe, avait lu le récit de Larroque; il combat ce récit sans le détruire. La seule chose nouvelle qu'il nous apprenne est l'exhortation faite par Rancé à la mourante : madame de Montbazon envoya un gentilhomme complimenter M. de Brienne, avec lequel elle était brouillée.

Maupeou avait fait un ouvrage exprès contre Larroque. Rancé, informé de l'intention du curé de Nonancourt, se hâta de lui écrire :

« Votre ouvrage, Monsieur, relèvera la critique, donnera sujet à des répliques, m'attirera un nombre infini d'ennemis sur les bras : Dieu sait combien j'ai d'estime et de considération pour vous; cependant je suis pressé de vous conjurer de supprimer la chose, s'il est possible. J'ai été si persuadé que rien n'était meilleur que de garder le silence en cette occasion, que je n'ai point voulu que l'on imprimât ce que j'avais eu envie de mettre dans la préface de la seconde édition des *Éclaircissements,* quoiqu'il n'y eût rien de plus modéré. Je n'ai rien à ajouter à ce billet, mon cher Monsieur, sinon que je ne puis vous avoir une obligation plus sensible que celle d'entrer dans ma pensée [1]. » (17 mars 1686.)

[1] Maupeou, tome 1er, page 581.

La vivacité avec laquelle Rancé écrit à Maupeou décèle des souvenirs alarmés. Le P. Bouhours, que l'abbé de La Chambre appelait l'*empereur des Muses*, réfute aussi *les véritables motifs de la conversion de l'abbé de la Trappe* dans son quatrième dialogue, pages 528 et 529 : c'est toujours de l'humeur sans preuves. Madame de Sévigné disait, en parlant du révérend critique : « *L'esprit lui sort de tous les côtés.* »

Marsollier, deuxième écrivain de la vie de Rancé, garde le silence ; mais Le Nain, le troisième, le plus complet, le plus sûr écrivain de cette vie, a entendu parler de Larroque. Dom Le Nain mourut à l'âge de soixante-treize ans, sous-prieur de la Trappe. Ami et confident de Rancé, au livre III, chap. IX, de la Vie du réformateur de la Trappe, il écrit :

« Outre tous ces libelles, il en parut un autre composé par un huguenot, sous ce titre : *Les Motifs de la conversion de l'abbé de la Trappe*. Mais l'auteur des *Homélies familières* sur les Commandements de Dieu, tome III, page 378, le réfute admirablement par ces paroles : Je sais qu'un ministre hérétique a fait ce qu'il a pu pour décrier un saint abbé ; mais je sais bien aussi que toute la France et les pays circonvoisins ont regardé ce misérable livre comme un libelle diffamatoire, et son auteur comme un imposteur, qui fonde toutes ses calomnies sur des jugements les plus téméraires qui se puissent imaginer : comme si, pour détruire les vertus les plus éclatantes et les plus solides, il n'y avait qu'à dire témérairement qu'elles n'ont point d'autres sources que l'orgueil de celui qui les pratique. »

Le Nain se débarrasse ainsi de la réponse. Les amplifications de l'auteur des *Homélies familières* sont naturelles, mais elles ne détruisent aucune assertion.

Sur le fait isolé lâché par une plume protestante, il est tombé une avalanche de malédictions. Colère à part, on peut nier les erreurs avancées sur la jeunesse de Rancé, mais on ne peut nier des relations qu'atteste toute l'histoire. On a craint sans doute, en montrant Rancé pécheur, d'ébranler l'autorité des exemples de sa vertu. Cependant saint Jérôme et saint Augustin n'ont-ils pas puisé leurs dernières forces dans leurs premières faiblesses? Un aveu franc aurait délivré Rancé pour toujours des calomnies. On ne l'accusait pas directement de la faute, il est vrai, car il eût fallu accuser toute la terre ; mais on s'en prenait à la vie entière d'un homme pour se soulager de ce qu'il taisait. Il faut le dire, néanmoins, le silence de Rancé est effrayant, et il jette un doute dans les meilleurs esprits. Un silence si long, si profond, si entier, est devant vous comme une barrière insurmontable. Quoi! un homme n'a pu se démentir un seul instant! quoi! le silence pourrait passer pour une vérité! Cet empire d'un esprit sur lui-même fait peur : Rancé ne dira rien, il emportera toute sa vie dans son tombeau.

Ainsi, ni ceux qui rejettent l'anecdote de Larroque, ni ceux qui l'accueillent, n'apportent aucune preuve de leur négation ou de leur affirmation. Les incrédules n'ont pour eux que l'invraisemblance du cercueil trop court : il était si facile en effet de l'allonger pour donner l'espace nécessaire à cette belle tête qui s'était si souvent inclinée sur le sein de la vie! Mais supposez avec Saint-Simon, comme il l'insinue, que la décollation ne fut que l'œuvre d'une étude anatomique, tout s'expliquera.

Tous les poëtes ont adopté la version de Larroque, tous les religieux l'ont repoussée ; ils ont eu raison, puisqu'elle blessait la susceptibilité de leurs vertus, puisqu'ils ne pouvaient pas détruire le récit de Larroque par un démenti appuyé d'un document irrécusable. Mais au lecteur indifférent il est permis, à défaut de preuves positives, d'examiner des preuves négatives. J'ai déjà fait remarquer que Marsollier se tait sur madame de Montbazon, silence favorable à l'opinion de Larroque. Ce même chanoine, Marsollier, ajoute cette réflexion à son silence :

« La mort et la disgrâce de plusieurs personnes avec lesquelles Rancé avait de forts attachements le touchèrent. Un vide affreux, dit-il, occupait mon cœur, toujours inquiet et toujours agité, jamais content. Je fus touché de *la mort de quelques personnes* et de l'insensibilité où je les vis dans ce moment terrible qui devait décider de leur éternité. Je me résolus de me retirer dans un lieu où je pusse être inconnu au reste des hommes. »

Dans les corridors de la Trappe, entre diverses inscriptions, on lisait celle-ci empruntée de saint Augustin : *Retinebam nugas nugarum et vanitates vanitatum antiquæ amicæ meæ.* Dans une de ses pensées, Rancé remarque que « ceux qui meurent, bien ou mal, meurent souvent plus pour ceux qu'ils laissent dans le monde que pour eux-mêmes. »

Bossuet, transmettant à Rancé les oraisons funèbres de la reine d'Angleterre et de madame Henriette, lui mande :

« J'ai laissé l'ordre de vous faire passer deux oraisons funèbres qui, parce qu'elles font voir le néant du monde, peuvent avoir place parmi les livres d'un solitaire, et qu'en tout cas il peut regarder comme deux têtes de mort assez touchantes. »

Bossuet connaissait-il ce que l'on racontait de madame de Montbazon? faisait-il allusion à la tête de cette femme, en envoyant deux autres têtes s'entretenir avec elle?

La sorte de plaisanterie formidable qu'il se permet ne semble-t-elle pas avoir des rapports avec la légèreté de la première vie de Rancé et la sévérité de sa seconde vie?

On prétend qu'on montrait à la Trappe la tête de madame de Montbazon dans la chambre des successeurs de Rancé; ce que les solitaires de la Trappe ressuscitée rejettent : les souvenirs conservés autrefois ne voyaient peut-être pas le front de la victime aussi dépouillé que la mort l'avait fait. On trouve ce passage dans le récit des courses du chevalier de Bertin :

« Nous voici maintenant à Anet. La petite statue de Diane de Poitiers en pied n'est point sans doute aussi intéressante que la tête même de madame de Montbazon apportée à la Trappe par l'abbé de Rancé et conservée dans la chambre de ses successeurs. »

Enfin les indications des poëtes ne sont pas à négliger. La Muse n'a pas manqué aux traditions de la Trappe : madame de Tencin, née en 1681 (et qui par conséquent avait vécu dix-neuf ans contemporaine de Rancé), écrivit les *Mémoires du comte de Comminges*, à travers lesquels passent des souvenirs : madame de Montbazon est changée en cette Adélaïde, solitaire mystérieux qui se fait reconnaître à l'ardeur avec laquelle il creuse son tombeau. Qui avait donné naissance à ce genre d'idées? Ce sont là d'autres ressorts que les inventions forcenées et les idées difformes qui font maintenant des contorsions dans les ténèbres. Le nom de Comminges est emprunté de celui de l'évêque avec lequel Rancé se promenait sur les Pyrénées. Il arrive souvent qu'on rappelle des personnages étrangers pour cacher des rapports directs ; un nom qui tourmente la mémoire s'y glisse sous mille déguisements. On a une aventure contée par Maupeou, de deux frères épris de la même femme, et qui, après s'être battus, vécurent plusieurs années à la Trappe sans se reconnaître ; on a une romance de Florian sur Lainval et Arsène ; on a une héroïde de Colardeau qui retrace la mort de madame la duchesse de Montbazon :

> Je fuis vers ma demeure, éperdu, tourmenté :
> La tête et le cercueil étaient à mon côté.

Rancé avait fait peindre à la Trappe saint Jean Climaque poussant des gémissements, et sainte Marie Égyptienne assistée par saint Zosime. Il composa pour ces deux tableaux des inscriptions. Dans l'épigramme de douze vers latins adressée à la pénitente, on lisait :

> Ecce columba gemens, sponsi jam sanguine lota.

Il faut ajouter à ces semi-indications le désespoir de Rancé, et ce sera au lecteur à se former une opinion. Les annales humaines se composent de beaucoup de fables mêlées à quelques vérités : quiconque est voué à l'avenir a au fond de sa vie un roman, pour donner naissance à la légende, mirage de l'histoire.

Dès le jour de la mort de madame de Montbazon, Rancé prit la poste et se retira à Veretz : il croyait trouver dans la solitude des consolations qu'il ne trouvait dans aucune créature. La retraite ne fit qu'augmenter sa douleur : une noire mélancolie prit la place de sa gaieté, les nuits lui étaient insupportables ; il passait les jours à courir dans les bois, le long des rivières, sur les bords des étangs, appelant par son nom celle qui ne lui pouvait répondre.

Lorsqu'il venait à considérer que cette créature, qui brilla à la cour avec plus d'éclat qu'aucune femme de son siècle, n'était plus, que ses enchantements avaient disparu, que c'en était fait pour jamais de cette personne qui l'avait choisi entre tant d'autres, il s'étonnait que son âme ne se séparât pas de son corps.

Comme il avait étudié les sciences occultes, il essaya les moyens en usage pour faire revenir les morts. L'amour reproduisait à sa mémoire ornée le sacrifice de Simeth, cherchant à rappeler un infidèle par un des noms d'un passereau consacré à Vénus ; il invoquait la nuit et la lune. Il eut toutes les angoisses et toutes les palpitations de l'attente : madame de Montbazon était allée à l'infidélité éternelle ; rien ne se montra dans ces lieux sombres et solitaires que les esprits se plaisent à fréquenter [1].

Toutefois, si Rancé n'eut pas les visions des poëtes de la Grèce, il eut une vision chrétienne : il se promenait un jour dans l'avenue de Veretz, il lui semble voir un grand feu qui avait pris aux bâtiments de la basse-cour : il y vole ; le feu diminue à mesure qu'il en approche ; à une certaine distance, l'embrasement disparaît et se change en un lac de feu au milieu duquel s'élève à demi corps une femme dévorée par les flammes. La frayeur le saisit ; il reprend en courant le chemin de la maison ; en arrivant, les forces lui manquent, il se jette sur un lit : il était tellement hors de lui qu'on ne put dans le premier moment lui arracher une parole [2].

Ces convulsions de l'âme se calmèrent : il n'en resta à Rancé que l'énergie d'où sortent les vigoureuses résolutions.

Dom Jean-Baptiste de Latour, prieur de la Trappe, avait écrit une vie de Rancé : il était resté de ce travail quelques copies manuscrites dont on a cité des passages, entre autres celui-ci :

« Pendant que je suivais l'égarement de mon cœur (c'est Rancé qui parle), j'avalais non-seulement l'iniquité comme de l'eau, mais tout ce que je lisais et entendais du péché ne servait qu'à me rendre plus coupable. Enfin le temps bienheureux arriva où il plut au Père des miséricordes de se tourner vers moi. Je vis à la naissance du jour le monstre infernal avec lequel j'avais vécu ; la frayeur dont je fus saisi à cette terrible vue fut si prodigieuse, que je ne puis croire que j'en revienne de ma vie. »

[1] Dom Gervaise : *Jugement critique, mais équitable, des Vies de feu M. l'abbé de Rancé*, pag. 160 et suiv.
[2] Maupeou.

Rancé eut recours à la pénitence : la mère Louise, religieuse de la Visitation de Tours, lui indiqua pour directeur le P. *Séguenot*.

Cette mère Louise était Louise Roger de La Mardelière, appelée la *belle Louison*.

« Louison, dit mademoiselle de Montpensier parlant de son enfance, était brune, bien faite, agréable de visage et de beaucoup d'esprit. Je dis à madame de Saint-Georges : « Si Louison n'est pas sage, je ne la veux point « voir, quoique mon papa l'aime. » Madame de Saint-Georges me répondit qu'elle l'était tout à fait. »

C'était à cette mère Louise que Rancé s'adressa d'abord. Partout, dans le changement de mœurs qui s'opérait, des pénitentes échappées du monde avaient dressé des embûches pour s'emparer des repentirs, comme il y avait des pécheresses qui cherchaient à retenir les déserteurs. A la Visitation se trouvaient les écueils d'une première existence : la mère Louise possédait plus de deux cents lettres de Rancé, lettres qui étaient sans doute la partie de la vie de Rancé sur laquelle il serait si curieux d'avoir des renseignements. De la direction du P. Séguenot, Rancé passa sous la conduite du P. de Mouchy, homme instruit et bien né.

Des avertissements sous différentes formes arrivaient de toutes parts à Rancé. Dans les *Obligations des chrétiens,* il raconte cette agréable histoire :

« Un jour je joignis un berger qui conduisait un troupeau dans une grande campagne, par un temps qui l'avait obligé à se retirer à l'abri d'un grand arbre pour se mettre à couvert de la pluie et de l'orage. Il me dit que ce lui était une consolation de conduire ses bêtes simples et innocentes, et qu'il ne voudrait pas quitter la terre pour aller dans le ciel, s'il ne croyait y trouver des campagnes et des troupeaux à conduire. »

A Veretz, au lieu de se plaire dans l'ancienne maison de ses délices, Rancé fut choqué de sa magnificence. Les meubles éclataient d'argent et d'or, les lits étaient superbes. La Mollesse même s'y serait trouvée trop à l'aise, dit un classique du temps. Les salons étaient ornés de tableaux de prix, les jardins délicieusement dessinés. C'était trop pour un homme qui ne voyait plus rien qu'à travers ses larmes. Il mit la réforme partout. La frugalité remplaça le luxe de sa table ; il congédia la plupart de ses domestiques, renonça à la chasse, et s'abstint du dessin, art qu'il aimait. On avait des paysages de sa façon et des cartes de géographie[1].

Quelques amis, revenus de même que Rancé à des pensées chrétiennes, s'associèrent à lui pour commencer ces mortifications dont il devait donner de si grands exemples; il semblait jouer à la pénitence pour l'apprendre

---

[1] Dom Gervaise.

avant de la pratiquer : on assiste avec intérêt à cette conquête de l'homme sur l'homme : « Ou l'Évangile me trompe, répétait-il, ou cette maison est celle d'un réprouvé. »

Rappelé un moment à Paris pour une affaire, il se logea à l'Oratoire. C'était un travail continuel pour lui d'échapper à ces pensées qu'il avait nourries si longtemps : un grand solitaire en fut atteint dans des sépulcres; saint Jérôme portait, pour noyer ses pensées dans ses sueurs, des fardeaux de sable le long des steppes de la mer Morte. Je les ai parcourues moi-même, ces steppes, sous le poids de mon esprit. Deux tentatrices cherchèrent Rancé. Elles lui dirent qu'elles n'étaient point à comparer à la belle personne qu'il pleurait, mais qu'elles avaient pour lui des sentiments qui ne le cédaient en vivacité à aucun de ceux qu'il avait inspirés. Rancé se munit d'un crucifix et s'enfuit.

On conseilla à Rancé de se consacrer aux missions, aller aux Indes, errer dans les rochers de l'Himalaya, et il y avait là des analogies avec la grandeur et la tristesse du génie de Rancé; mais il était appelé ailleurs.

Poussé par ses malheurs, retenu par ses habitudes, Rancé n'avait point encore renoncé à ses emplois. Le temps de son quartier de service, comme aumônier du duc d'Orléans, était revenu; il se rendit à Blois. Il avait déjà hasardé auprès du prince des idées de retraite : l'entrée en religion de la mère Louise avait mûri dans Gaston ces idées. La maîtresse convertie priait à la Visitation, à Tours, pour faire une violence à la miséricorde de Dieu. Il fut convenu que Gaston se retirerait au château de Chambord avec douze de ses plus fidèles serviteurs. Rancé fut choisi pour accompagner le prince.

Le Bouthillier possédait, près du parc de Chambord, un prieuré de l'ordre de Grammont. Ce prieuré était desservi par sept ou huit religieux. On n'apercevait pas de cet endroit le faîte de l'édifice qui devait éclater du rire immortel de Molière.

« Le roi, dit le chevalier d'Arvieux, ayant voulu faire un voyage à Chambord pour y prendre le divertissement de la chasse, voulut donner à sa cour celui d'un ballet; et comme l'idée des Turcs qu'on venait de voir à Paris était encore toute récente, il crut qu'il serait bon de les faire paraître sur la scène. Sa Majesté m'ordonna de me joindre à MM. de Molière et de Lulli pour composer une pièce de théâtre où l'on pût faire entrer quelque chose des habillements et des manières des Turcs. Je me rendis pour cet effet au village d'Auteuil, où M. de Molière avait une maison fort jolie. Ce fut là que nous travaillâmes à cette pièce de théâtre que l'on voit dans les œuvres de Molière, sous le titre du *Bourgeois gentilhomme*. »

Cette pièce fut en effet jouée à Chambord devant Louis XIV, pour la première fois, le 14 octobre 1670.

Quand on arrive à Chambord, on pénètre dans le parc par une de ses portes abandonnées ; elle s'ouvre sur une enceinte décrépite et plantée de violiers jaunes ; elle a sept lieues de tour. Dès l'entrée on aperçoit le château au fond d'une allée descendante. En avançant sur l'édifice, il sort de terre dans l'ordre inverse d'une bâtisse placée sur une hauteur, laquelle s'abaisse à mesure qu'on en approche. François Ier, arrière-petit-fils de Valentine de Milan, s'était enseveli dans les bois de la France, à son retour de Madrid ; il disait comme son aïeule : *Tout ne m'est rien, rien ne m'est plus*. Chambord rappelle les idées qui occupaient le roi-soldat dans sa prison : femmes, solitudes, remparts.

> Quand le roi sortit de France,
> En malheur il en sortit :
> Il en sortit le dimanche,
> Et le lundi il fut pris.

Chambord n'a qu'un escalier double, afin de descendre et monter sans se voir : tout y est fait pour les mystères de la guerre et de l'amour. L'édifice s'épanouit à chaque étage ; les degrés s'élèvent accompagnés de petites cannelures comme des marches dans les tourelles d'une cathédrale. La fusée, en éclatant, forme des dessins fantastiques qui semblent avoir retombé sur l'édifice : cheminées carrées ou rondes enjolivées de fétiches de marbre, semblables aux poupées que j'ai vu retirer des fouilles à Athènes. De loin l'édifice est une arabesque ; il se présente comme une femme dont le vent aurait soufflé en l'air la chevelure ; de près cette femme s'incorpore dans la maçonnerie et se change en tours ; c'est alors Clorinde appuyée sur des ruines. Le caprice d'un ciseau volage n'a pas disparu ; la légèreté et la finesse des traits se retrouvent dans le simulacre d'une guerrière expirante. Quand vous pénétrez en dedans, la fleur de lis et la salamandre se dessinent dans les plafonds. Si jamais Chambord était détruit, on ne trouverait nulle part le style premier de la Renaissance, car à Venise il s'est mélangé.

Ce qui rendait à Chambord sa beauté, c'était son abandon : par les fenêtres j'apercevais un parterre sec, des herbes jaunes, des champs de blé noir : retracements de la pauvreté et de la fidélité de mon indigente patrie. Lorsque j'y passai, il y avait un oiseau brun de quelque grosseur qui volait le long du Cosson, petite rivière inconnue.

L'abbé Le Bouthillier se logea parmi les moines de son prieuré : de quelque côté qu'on ouvrît une fenêtre, on ne voyait que des bois. Le château, près duquel n'a pas même pu se former un village, est frappé de malédiction. Touché par le vainqueur de Marignan prisonnier à Madrid, par nos soldats dispersés après Waterloo, par les marques de notre attachement à nos rois avant les journées de juillet, on aperçoit partout des traces de gloire et de malheur. Les chiffres de la duchesse d'Étampes, devancière de la comtesse de Chateaubriand, attirent les yeux, traces périssables de beautés évanouies. François Ier, qui sentait l'inanité de ses plaisirs, avait gravé avec la pointe d'un diamant ces deux vers sur un carreau de vitre :

> Souvent femme varie,
> Mal habil qui s'y fie.

Jeux d'un prince qui avait fait déterrer Laure pour la regarder. Où est le carreau de vitre ? Des Français s'associèrent dans le dessein d'acquérir pour Henri, non encore banni, un parc abandonné dans un royaume conquis par ses pères. Courier éleva la voix contre l'acquisition, et le jeune homme innocent, auquel il avait voulu arracher Chambord, a survécu.

Cet orphelin vient de m'appeler à Londres; j'ai obéi à la lettre close du malheur. Henri m'a donné l'hospitalité dans une terre qui fuit sous ses pas. J'ai revu cette ville témoin de mes rapides grandeurs et de mes misères interminables, ces places remplies de brouillards et de silence, d'où émergèrent les fantômes de ma jeunesse. Que de temps déjà écoulé depuis les jours où je rêvais René dans Kensington jusqu'à ces dernières heures ! Le vieux banni s'est trouvé chargé de montrer à l'orphelin une ville que mes yeux peuvent à peine reconnaître.

Réfugié en Angleterre pendant huit années, ensuite ambassadeur à Londres, lié avec lord Liverpool, avec M. Canning et avec M. Croker, que de changements n'ai-je pas vus dans ces lieux, depuis George IV, qui m'honorait de sa familiarité, jusqu'à cette Charlotte que vous verrez dans mes Mémoires. Que sont devenus mes frères en bannissement? Les uns sont morts, les autres ont subi diverses destinées : ils ont vu comme moi disparaître leurs proches et leurs amis. Sur cette terre où l'on ne nous apercevait pas, nous avions cependant nos fêtes et surtout notre jeunesse. Des adolescents, qui commençaient la vie par l'adversité, apportaient le fruit semainier de leur labeur afin de s'éjouir à quelques danses de la patrie. Des attachements se formaient ; nous priions dans des chapelles que je viens de revoir et qui n'ont point changé. Nous faisions entendre nos pleurs le 21 janvier, tout émus que nous étions d'une oraison funèbre prononcée par le curé émigré de notre village. Nous allions aussi, le long de la Tamise, voir entrer au port des vaisseaux chargés des richesses du monde, admirer les maisons de campagne de Richmond, nous si pauvres, nous privés du toit paternel ! Toutes ces choses étaient de véritables félicités. Reviendrez-vous, félicités de ma misère ? Ah! ressuscitez, compagnons de mon exil, camarades de la couche de paille, me voici revenu !

Rendons-nous encore dans les petits jardins d'une taverne dédaignée pour boire une tasse de mauvais thé en parlant de notre pays : mais je n'aperçois personne ; je suis resté seul.

Rancé va quitter Chambord ; il faut donc que je quitte aussi cet asile où je crains de m'être trop oublié. Je vais retrouver la Loire non loin du parc abandonné ; elle ne voit point la désolation de ses bords : les fleuves ne s'embarrassent point de leurs rives. Ne demandez pas à la Loire le nom des Guise dont elle a pourtant roulé les cendres. A cent cinquante lieues d'ici, je rencontrai, il y a huit mois, en terre étrangère, près du jeune orphelin, M. le duc de Lévis, qui remonte au compagnon de Simon de Montfort. Mirepoix était *maréchal de la Foi*, titre qui semble avoir passé à son dernier neveu. J'ai retrouvé aussi madame la duchesse de Lévis, du grand nom d'Aubusson ; elle aurait pu écrire l'histoire de Philippine-Hélène, si elle n'avait des malheurs moins romanesques à pleurer. Je n'étais pas, dans mon dernier voyage à Londres, reçu dans un grenier de Holborn par un de mes cousins émigrés, mais par l'héritier des siècles. Cet héritier se plaisait à me donner l'hospitalité dans les lieux où je l'avais longtemps attendu. Il se cachait derrière moi comme le soleil derrière des ruines. Le paravent déchiré qui me servait d'abri me semblait plus magnifique que les lambris de Versailles. Henri était mon dernier garde-malade : voilà les revenants-bons du malheur. Quand l'orphelin entrait, j'essayais de me lever ; je ne pouvais lui prouver autrement ma reconnaissance. A mon âge on n'a plus que les impuissances de la vie. Henri a rendu sacrées mes misères ; tout dépouillé qu'il est, il n'est pas sans autorité : chaque matin, je voyais une Anglaise passer le long de ma fenêtre ; elle s'arrêtait, elle fondait en larmes aussitôt qu'elle avait aperçu le jeune Bourbon ; quel roi sur le trône aurait eu la puissance de faire couler de pareilles larmes ? Tels sont les sujets inconnus que donne l'adversité.

A peine retourné de Chambord, un courrier dépêché de Blois vint apprendre à Rancé la maladie du duc d'Orléans. L'abbé se remit en route : Gaston était en danger, ce prince si peu digne à Castelnaudary de la valeur du Béarnais ; le parleur de la Fronde ne trouva pas un mot sur ses lèvres à dire à la mort ; un spectre se tenait debout au pied de son lit : Montmorency sans tête lui demandait le talion.

Rancé écrivit à Arnauld d'Andilly la lettre qu'on va lire, et que je dois encore à la politesse de M. de Montmerqué.

Blois, 8 février 1660.

« Je n'aurais pas été tant de temps sans avoir l'honneur de vous escrire si la maladie et la mort de Monsieur ne m'en avaient empesché. Je vous avoue que, l'ayant assisté autant que je l'ai pu dans les derniers moments de sa vie, je suis tellement touché d'un spectacle si déplorable que je ne puis m'en remettre. On a ceste consolation qu'il est mort avec tous les sentiments et toute la résignation qu'un véritable chrestien doit avoir en la volonté de son Dieu. Il reçut Nostre-Seigneur dès le commencement de son mal, et eut le soin lui-mesme de le demander une seconde fois pour viatique avec de grandes démonstrations d'une foy vive et d'un parfait mespris des choses du monde. Quelle leçon, Monsieur, pour ceux qui n'en sont pas détachés et pour ceux qui sont persuadés de son néant et qui travaillent pour s'en déprendre! Ce pauvre prince dit le matin du jour de sa mort ces mesmes mots : *Domus mea, domus desolationis*; et, comme on luy voulut dire qu'il n'estoit pas si mal qu'il pensoit, il répliqua : *Solum mihi superest sepulcrum*; ensuite il demanda l'extrême-onction, et dit qu'il estoit résolu à la volonté de Dieu ; enfin je suis persuadé qu'il luy a fait miséricorde. Je ne puis vous mander les circonstances de sa mort ; j'escris de Blois, malade d'un rhume qui me cause une oppression qui m'empesche d'escrire. Je vous supplie de demander à Dieu et de luy faire demander pour moy qu'il me fasse la grâce de retirer tout le bien et l'avantage que je dois d'une rencontre aussi touchante que celle-là l'est. Je reviens à la mort de ce pauvre prince : la désolation qui parut dans sa maison qui retentissoit de plaintes et de gémissements au moment de sa mort, l'esprit humain ne se sçauroit rien figurer de si pitoyable ; je confesse que j'en suis accablé de douleur. »

Rancé se montra dans cette occasion si touchant, que chacun faisait des vœux pour l'avoir auprès de soi au moment suprême. On croyait ne pouvoir bien mourir qu'entre ses mains, comme d'autres y avaient voulu vivre. Gaston avait à peine rendu le dernier soupir que ses familiers l'abandonnèrent, Rancé fut laissé presque seul auprès du cadavre. Il ne suivit pas le corps du prince à Saint-Denis ; mais il présenta le faible cœur de Gaston aux jésuites de Blois : le cœur intrépide de Henri IV avait été porté aux jésuites de La Flèche. Le Bouthillier courut ensuite s'ensevelir au Mans, y demeura caché deux mois ; il changea même de nom, comme s'il eût craint d'être reconnu et arrêté aux portes du ciel.

Le projet qu'il méditait depuis longtemps de soumettre sa conduite future au conseil des évêques d'Aleth et de Comminges lui revenait dans l'esprit. Il se résolut de l'accomplir. Le 24 juin 1660, il écrivit à la mère Louise : « Je pars demain à l'insu de tous mes amis. » Il arriva à Comminges le 27 du même mois, après un tremblement de terre : ce fut de même que j'arrivai à Grenade en rêvant de chimères, après le bouleversement de la Véga.

L'évêque de Comminges était absent ; Rancé l'attendit. Quand il revint, l'évêque commença une tournée diocésaine. Rancé l'accompagna.

Ils trouvèrent dans les cavernes environnantes des chrétiens qui avaient à peine figure humaine. L'évêque soulageait leur misère, les rassemblait, s'asseyait au milieu d'eux parmi les buis des rochers. L'abbé de Rancé était touché, lorsqu'il songeait que le bon Pasteur avait ainsi cherché les brebis égarées.

Un jour il se promenait seul avec l'évêque, dans un endroit fort solitaire, d'où l'on découvrait les plus hautes Pyrénées : « L'évêque remarqua (j'emprunte le récit de Marsollier) que l'abbé parcourait des yeux les montagnes avec une attention qui le rendait distrait; il y soupçonna du mystère, ce fut ce qui l'obligea de lui dire qu'il avait la mine de chercher un endroit où il pût bâtir un ermitage. L'abbé rougit ; mais comme il était sincère, il avoua que c'était en effet sa pensée, et qu'il croyait qu'il ne pouvait rien faire de mieux. « Si cela est, repartit l'évêque, vous ne pouvez mieux vous adresser qu'à moi : je connais ces montagnes, j'y ai passé souvent en faisant mes visites; je sais des endroits si affreux et si éloignés de tout commerce que, quelque difficile que vous puissiez être, vous aurez lieu d'en être content. » L'abbé, qui croyait que l'évêque parlait sérieusement, le pressa avec cette vivacité qui lui était naturelle de lui faire voir ces endroits. « Je m'en garderai bien, reprit l'évêque; ces endroits sont si tentants que si vous y étiez une fois, il n'y aurait plus moyen de vous en arracher. » Après avoir visité l'évêque de Comminges, Rancé retourna chez l'évêque d'Aleth.

« Sa demeure est affreuse, écrivait Rancé, et entourée de hautes montagnes au pied desquelles est un torrent qui court avec beaucoup de bruit et de rapidité. »

Ces *endroits* de nos anciennes mœurs reposent. On aime à assister aux conversations de l'abbé de Rancé sur la légitimité des biens qu'on peut ou qu'on ne peut pas retenir, sur ce qu'il est permis de garder, sur ce qu'on est obligé de rendre, sur le compte de ses richesses que l'on doit à Dieu. Ces scrupules de conscience étaient alors les affaires principales; nous n'allons pas à la cheville du pied de ces gens-là; l'homme était estimé, quelle que fût sa condition : le pauvre était pesé avec le riche au poids du sanctuaire. Cette égalité morale lui servait à supporter les inégalités politiques. Bruno sur les Alpes, Paul dans la Thébaïde, ne voulurent pas plus sortir de leur retraite que Rancé n'aurait voulu quitter les Pyrénées ; mais ces dernières montagnes avaient un danger : le soleil en était trop éclatant, et de leur sommet on découvrait les séjours d'Inès et de Chimène.

Longtemps après le voyage de Rancé, une chevrière âgée de douze ans, conduisant ses biques dans la paroisse d'Alan, diocèse de Comminges, tomba en s'écriant : « Jésus ! » Une dame vêtue de blanc lui apparut, lui dit : « Ne craignez rien. » Et elle la tira du précipice. La petite fille dit à la sainte Vierge (c'était elle) qu'elle avait perdu son chapelet. La sainte

Vierge lui en donna un en lui recommandant d'ordonner à un prêtre de faire bâtir une chapelle au lieu où elle était tombée. L'évêque de Comminges, ancien hôte de Rancé, en écrivit à la Trappe. Rancé, du fond de son abbaye, conseilla l'érection d'une chapelle dédiée à Notre-Dame de Saint-Bernard, dont les ruines marquent aujourd'hui le premier pas de Rancé dans la solitude.

L'évêque de Comminges et l'évêque d'Aleth avaient combattu au commencement les desseins extrêmes de Rancé; ils lui conseillaient cette médiocrité, caractère de la vertu : « Vous, disaient-ils, vous ne pensez qu'à vivre pour vous. » L'évêque d'Aleth approuvait que Rancé se défît de sa fortune; mais il s'opposait à son penchant pour la solitude : « Ce penchant, répétait-il, ne vient pas toujours de Dieu; il est souvent inspiré par un dégoût du monde, dégoût dont le motif n'est pas toujours pur. »

Convaincu en ce qui regardait le danger des biens, l'abbé ne se rendait pas également sur le point du désert; il cédait à l'égard de l'abandon de ses bénéfices : il convenait qu'un abbé commendataire n'était pas dans l'esprit de l'Église; mais il n'entendait parler qu'avec terreur d'une abbaye régulière. Il s'était souvent écrié : « *Moi, me faire frocard !* » Il témoignait de ses perplexités en écrivant à ses amis : « Mes embarras extérieurs sont les moindres embarras de ma vie : je ne puis me défendre de moi-même. »

Tout est fragile : après avoir vécu quelque peu, on ne sait si l'on a bien ou mal vécu. L'évêque d'Aleth se maintint d'abord dans les opinions qui lui avaient mérité l'attachement de Rancé; il se souvenait d'avoir causé avec le futur solitaire à trois cents pas de la maison de l'évêque, au bord d'un gave, de même que les vieillards de Platon s'entretenaient des lois sur la montagne de Crète. Baissez le ton de la lyre, changez les interlocuteurs, et le souffle du même torrent vous apportera des paroles qui seront remplies d'autres chimères. L'évêque d'Aleth persévéra plusieurs années dans les saines doctrines, puis il dévia un peu du droit chemin avec deux autres évêques. Madame de Saint-Loup en écrivit à Rancé. Quant au théologal d'Aleth, l'abbé de Vaucelles, il fut totalement subjugué; il céda au docteur Arnauld et se retira dans les Pays-Bas. Il fut envoyé obscurément à Rome pour ses coreligionnaires sous le nom de Valoni. L'infidélité avait perdu sa grandeur : Arius ne tombait plus du milieu du concile de Nicée, entraînant avec lui une partie de la chrétienté.

En 1660, Pomponne fut disgracié. Rancé lui écrivit des compliments de condoléance. Les considérations qu'il lui fournit sont prises de haut. Arnauld d'Andilly, frère de Pomponne, avait traduit une foule de vies qui formèrent l'histoire des Pères du désert. Louis XIV visita depuis le bonhomme dans sa retraite, où j'ai moi-même passé lorsque j'allai voir madame la duchesse de Duras : elle avait l'intention de me laisser un petit réduit qu'elle avait acheté sur les collines de la forêt de Montmorency. Ces liaisons de la Trappe et de Port-Royal, qui s'altérèrent dans la suite, causent de l'atten drissement. Louis XIV aimait son ancien ministre; mais il trouvait que M. de Pomponne n'avait pas assez de grandeur pour lui.

A Veretz, où il revenait toujours, Rancé vit conjurés contre lui une famille nombreuse, des amis mécontents, des domestiques désolés. En voulant se réduire à la pauvreté, il éprouvait les difficultés qu'on rencontre à s'enrichir. On ne pouvait savoir ce qui le poussait; car depuis la mort de madame de Montbazon, jamais le nom de cette femme, excepté dans son premier désespoir, n'était sorti de sa bouche. On sentait en lui une passion étouffée qui jetait sur ses moindres actions l'intérêt d'un combat inconnu.

Ces souvenirs de la terre étaient une haine de la vie, devenue chez lui une véritable obsession. Sa désespérance de l'humanité ressemblait au stoïcisme des anciens, à cela près qu'il passait par le christianisme. Les platoniciens de l'école d'Alexandrie se tuaient pour parvenir au ciel; mais que de souffrances pour une pauvre âme, lorsqu'elle se débat dans cet état! Elle éprouve les divers mouvements du suicide, incertitude et terreur, avant qu'elle ait pris sa résolution.

« Je vous avoue, dit l'abbé de la Trappe dans ses lettres, que je ne vois plus un seul homme du monde avec le moindre plaisir. Il y a tantôt six ans que je ne parle que de dégagement et de retraite, et le premier pas est encore à faire; cependant le cours de la vie s'achève, et l'on se réveille à la fin du sommeil, et l'on se trouve sans œuvres. Je désire tellement d'être oublié qu'on ne pense pas seulement que j'ai été. »

Il vendit sa vaisselle d'argent; il en distribua le montant en aumônes, se reprochant les retards qu'il avait mis à secourir les nécessiteux. Il avait deux hôtels à Paris, dont l'un s'appelait l'hôtel de Tours : il les donna à l'Hôtel-Dieu et à l'Hôpital général par acte passé devant les notaires Lemoine et Thomas. Pour dernier sacrifice il se défit de la terre de Veretz; mais par un reste de faiblesse il accorda la préférence aux offres d'un de ses parents : ce parent ne put réaliser la somme, et le marché fut rétrocédé à l'abbé d'Effiat. Les cent mille écus que Rancé reçut de la vente furent à l'instant portés aux administrations des hôpitaux.

On lit des lettres modernes datées de Veretz : qui a osé écrire de ce lieu après le gigantesque pénitent? Dans les bois de Larçay, jadis propriété de Rancé, dans les parcs de Montbazon, parmi des noms qui rappelaient une ancienne vie, le 11 avril 1825, on trouva un cadavre. Le 10 d'avril, le jour finissant, une voix fut entendue : « *Je suis un homme mort!* » Une jeune fille, cachée avec son amant dans de hautes bruyères, avait été témoin d'un meurtre. D'un autre côté, à demi vêtue, la veuve de Courier (c'était celui dont on avait retrouvé le cadavre), âgée de vingt-deux ans, descend la nuit parmi des personnages rustiques comme une ombre délivrée. Les opinions de Courier à Veretz avaient réduit son intimité à des rivalités inférieures : chagrins qui n'intéressent personne, gémissements qui vont se perdre dans l'océan muet qui s'avance sur nous. Peut-être quelque grive redit-elle l'acte tragique dans les bois où Rancé avait promené ses misères. Courier avait écrit dans sa *Gazette du village* : « *Les rossignols chantent et l'hirondelle arrive.* » Enfant d'Athènes, il transmettait à ses camarades le chant du retour de l'hirondelle.

Courier, savant helléniste, esprit tumultueux, pamphlétaire à cheval, avait eu le malheur à Florence de tacher d'encre un feuillet de Longus : ensuite l'éditeur d'un passage perdu de *Daphnis et Chloé* était venu s'ensevelir dans les lieux qu'avait habités l'éditeur d'Anacréon.

Si les arbres sous lesquels fut tué Courier existent encore, qu'est-il resté dans ces ombrages? que reste-t-il de nous partout où nous passons? Paul-Louis Courier aurait-il cru que l'immortalité pouvait porter la haire et se rencontrer dans les larmes ? Le réformateur de la Trappe a grandi à Veretz; l'auteur du Pamphlet des pamphlets a diminué. La vie dans sa pesanteur descendit sur un esprit qui s'était dressé pour morguer le ciel. Chose remarquable! Courier, le philosophe, a fait ses adieux au monde par les mêmes paroles que Rancé, le chrétien, avait perdues dans les bois : « Détournez de moi le calice; la ciguë est amère. »

Veretz, au milieu du dix-huitième siècle, était la possession du duc d'Aiguillon, ministre de Louis XV. Ce ministre de perdition, comme tous les hommes d'alors, y fit imprimer à cinq ou sept exemplaires le *Recueil des pièces choisies*, pages obscènes et impies de madame la princesse de Conti. Le château de Veretz fut démoli pendant la révolution, piscine de sang où se lavèrent les immoralités qui avaient souillé la France. A Veretz et à la Trappe, Rancé a laissé ses deux parts : à Veretz la légèreté, l'irréligion, les mauvaises mœurs, suivies d'une destruction complète; à la Trappe la gravité, la sainteté, la pénitence, qui ont survécu à tout.

Après la vente de Veretz, Rancé se défit de ses bénéfices; il ne se réserva qu'une retraite malsaine, pour y mourir, la Trappe. Lorsque Louis XIV prit les rênes de l'État, la France se divisa; les uns allèrent combattre l'étranger, les autres se retirèrent au désert. Trois solitudes demeurèrent en présence : la Chartreuse, la Trappe et Port-Royal. A l'abri derrière ses guerriers et ses anachorètes, la France respira. Le dix-huitième siècle a voulu effacer Louis XIV, mais sa main s'est usée à gratter le portrait. Napoléon est venu se placer sous le dôme des Invalides comme pour assurer la gloire de Louis. On a eu beau faire des tableaux, les victoires de l'empire à Versailles n'ont pu effacer les souvenirs des victoires du dix-septième siècle. Napoléon a seulement ramené enchaînés à Louis XIV les rois que

Louis XIV avait vaincus. Buonaparte a fait son siècle : Louis a été fait par le sien : qui vivra le plus longtemps de l'ouvrage du temps ou de celui d'un homme ? C'est la voix du génie de toutes les sortes qui parle au tombeau de Louis ; on n'entend au tombeau de Napoléon que la voix de Napoléon.

Avant de nous parler des personnages qu'elle met en scène, la Grèce nous introduit sur le théâtre de leurs actions : Prométhée enchaîné s'entretient avec l'Océan ; les sept chefs devant Thèbes jurent sur un bouclier noir ; les Perses pleurent à l'apparition de l'ombre de Darius ; Œdipe, roi, paraît à la porte de son palais ; Œdipe à Colone s'arrête près du bois des Euménides ; prêt à quitter son exil, Philoctète s'écrie : « Adieu, doux asile de ma misère ! »

Les écrivains de la Vie des Pères du désert, Grecs de naissance, ont été fidèles à cet ancien usage : ils nous montrent Paul, premier ermite, caché sous un palmier ; Antoine, premier solitaire, s'enfermant dans un sépulcre ; Pacôme, premier instituteur des cénobites, assis sur une pierre à Thebennes. Nous n'irons pas si loin avec Rancé ; nous resterons près de Versailles : à trente lieues des escaliers de marbre de l'Orangerie, qui n'étaient pas encore souillés de sang, nous trouverons les austérités de la Thébaïde ; et cependant le bruit de la cour nous parviendra comme les murmures des flots du siècle.

Qu'était-ce que la Maison-Dieu lorsque Rancé s'y retira ?

La Maison-Dieu s'appelle aujourd'hui la *Trappe* : Trappe, dans le patois du Perche, signifie degré, vraisemblablement de *trapan*. Notre-Dame de la Trappe veut donc dire : Notre-Dame des Degrés.

L'abbaye de la Trappe fut fondée en 1122 par Rotrou, second de ce nom, comte du Perche. Rotrou avait fait vœu, en revenant d'Angleterre, que, s'il échappait au naufrage dont il était menacé, il bâtirait une chapelle en l'honneur de la sainte Vierge. Le comte, miraculeusement délivré, pour conserver la mémoire de son aventure, fit donner au toit de son église votive la forme d'un vaisseau renversé. Rotrou III, fils du fondateur, acheva les bâtiments de la chapelle, qui s'était changée en monastère. Rotrou III partit pour la première croisade ; il rapporta de la Palestine des reliques qui furent déposées par son fils dans la basilique nouvelle, à laquelle il ne manqua rien de l'histoire de ces temps : vœu, naufrage, pèlerinage.

Louis VII était roi de France, et saint Bernard premier abbé de Clairvaux, lorsque l'abbaye de la Trappe fut fondée. Serlon IV, abbé de Savigny, la réunit à l'ordre de Cîteaux en 1144 : Saint-Germain des Prés se rebâtissait alors dans Paris ; l'abbaye eut pour bienfaiteurs Richard Hurel et ses fils, qui lui donnèrent la terre de Vastine. La Trappe fut protégée des papes Alexandre III, Clément III, Innocent III, Nicolas III, Boniface VIII ;

Jean XXI, Benoît XII. Saint Louis avait pris sous sa protection Notre-Dame de la Maison-Dieu de la Trappe, afin, dit la charte royale, que les religieux soient libres, paisibles, exempts de tous subsides, *sint liberi, quieti, exempti ab omnibus subsidiis*. Ce grand nom de saint Louis se mêle à toutes les origines de la monarchie. Saint Louis est le fondateur des monuments de l'Europe gothique, à compter de Notre-Dame de Paris jusqu'à la Sainte-Chapelle.

Par un ancien ménologe et par un relevé des tombes, on suppose dix-sept abbés depuis le premier abbé de la Trappe, dom Albode, jusqu'au cardinal Du Bellay, premier abbé commendataire, sous François Ier, en 1526.

Dom Herbert, abbé, s'étant croisé en 1212 avec Renaud de Dampierre et Simon de Montfort, fut pris par le calife d'Alep; il demeura trente ans esclave. Délivré enfin, il fonda l'abbaye des *Clairets* dans la dépendance de la Trappe. On s'arrête à l'épitaphe du seizième abbé à cause de ce nom : Dom Robert *Rancé*. La *Gallia Christiana* ne fait pas mention de quelques-uns de ces derniers détails.

L'abbaye de la Trappe n'était point fortifiée à l'instar d'autres monastères de qui les abbés, comme Abbon de Paris, menaient vaillamment les mains : aussi pendant les deux siècles que les Anglais ravagèrent la France, la Trappe fut pillée plusieurs fois, notamment dans l'année 1410.

D'après les Pouillés, l'abbaye possédait les *Terres-Rouges*, les *Bois de Grimonard*, le *chemin au Chêne de Bérouth*, les *Bruyères*, les *Neuf-Étangs* et les ruisseaux qui en sortent. Par où passait le chemin au Chêne de Bérouth? D'où venait l'immortalité de ce chêne, immortalité qui ne dépassait pas son ombre? Les bruyères s'étendant vers cet horizon sont-elles les mêmes que celles mentionnées aux Pouillés? Je viens de les traverser; enfant de la Bretagne, les landes me plaisent, leur fleur d'indigence est la seule qui ne soit pas fanée à ma boutonnière. Là s'élevait peut-être le manoir de la châtelaine; elle consuma ses jours dans les larmes, attendant son mari, qui ne revint point de la Terre-Sainte avec l'abbé Herbert. Qui naissait, qui mourait, qui pleurait ici? Silence! Des oiseaux, au haut du ciel, volent vers d'autres climats. L'œil cherche dans les débris de la forêt du Perche les campaniles abattus, il ne reste plus que quelques clochetons de chaume : bien que des *sings* annoncent encore la prière du soir, on n'entend plus à travers le brouillard retentir cette cloche nommée à Aubrac la cloche des *Perdus*, qui rappelle les errants, *errantes revocat*. Mœurs d'autrefois, vous ne renaîtrez pas; et si vous renaissiez, retrouveriez-vous le charme dont vous a parée votre poussière?

Il existe des procès-verbaux connus dans l'ordre des Bénédictins sous le nom de *cartes de visites*, c'est-à-dire cartes d'inspection : la carte de visite pour l'année 1685 est signée de dom Dominique, abbé du Val-Richer. Elle décrit l'état de la Trappe avant la réforme de Rancé : les portes demeuraient ouvertes le jour et la nuit, et les hommes comme les femmes entraient librement dans le cloître. Le vestibule de l'entrée était si noir qu'il ressemblait beaucoup plus à une prison qu'à une Maison-Dieu. Ici il y avait une échelle attachée contre la muraille ; elle servait à monter aux étages dont les planchers étaient rompus et pourris ; on n'y marchait pas sans péril. En entrant dans le cloître, on voyait un toit devenu concave, qui à la moindre pluie se remplissait d'eau ; les colonnes qui lui servaient d'appui étaient courbées : les parloirs servaient d'écuries.

Le réfectoire n'en avait plus que le nom. Les moines et les séculiers s'y assemblaient pour jouer à la boule lorsque la chaleur et le mauvais temps ne leur permettaient pas de jouer au dehors.

Le dortoir était abandonné, il ne servait de retraite qu'aux oiseaux de nuit ; il était exposé à la grêle, à la pluie, à la neige et au vent ; chacun des frères se logeait comme il voulait et où il pouvait.

L'église n'était pas en meilleur état : pavé rompu, pierres dispersées ; les murailles menaçaient ruine. Le clocher était près de tomber : on ne pouvait sonner les cloches qu'on ne l'ébranlât tout entier.

Il n'y avait d'autres ruisseaux à la Trappe que ceux qui forment les étangs successifs qui s'élèvent avec le terrain, ni d'autres prairies que les queues des étangs ; l'air n'était supportable qu'à ceux qui cherchaient à mourir. Des vapeurs s'élevaient de cette vallée et la couvraient.

« Il est malaisé, écrit Rancé à madame de Guise, que je me tire de mes incommodités à l'âge que j'ai et à l'air que nous habitons ; c'est à la situation toute seule du pays qu'il s'en faut prendre. Il a plu à Dieu de nous y mettre ; il savait bien les maux qui nous en devaient naître : qu'importe où l'on vive, puisqu'il faut mourir ! »

Dom Le Nain raconte que « les esprits impurs faisaient leur séjour dans le monastère et se nourrissaient des excès qui y régnaient. Ils y habitaient par troupes, n'y ayant là personne qui les chassât. »

Dom Félibien ajoute la vie à ces descriptions, en y faisant voir la renaissance du culte chrétien.

« On voit d'abord en entrant ces paroles de Jérémie, écrites sur la porte du cloître : *Sedebit solitarius et tacebit*.

« L'église n'a rien de considérable que la sainteté du lieu : elle est bâtie d'une manière gothique et fort particulière ; elle ne laisse pas d'avoir quelque chose d'auguste et de divin ; le bout du côté du chœur semble représenter la poupe d'un vaisseau.

« Ce qui est digne de considération est la manière dont ces religieux font l'office ; car vous les voyez d'une voix ferme et d'un ton grave chanter les louanges de Dieu. Il n'y a rien qui touche le cœur et qui élève davantage l'esprit que de les entendre à matines. Leur église n'étant éclairée que d'une seule lampe, qui est devant le grand autel, l'obscurité, jointe au silence de la nuit, fait que l'âme se remplit de cette onction sacrée répandue dans tous les psaumes. Soit qu'ils soient assis, soit qu'ils soient debout, soit qu'ils s'agenouillent, soit qu'ils se prosternent, c'est avec une humilité si profonde, qu'on voit bien qu'ils sont encore plus soumis d'esprit que de corps. »

Sur une inscription de saint Bernard, placée dans les cloîtres de la Trappe, Ducis composa ces beaux vers :

> Heureuse solitude,
> Seule béatitude,
> Que votre charme est doux !
> De tous les biens du monde,
> Dans ma grotte profonde,
> Je ne veux plus que vous.
>
> Qu'un vaste empire tombe,
> Qu'est-ce au loin pour ma tombe,
> Qu'un vain bruit qui se perd?
> Et les rois qui s'assemblent,
> Et leurs sceptres qui tremblent,
> Que les joncs du désert?

Quand l'abbé de Rancé introduisait la réforme dans son abbaye, les moines eux-mêmes n'étaient plus que des ruines de religieux. Réduis au nombre de sept, ce reste de cénobites était dénaturé par l'abondance ou par le malheur. Les moines depuis longtemps avaient mérité des reproches : dès le onzième siècle, Adalbéron déclare « qu'un moine est transformé en soldat. » En Normandie, un supérieur, ayant prétendu admonester ses moines, fut flagellé par eux après sa mort. Abailard, qui tenta en Bretagne d'user de sévérité, se vit exposé au poison. « J'habite un pays barbare, disait-il, dont la langue m'est inconnue ; mes promenades sont les bords d'une mer agitée, et mes moines ne sont connus que par leur débauche. » Tout a changé en Bretagne, hors les vagues qui changent toujours.

Rancé courut de semblables dangers : aussitôt qu'il eut parlé de réforme, on parla de le poignarder, de l'empoisonner, ou de le jeter dans les étangs. Un gentilhomme du voisinage, M. de Saint-Louis, accourut à son secours : M. de Saint-Louis avait passé sa vie à la guerre ; le roi l'estimait, M. de Turenne l'aimait. Selon Saint-Simon, c'était un vrai guerrier, sans lettres aucunes, avec « peu d'esprit, mais un sens le plus droit et le plus juste que j'aie vu à personne, un excellent cœur, et une droiture, une franchise et une fidélité admirables[1]. » Rancé refusa sa généreuse assistance, disant que les Apôtres avaient établi l'Évangile malgré les puissances de la terre, et qu'après tout le plus grand bonheur était de mourir pour la justice.

L'abbé menaça ses religieux d'informer le roi de leur déréglement : ce nom du roi avait pénétré au fond des plus obscures retraites.

Jusqu'alors nous n'avions senti que le despotisme irrégulier des rois qui marchaient à regret avec des libertés publiques, ouvrages des états généraux, et exécutées par les parlements; mais la France n'avait point encore obéi à ce grand despotisme qui imposait l'ordre sans permettre d'en discuter les principes. Sous Louis XIV, la liberté ne fut plus que le despotisme des lois, au-dessus desquelles s'élevait, comme régulateur, l'inviolable arbitraire. Cette liberté esclave avait quelques avantages : ce qu'on perdait en franchises dans l'intérieur, on le gagnait au dehors en domination : le Français était enchaîné, la France libre.

Les moines donnèrent à regret leur consentement à la réforme. Un contrat fut passé : 400 livres de pension furent accordées à chacun des sept demeurants, avec permission de rester dans l'enceinte de l'abbaye ou de se retirer ailleurs ; le contrat mutuel fut homologué au parlement de Paris, le 6 février 1663.

Rancé était toujours perplexe sur lui-même. Deux frères de l'Étroite Observance, appelés de Perseigne, arrivèrent et prirent possession de la Trappe.

Un accident, survenu le 1ᵉʳ novembre 1662, contribua à fixer la résolution de Rancé. Sa chambre, dans le monastère qu'il avait achevé de réparer, s'écroula et pensa l'écraser : « Voilà, s'écria-t-il, ce que c'est que la vie! » Il se retira aussitôt dans un coin de l'église. Il entendit chanter le psaume : *Qui confidunt in Domino.* Frappé d'une lumière soudaine, il se dit : « Pourquoi craindrais-je de m'engager dans la profession monastique? » Les difficultés de son esprit s'évanouirent.

Il partit pour Paris, afin de demander au roi la permission de tenir en règle l'abbaye de la Trappe. Quelques hommes saints essayèrent de le détourner de sa résolution ; mais il dit à l'abbé de Prières, vicaire général de l'Étroite Observance :

« Je ne vois point d'autre porte à laquelle je puisse frapper pour retourner à Dieu que celle du cloître ; je n'ai d'autre ressource, après tant de désordres, que de me revêtir d'un sac et d'un cilice en repassant mes jours dans l'amertume de mon cœur. »

L'abbé lui répondit :

---

[1] Saint-Simon, tome v, pag. 131.

« Je ne sais, Monsieur, si vous comprenez bien ce que vous demandez : *nescis quid petis*. Vous êtes prêtre, docteur de Sorbonne, d'ailleurs homme de condition ; nourri dans la délicatesse et dans le luxe, vous êtes accoutumé à avoir grand train et à faire bonne chère ; vous êtes en passe d'être évêque au premier jour ; votre tempérament est extrêmement faible, et vous demandez d'être moine, qui est l'état le plus abject de l'Église, le plus pénitent, le plus caché et même le plus méprisé. Il vous faudra dorénavant vivre dans les larmes, dans les travaux, dans la retraite, et n'étudier que Jésus crucifié. Pensez-y sérieusement. »

Alors l'abbé de Rancé répondit :

« Il est vrai, je suis prêtre, mais j'ai vécu jusqu'ici d'une manière indigne de mon caractère ; je suis docteur, mais je ne sais pas l'alphabet du christianisme ; je fais quelque figure dans le monde, mais j'ai été semblable à ces bornes qui montrent les chemins aux voyageurs et qui ne se remuent jamais. »

L'abbé de Prières fut vaincu.

Dans quelques lettres qu'a bien voulu me communiquer M. Cousin, Rancé fait l'histoire des combats qu'il eut à soutenir à cette époque. Les quatre premières s'étendent de l'an 1661 à l'an 1664 ; elles sont écrites à l'évêque d'Aleth.

« Je ne puis comprendre, dit-il, que j'aie la hardiesse d'entreprendre une profession qui ne veut que des âmes détachées, et que, mes passions étant aussi vivantes en moi qu'elles le sont, j'ose entrer dans un état d'une véritable mort. Je vous conjure, Monseigneur, de demander à Dieu ma conversion dans une conjoncture qui doit être la décision de mon éternité, et qu'après avoir violé tant de fois les vœux de mon baptême, il me donne la grâce de garder ceux que je lui vais faire, qui en sont comme un renouvellement, avec tant de fidélité que je répare en quelque manière les erreurs de ma vie passée. »

Rancé écrivait à ses amis, le 13 avril 1663 :

« Je suis persuadé que vous serez surpris quand vous saurez la résolution que j'ai formée de donner le reste de ma vie à la pénitence. Si je n'étais retenu par le poids de mes péchés, plusieurs siècles de la vie que je veux embrasser ne pourraient satisfaire pour un moment de celle que j'ai passée dans le monde. »

L'abbé de Prières s'employa principalement auprès de la reine mère, afin d'obtenir du roi pour que Rancé pût tenir son abbaye en règle. Louis XIV agréa la requête, mais à la condition qu'à la mort de cet abbé régulier, la Trappe retournerait en commende. Le roi tenait aux traités de sa race. Le brevet fut expédié le 10 mai 1663, et envoyé à Rome pour être confirmé par Sa Sainteté. L'évêque de Comminges, ayant su que

Rancé était à l'institution à Perseigne pour commencer son noviciat, l'alla trouver et lui dit qu'il craignait que, dans son ardeur, il n'allât si loin que personne ne pourrait le suivre. L'abbé répliqua qu'il se modérerait, et il trompa l'évêque : conversation entre deux soldats ; l'un a appris à mesurer le péril, l'autre ne l'a jamais calculé.

En 1662, Rancé était allé visiter la Trappe et jeter un coup d'œil sur la solitude éternelle qu'il devait habiter. Il avait vu les étangs qui se retirent et s'élèvent en montant dans l'ancienne forêt du Perche, et dont plusieurs sont aujourd'hui supprimés. Il avait vu partout ces grandes feuilles solitaires qui flottaient sur les eaux comme un plancher, et à travers lesquelles les oiseaux aquatiques faisaient entendre quelques cris. Il hésita entre cette profonde retraite et son prieuré de Boulogne-Chambord, qui lui plaisait, parce qu'il était dans des bois ; mais enfin il se décida pour la Trappe, à cause de certaine affinité secrète entre les solitudes de la religion et les solitudes du passé. Il appela auprès de lui l'abbé Barbery.

Rancé, dans ces jours-là, écrivait à M. l'évêque d'Aleth :

« Comme les choses que je quitte et ma séparation des embarras extérieurs sont les moindres attachements de ma vie, que je ne puis me défaire de moi-même, puisque je me trouve partout aussi misérable que je l'ai toujours été, je vous supplie de demander à Dieu ma conversion. »

L'évêque d'Aleth, Nicolas Pavillon, n'était pas un guide sûr. Dans la confusion des doctrines du temps, l'ami sur le bras duquel vous vous souteniez prenait au premier détour une autre route, et vous laissait là.

Rancé, sentant qu'il était environné de chancelants compagnons, se décida : il sortit des rangs et rompit la ligne ; déserteur d'une armée qui ne le suivait pas, il alla droit de Paris à Perseigne apprendre la nouvelle profession qu'il s'était promis d'embrasser. L'abbé de Perseigne le reçut avec joie, mais avec tremblement. Au bout de cinq mois de noviciat, il se déclara chez Rancé une maladie dont il parle dans ses lettres, maladie d'autant plus dangereuse qu'elle avait été longtemps dissimulée. Les médecins le condamnèrent, s'il ne quittait la vie monastique ; l'abbé s'obstina, se fit transporter à la Trappe et guérit. Retourné à Perseigne, il écrivit à l'évêque d'Aleth :

« Le temps de mes épreuves est près de finir : mon cœur n'en est pas moins rempli de misères. Je ne puis comprendre que j'aie la hardiesse de prendre une profession qui ne veut que des âmes détachées, et que, mes passions étant aussi vivantes en moi qu'elles le sont, j'ose entrer dans un état d'une véritable mort. »

Il fit un adieu général au monde. D'une course nouvelle, il s'élança après le Fils de Dieu, et ne s'arrêta qu'à la croix.

On l'employa utilement pour son ordre pendant son noviciat. La réforme avait été établie au monastère de Champagne. Les moines résistaient; la noblesse appuyait les moines : l'esprit frondeur n'était pas encore éteint : restait à rendre l'arrière-faix de la discorde. Ce moment de péril interrompit le noviciat de Rancé : on le fit courir au secours de l'Étroite Observance. Vingt-cinq gentilshommes, conduits par le marquis de Vassé, sous prétexte d'une partie de chasse, se présentèrent à une abbaye dans le dessein d'en expulser le parti des réformés. Rancé arrivait; il leur demanda ce qu'ils voulaient : il fut reconnu par Vassé, auquel il avait rendu jadis un important service. Vassé courut à lui, l'embrassa, et consentit à laisser en paix les religieux.

Revenu à Perseigne, le prieur parla d'envoyer en Touraine l'abbé, dont le noviciat n'était pas encore achevé. Le postulant s'y refusa, disant que cette tournée l'exposerait à des *périls*. L'historien se sert deux fois de ce mot sans le comprendre : l'explication est que Veretz, tout vendu qu'il était, barrait le chemin; les périls qui menaçaient Rancé étaient des souvenirs. Étonné de la résistance, le prieur manda à l'abbé de Prières que le nouveau moine lui paraissait un homme attaché à son sens. L'abbé de Prières voulut parler à Rancé; celui-ci alla le trouver à quatre lieues de Paris : le grand conspirateur de solitude le charma, car l'abbé Le Bouthillier avait des bienséances difficiles à distinguer de la véritable humilité : un éclair de la vie passée de l'homme du monde plongeait dans les rudesses de la Foi.

Avant de prononcer ses vœux à Perseigne, Rancé retourna à la Trappe : il y lut son testament; il donne ce qui lui reste à son monastère. Il s'accuse d'avoir été, par son insouciance, la cause d'un grand nombre de malversations; il déclare parler sans exagération et sans excès; il proteste que sa confession est aussi sincère que s'il était devant le tribunal de Jésus-Christ; il abandonne à ses frères tous ses meubles; il leur remet particulièrement ses livres. « Si, par des événements qu'on ne peut prévoir, dit-
« il, la réforme cessait d'être à la Trappe, je donne ma bibliothèque à
« l'Hôtel-Dieu de Paris, pour être vendue au profit des pauvres et des ma-
« lades. »

Rancé a l'air d'avoir un pressentiment des malheurs qui fondirent un siècle et demi plus tard sur son abbaye. Il laissa sa bibliothèque à ses religieux, lui qui ne voulait pas qu'un moine s'occupât d'études.

Ici on aperçoit madame de Montbazon pour la dernière fois. Astre du soir, charmant et funeste, qui va pour toujours descendre sous l'horizon. Aux dires de dom Gervaise, Rancé avait nombre de lettres de cette femme et deux portraits d'elle : l'un la représentait telle qu'elle était à son mariage, l'autre telle qu'elle était au moment où elle devint veuve. Ces secrets d'amour étaient confiés à la garde de la religion. La mère Louise avait pour surveiller ces dépôts la faiblesse et la force nécessaires, l'indulgence d'une femme qui a failli, et le courage d'une femme qui se repent. Le matin même de ses vœux, Rancé écrivit à Tours pour donner l'ordre de jeter les lettres au feu et pour faire renvoyer les portraits à M. de Soubise, fils de madame de Montbazon[1]. Rompre avec les choses réelles, ce n'est rien ; mais avec les souvenirs ! Le cœur se brise à la séparation des songes ; tant il y a peu de réalités dans l'homme.

Une autre lettre écrite à la mère Louise, le 14 juin 1664, porte :

« J'attends avec une humble patience l'heureux moment qui doit m'immoler pour toujours à la justice de Dieu. Tous mes moments sont employés à me préparer à cette grande action. Je n'appréhende rien davantage, sinon que l'odeur de mon sacrifice ne soit pas agréable à Dieu ; car il ne suffit pas de se donner, et vous savez que le feu du ciel ne descendait point sur le sacrifice de ce malheureux qui offrait à Dieu des victimes qui ne lui étaient point agréables. »

On n'a jamais fait attention à cette plainte, qui sort du cœur de Rancé comme de ces boîtes harmonieuses faites dans les montagnes, qui répètent le même son ; cette plainte n'indique point son objet, elle se confond avec les accusations dont le souffrant charge la vie. Résolu de s'ensevelir à la Trappe, Rancé fit d'abord un voyage à son prieuré de Boulogne, puis il partit pour la Trappe, résolu de s'ensevelir au milieu de ces jardins solitaires, comme jadis les souverains à Babylone.

Les expéditions de la cour de Rome pour tenir en règle l'abbaye de la Trappe arrivèrent. Rancé aurait voulu se régénérer avec dom Bernier, ancien religieux de la Trappe mal vivant jusqu'alors, et enfin touché de la grâce ; mais dom Bernier ne fut prêt que quatre mois plus tard. Le 26 juin 1664, Rancé fit profession entre les mains de dom Michel de Guiton, commissaire de l'abbé de Prières, avec deux autres novices, dont l'un, appelé Antoine, avait été domestique de Rancé. De serviteur qu'il était, il devint l'égal de son maître dans les aplanissements du ciel. Quatre jours après, Pierre Félibien prit, au nom de l'abbé de Rancé, possession de l'abbaye de la Trappe en qualité d'abbé régulier. Rancé reçut la bénédiction abbatiale des mains de l'évêque irlandais d'Arda, assisté de l'abbé de Saint-Martin de Séez. L'abbé de la Trappe se rendit dès le lendemain à son monastère. Et pourtant il écrivait à un de ses amis :

« Ma disposition n'est qu'une pure résignation à la Providence. Priez pour moi. »

Ce premier séjour de Rancé à la Trappe ne fut pas long. Il faisait réparer de tous les côtés l'abbaye ; mais tandis qu'il donnait des règlements

---

[1] Dom Gervaise, etc.

nouveaux, il fut appelé à Paris à l'assemblée générale des communautés régularisées. Ce jeune homme, naguère si dépendant de l'opinion du monde, se rendit au lieu de la réunion dans une charrette comme un mendiant; affectation dont il ne put débarrasser sa vie. L'assemblée le nomma pour aller en cour de Rome plaider la cause de la réforme. Avant son départ, il s'aboucha avec le cardinal de Retz, qui s'était avancé jusqu'à Commercy. Ensuite Rancé retourna quelques jours à la Trappe. Il s'occupait comme un humble frère. Il disait : « Sommes-nous moins pêcheurs que les premiers religieux de Cîteaux? Avons-nous moins besoin de pénitence? » On lui représentait que, plus faibles, on ne pouvait plus pratiquer les mêmes austérités : « Dites, répondait-il, que nous avons moins de zèle. » D'un consentement unanime, les religieux se privèrent de l'usage du vin et de celui du poisson; ils s'interdirent la viande et les œufs. Il s'introduisit une manière honnête de parler et d'agir les uns avec les autres ; ils respectaient en eux l'homme racheté, s'ils méprisaient l'homme tombé.

Dans la distribution du travail, une portion d'un terrain inculte était échue à Rancé : au premier coup de bêche il rencontra quelque chose de dur : c'étaient d'anciennes pièces d'or d'Angleterre. Il y en avait soixante, chacune valant 7 francs : ce présent de la Providence aida Rancé à faire son voyage. Ayant convoqué ses moines il leur fit ses adieux :

« J'ai à peine le temps, leur dit-il, de vous remettre devant les yeux cette parole de saint Bernard : *Mon fils, si vous saviez quelles sont les obligations d'un moine, vous ne mangeriez pas une bouchée de pain sans l'arroser de vos larmes.* Puis il ajouta : Je prie Dieu d'avoir pitié de vous comme de moi. S'il nous sépare dans le temps, qu'il nous réunisse dans l'éternité. »

Les religieux se prosternèrent pour demander à Dieu la conservation de leur abbé.

Le nouveau Tobie partit pour Ninive : il n'allait pas épouser la fille de Raguel; la fille de Raguel n'était plus. Le voyageur qui accompagnait Rancé n'était pas Raphaël, mais l'Esprit de la pénitence ; cet Esprit ne se mettait pas en route pour réclamer de l'argent, mais la misère. Lorsqu'on erre à travers les saintes et impérissables Écritures où manquent la mesure et le temps, on n'est frappé que du bruit de la chute de quelque chose qui tombe de l'éternité.

Le grand expiateur avait retrouvé à Châlons-sur-Saône l'abbé du Val-Richer, son compagnon désigné de voyage. A Lyon il baisa la boîte qui renfermait le cœur de saint François de Sales. Il traversa les Alpes et arriva à Turin : il n'y vit point le saint-suaire. A Milan le tombeau de saint Charles Borromée l'appela : heureux les morts quand ils sont saints! ils retrouvent leur matin dans le ciel. Sainte Catherine à Bologne attira la vénération de Rancé ; c'étaient là les antiquités qu'il cherchait ; il faisait consister sa repentance à ne rien voir : ses yeux étaient fermés à ces ruines dont l'abbé de La Mennais nous fait une peinture admirable :

« De superbes palais, dit-il, se dégradent d'année en année, montrant encore, à travers leurs élégantes fenêtres ouvertes à la pluie et à tous les vents, les vestiges d'un faste que rien ne rappelle dans nos chétives constructions modernes, d'un luxe grandiose et délicat dont les arts divers avaient à l'envi réalisé les merveilles. La nature, qui ne vieillit jamais, s'empare peu à peu de ces somptueuses villas, œuvres altières de l'homme et fragiles comme lui. Nous avons vu des colombes nicher sur des corniches d'une salle peinte par Raphaël, le câprier sauvage enfoncer ses racines entre les marbres déjoints, et le lichen les recouvrir de ses larges plaques vertes et blanches. »

De Bologne à Florence, Rancé, sur une route triste dans les Apennins, fut renversé à terre de son cheval par le vent. A Florence le pèlerin ne s'enquit point de Dante et de Michel-Ange : quand, à mon tour, j'ai cheminé parmi ces débris, j'étais interdit. Rancé reçut les honneurs de la duchesse de Toscane. On regrette qu'il ne se soit pas arrêté plus loin au vallon d'Égérie : il aurait pu mener des Lémures saluer Néère et Hostia là où tant de femmes avaient passé. Enfin il entra dans la ville des saints Apôtres. O Rome, te voilà donc encore ! Est-ce ta dernière apparition ? Malheur à l'âge pour qui la nature a perdu ses félicités ! Des pays enchantés où rien ne vous attend sont arides : quelles aimables ombres verrai-je dans les temps à venir ? Fi ! des nuages qui volent sur une tête blanchie !

Rancé était arrivé le 16 novembre 1664, six semaines après l'abbé de Cîteaux, accouru pour combattre l'Étroite Observance. Il fut appelé à l'audience le 2 de décembre 1664, à Monte-Cavallo. Il lui dit : *Beatissime pater, ad Sanctitatis Vestræ pedes humiliter accedimus* [1]. Alexandre VII l'accueillit par ces paroles : *Adventus vester non solum gratus est nobis, sed expectavimus eum.* « Votre venue ne nous est pas seulement agréable, mais nous l'attendions. » Sa Sainteté reçut avec respect des lettres de la reine mère, de Mademoiselle, du prince de Conti et de madame de Longueville, dont les signatures étaient en contraste avec les vertus de Rancé. Malheureusement alors les rangs comptaient plus que les mœurs. Rancé fit entendre ces paroles soumises : « Très-saint père, sorti des monastères où nos péchés nous ont obligé de nous retirer, nous venons écouter Votre Sainteté comme l'oracle par lequel le Seigneur veut nous faire connaître ses volontés. »

Cette soumission ne rassura pas tellement le pape que Rancé ne se crût

---

[1] Maupeou, tome I, pag. 58.

obligé de s'expliquer : « Les pères de la Trappe, dit-il, n'avaient pas prétendu se soustraire à la juridiction ecclésiastique, pour aller devant les tribunaux séculiers. » Point délicat par lequel Rancé sut déterminer ensuite en sa faveur les décisions de Louis XIV. Il fut résolu que Sa Sainteté commettrait l'examen de l'Étroite Observance au jugement d'une congrégation de cardinaux. Rancé se retira satisfait, il écrivit :

« Je fus auprès de Sa Sainteté une heure et demie ; on ne pourrait attendre plus de marques de bénignité et de bonté que Sa Sainteté n'en fit paraître. »

Rancé alla voir le père Bona, qui, devenu cardinal, lui conserva de l'amitié. Des commissaires furent nommés par le pape pour étudier l'affaire. On instruisit Rancé qu'il n'obtiendrait pas ce qu'il désirait. Au commencement de l'année 1665, Rancé apprit que les décisions des cardinaux ne lui seraient pas favorables, et que des lettres venues de France lui faisaient tort : il se présenta au Vatican, où l'on bénit la ville et le monde.

L'affaire pour laquelle Rancé était venu ne plaisait point. D'un autre côté, les ordres monastiques de la Commune Observance traitaient les réformateurs d'hommes singuliers, voisins du schisme ; la règle étroite ne trouva parmi les grandes congrégations de Rome que la voix de quelques moines inconnus d'une vallée du Perche. En vain Rancé fut protégé par Anne d'Autriche, la perspicacité italienne voyait que la mère de Louis XIV se mourait ; or, la tombe, toute souveraine qu'elle est, a peu de crédit. Alors Rancé, voyant sa cause perdue, se remit en route pour la Trappe. A peine fut-il sorti de Rome que son entreprise fut surnommée *une furie française, una furia francese,* comme on appelle notre courage. En arrivant à Lyon il se hâta d'écrire :

« Tous mes proches commencent à être d'un même sentiment sur mon sujet, et j'ai reçu hier une lettre qui vous surprendrait si vous l'aviez vue. Mon départ fit pourtant quitter Rome à M. de Cîteaux, qui nous était un très-grand obstacle, lequel, croyant me devoir suivre en France, sursit dans l'esprit de nos juges les desseins qu'ils avaient sur notre affaire. »

L'abbé de Prières, ayant appris l'arrivée de Rancé, lui manda, le 24 février 1665, de retourner en Italie. Prières était une abbaye de bernardins fondée en 1250, à trois lieues de La Roche-Bernard, à l'embouchure de la Villaine, dans ma pauvre patrie. Bien que Rancé fût persuadé de l'inutilité de ce second voyage, il obéit. Une personne inconnue voulut faire accepter à Rancé une bourse où il y avait quarante louis : Rancé n'en prit que quatorze.

L'Apennin revit sur ses sommets ce voyageur qui n'écrivait ni ne faisait de journal. A Monte-Luco, parmi des bois d'yeuses, Rancé put apercevoir des ermitages blancs déjà habités de son temps, et où le comte Potocki s'est depuis caché. Rancé portait avec lui une chère remembrance, mais c'était la première fois qu'il voyageait : il n'avait pas été dix-sept ans, comme Camoëns, exilé au bout de la terre, ainsi que le raconte si bien M. Magnin ; il ne pouvait pas dire sur un vaisseau, en présence des rochers de Bab-el-Mandeb : « Madame, je demande de vos nouvelles aux vents qui viennent de la contrée que vous habitez, aux oiseaux qui vous ont vue. » Le souffle de la religion et la voix des anges ne laissaient arriver jusqu'à Rancé que des souvenirs expiatoires. Le soldat de la nouvelle légion chrétienne rentra le 2 d'avril 1665 à ce camp vide des prétoriens, où l'on ne voit plus que des martres et la fumeterre des chèvres, qui tremble sur les murs. « Rome, dit Montaigne, seule ville commune et universelle! Pour être des princes de cet État, il ne faut qu'être de chrestienté. Il n'est lieu ici-bas que le ciel ait embrassé avec telle influence de faveur et telle constance : sa ruine même est glorieuse et enflée. »

Rancé monta au Vatican ; il parcourut inutilement le grand escalier désert foulé par tant de pas effacés, d'où descendirent tant de fois les destinées du monde. Il adressa une supplique aux cardinaux. Un d'entre eux s'emporta : les réclamations de l'indigence le mettaient en colère. L'abbé de Rancé répondit : « Ce n'est point la passion, Monseigneur, qui me fait parler ; c'est la justice. »

« Ce grand homme, dit Pierre Le Nain, traitait les affaires à la façon des anges, avec la paix de son cœur et une parfaite soumission aux ordres du ciel. »

Lorsque Rancé parut à Rome en 1664, et qu'il y revint au mois d'avril 1665, Alexandre VII, Fabio Chigi, occupait la tiare. On recherchait encore les traces de l'ambition de dona Olimpia sous Innocent X, comme on visite les dégâts d'un siége levé. Il n'est resté des Pamphili que la villa de ce nom. « Quant à Alexandre VII, dit le cardinal de Retz, il se communiquait peu ; mais ce peu qu'il se communiquait était mesuré et sage, *savio col silenzio*. »

Dans d'autres courses à Rome, le cardinal de Retz trouva qu'il s'était trompé, et que Chigi n'était pas grand'chose. Après l'élection de Chigi, Barillon avait dit au coadjuteur : « Je suis résolu de compter les carrosses pour en rendre ce soir un compte exact à M. de Lionne : il ne faut pas lui épargner cette joie. » Tels étaient le langage, la politique et les mœurs que Rancé rencontra au tombeau des saints Apôtres. Innocent X avait condamné les cinq propositions; Alexandre VII changea quelques mots au *Formulaire*. Ces changements furent agréés par Louis XIV; mais en même temps, pour réparation d'une insulte faite au duc de Créqui, il exigea qu'une pyramide fût élevée devant l'ancien corps de garde des Corses, pyramide qui ne fut abattue que sous Clément IX. Alexandre VII canonisa saint François de Sales, créa une nouvelle bibliothèque, et s'occupa lui-même de lettres. On a de lui un volume de poésie intitulé : *Philomati Musæ juveniles,* seul rapport qu'il eut avec l'éditeur des œuvres d'Anacréon, si ce n'est le cercueil qu'il fit mettre sous son lit le jour de son exaltation au pontificat.

Pendant le voyage de Rancé à Lyon, le cardinal de Retz était revenu à Rome. Il reçut bien son ami le converti, et le força d'accepter chez lui un logement. Rancé ne tira aucun fruit du passage du coadjuteur à Rome, si ce n'est quelques audiences inutiles qu'il lui fit obtenir du pape. Le rôle actif du chef de la Fronde était fini : il y a un terme à tout ce qui n'est pas de la grande nature humaine.

Le cardinal de Retz était petit, noir, laid, maladroit de ses mains; il ne savait pas se *boutonner.* La duchesse de Nemours confirme ce portrait de Tallemant des Réaux : « Le coadjuteur vint, dit-elle, en habit déguisé, voir le cardinal Mazarin. M. le Prince, qui sut cette visite, en parla au cardinal, lequel lui tourna fort ridiculement et le coadjuteur, et son habit de cavalier, et ses plumes blanches et ses jambes tortues ; et il ajouta encore à tout le ridicule qu'il lui donna que, s'il revenait une seconde fois déguisé, il l'en avertirait, afin qu'il se cachât pour le voir et que cela le ferait rire. »

Les portraits du cardinal de Retz n'offrent pas ces difformités : dans l'air du visage il a quelque chose de froid et d'arrogant de M. de Talleyrand, mais de plus intelligent et de plus décidé que l'évêque d'Autun.

Né à Montmirail au mois d'octobre 1614 d'une famille florentine qui conseilla la Saint-Barthélemy, le cardinal ne montra pas les vertus que tâcha de lui inspirer saint Vincent de Paule, son précepteur : l'homme du bien, en ces temps-là, touchait à l'homme du mal, et il restait dans celui-ci quelque impression de la main qui l'avait modelé. Retz écrivit la Conjuration de Fiesque, ce qui fit dire au cardinal de Richelieu : « Voilà un dangereux esprit. » La pourpre romaine avait cela d'avantageux qu'elle créait un homme indépendant au milieu des cours. Retz professait du respect pour quiconque avait été chef de parti, parce qu'il avait honoré ce nom dans les Vies de Plutarque : l'antiquité a longtemps gâté la France. Il disait qu'à son âge César avait six fois plus de dettes que lui : après cela il fallait conquérir le monde, et Retz conquit Broussel, une douzaine de bourgeois, et fut au moment d'être étranglé entre deux portes par le duc de La Rochefoucauld.

Retz, à son début, aima sa cousine, mademoiselle de Retz : elle montrait, dit-il, tout ce que la *morbidezza* a de plus tendre, de plus animé et de plus touchant.

Suspect à Richelieu, ayant eu l'audace de muguetter ses femmes, le lovelace tortu et batailleur fut obligé de s'enfuir. Il alla à Venise, où il pensa se faire assassiner pour la signora Vendranina ; il erra dans la Lombardie, se rendit à Rome, discuta à la Sapience, eut une querelle avec le prince de Schomberg, et revint en France. Ses mésintelligences avec le cardinal de Richelieu continuèrent à propos de madame de La Meilleraie. Il lui passa par la tête de hasarder un assassinat sur le cardinal ; mais il sentit *ce qui pouvait être une peur.* Bassompierre, prisonnier à la Bastille, l'engagea avec des intrigants. La bataille de la Marfée eut lieu ; le comte de Soissons la gagna et fut tué. Cette mort contribua à fixer le cardinal de Retz dans la profession ecclésiastique. Une dispute commencée avec un ministre protestant lui acquit quelque renom. Il se lia avec mademoiselle de Vendôme par l'aventure où il rivalisa de courage avec M. de Turenne contre des capucins qui se baignaient à Neuilly : les conditions peu morales de cette liaison sont rapportées dans les *Mémoires.* Enfin, en vertu des protections de ces temps, il fut nommé coadjuteur de Paris, dont son oncle, M. de Gondi, occupait le siége.

Vint la Fronde. Mazarin finit par renfermer le coadjuteur au château de Vincennes ; de là transféré au château de Nantes, il s'en évada : quatre gentilshommes l'attendaient au bas de la tour, dont il se laissa dévaler. Caché dans une meule de foin, mené à Beaupréau par M. et madame de Brissac, il fut transporté à Saint-Sébastien, en Espagne, sur une balandre de la Loire. Il vit à Saragosse un prêtre qui se promenait seul, parce qu'il avait enterré son dernier paroissien pestiféré. A Valence, les orangers formaient les palissades des grands chemins. Retz respirait l'air qu'avait respiré Vannozia. Embarqué pour l'Italie, à Majorque le vice-roi le reçut : il entendit des filles pieuses à la grille d'un couvent : elles chantaient. Après trois jours il traversa le canal de la Corse, alors inconnu, aujourd'hui fameux. Il arriva à Porto-Longone ; il se rendit à Porto-Ferrajo, qui plus tard reçut Buonaparte, homme d'un autre monde, changé d'empire, jamais détrôné. Enfin il prit terre à Piombino, et poursuivit sa route vers Rome.

Un conclave s'ouvrit en 1655 par la mort d'Innocent X. Le cardinal de Retz s'attacha à l'escadron volant : Chigi fut élu sous le nom d'Alexandre VII. Retz fit courir le bruit qu'il avait contribué à l'élection : Joly, son secrétaire, assure qu'il n'en fut rien.

Retz se retira à Besançon, séjourna à Constance, puis à Ulm, et il alla voir en Angleterre Charles II, dont il avait secouru la mère pendant la Fronde.

Mazarin mourut le 9 mars 1661. Rentré en France, Retz entreprit deux ouvrages : l'un, sa généalogie (insipidité du temps : on compte ses aïeux lorsqu'on ne compte plus) ; l'autre, une histoire latine des troubles de la Fronde, de même que Sylla écrivit en grec ses proscriptions. Le cardinal vint saluer le roi à Fontainebleau. Reçu avec froideur, les jeunes gens se demandaient comment cet avorton avait jamais pu être quelque chose : ils n'avaient pas vu Couthon. Alors commença, ou plutôt se renoua, la liaison du cardinal et de madame de Sévigné.

Celle-ci, dont on a publié peut-être trop de lettres, ne pouvait se garantir de la raillerie, même envers les gens qu'elle croyait aimer : elle appelait le cardinal de Retz le *héros du bréviaire*. Le cardinal était à Saint-Denis en 1649. Madame de Sévigné annonce, nombre d'années après, au vieil acrobate mitré, que Molière lui lira, à lui, *Trissotin*, et que Despréaux lui fera connaître son *Lutrin*. Elle parle du *bon cardinal;* elle nous apprend qu'il se fait peindre par un religieux de Saint-Victor, qu'il donnera son image à madame de Grignan, laquelle ne s'en souciait pas du tout. Madame de Sévigné se promène comme une bonne avec le malade ; elle insiste pour que sa fille accepte une cassolette de lui, et sa fille la refuse avec dédain. On peut lire là-dessus une excellente leçon de M. Ampère. Mais à mesure que l'on approche de la fin du cardinal, l'admiration de madame de Sévigné baisse, parce que ses espérances diminuent. Légère d'esprit, inimitable de talent, positive de conduite, calculée dans ses affaires, elle ne perdait de vue aucun intérêt, et elle avait été dupe des intentions testamentaires qu'elle supposait au coadjuteur.

Joly, la duchesse de Nemours, La Rochefoucauld, madame de Sévigné, le président Hénault et cent autres, ont écrit du cardinal de Retz : c'est l'idole des mauvais sujets. Il représentait son temps dont il était à la fois l'objet et le réflecteur. De l'esprit comme homme, du talent comme écrivain (et c'était là sa vraie supériorité) l'ont fait prendre pour un personnage de génie. Encore faut-il remarquer qu'en qualité d'écrivain il était court comme dans tout le reste : au bout des trois quarts du premier volume de ses *Mémoires*, il expire en entrant dans la raison. Quant à ses actions politiques, il avait derrière lui la puissance du parlement, une partie de la cour et la faction populaire, et il ne vainquit rien. Devant lui il n'avait qu'un prêtre étranger, méprisé, haï, et il ne le renversa pas : le moindre de nos révolutionnaires eût brisé dans une heure ce qui arrêta Retz toute sa vie. Le prétendu homme d'État ne fut qu'un homme de trouble. Celui qui joua le grand rôle était Mazarin ; il brava les orages enveloppé dans la pourpre romaine : obligé de se retirer en face de la haine publique, il revint par la passion fidèle d'une femme, et nous amenant Louis XIV par la main.

Le coadjuteur finit ses jours en silence, vieux réveille-matin détraqué. Réduit à lui-même et privé des événements, il se montra inoffensif : non qu'il subît une de ces métamorphoses avant-coureurs du dernier départ, mais parce qu'il avait la faculté de changer de forme comme certains scarabées vénéneux. Privé du sens moral, cette privation était sa force. Sous le rapport de l'argent, il fut noble ; il paya les dettes de sa royauté de la rue, par la seule raison qu'il s'appelait *M. de Retz*. Peu lui importait du reste sa personne : ne s'est-il pas exposé lui-même au coin de la borne ? On le pressait de dicter ses aventures, et le romancier transformé en politique les adresse à une femme sans nom, chimère de ses corruptions idéalisées : « Madame, quelque répugnance que je puisse avoir à vous donner l'histoire « de ma vie, néanmoins, comme vous me l'avez demandée, je vous obéis. »

N'ayant plus où se prendre, il s'était fait le familier de Dieu, comme en sa jeunesse il avait serré la main des quarteniers de Paris. Il passait ses jours aux églises ; on prêtait l'oreille pour ouïr son cri du fond de l'abîme, pour pleurer aux Psaumes de la pénitence ou aux versets du *Miserere*, et l'on écoutait en vain. Les sépulcres, les images du Christ, ne l'enseignaient pas : uniquement épris de sa personne, il ne se rappelait que le rôle qu'il avait joué, sans s'embarrasser de sa vie morale. Il inspectait les lambeaux de ce qu'il fut pour se reconnaître ; il éventait ses iniquités, afin de se former une idée semblable de lui-même ; puis il venait écrire les scandales de ses souvenirs. En l'exhumant de ses *Mémoires*, on a trouvé un mort enterré vivant qui s'était dévoré dans son cercueil.

Joueur jusqu'à la fin, ne lui vint-il pas dans l'esprit de se retirer à la Trappe, et d'écrire ses Mémoires sur la table où Rancé écrivait ses Maximes ! Rancé fut obligé d'aller à Commercy pour détourner le cardinal de son pieux dessein. Bossuet s'était malheureusement écrié : « Le coadjuteur me-« nace Mazarin de ses tristes et intrépides regards. » Les grands génies doivent peser leurs paroles ; elles restent, et c'est une beauté irréparable.

Homme de beaucoup d'esprit, mais prélat sans jugement et évêque sacrilége, Retz contraria l'avenir de Dieu : il ne se douta jamais qu'il y eût plus de gloire dans un chapelet récité avec foi que dans tous les hauts et les bas de la destinée. Esprit aux maximes propres à des brouilleries plutôt qu'à des révolutions, il essaya la Fronde à Saint-Jean de Latran, se croyant toujours dans la *Cour des Miracles*. Indifférent et mélancolieux, cet Italien francisé se trouva sur le pavé lorsque Louis XIV eut jeté les baladins à la porte, même en respectant beaucoup trop en eux leur vie passée et l'habit qu'ils avaient sali. Placé entre la Fronde qui permettait tout, et le maître de Versailles qui ne souffrait rien, le coadjuteur s'écriait : « Est-il quelqu'un pire que moi ? » avec le même orgueil que Rousseau s'écriait : « Est-il quelqu'un meilleur que moi ? » Retz continua ses passe-pieds jusqu'à sa mort : mais il faut être Richelieu pour ne pas s'amoindrir en dansant une sarabande, castagnettes aux doigts, et en pantalon de velours vert.

Ce n'est donc pas à l'hôtel du cardinal de Retz que Rancé aurait pu apprendre à se plaire dans la capitale du monde chrétien. La société de Rome ne pouvait lui offrir aucune ressource.

Néanmoins, à l'époque de Rancé, Rome n'était pas dépourvue de Français dignes de lui : en 1664 Poussin avait acheté, de la dot de sa femme, une maison sur le mont Pincio, auprès d'un casino de Claude Lorrain, en face de l'ancienne retraite de Raphaël, au bas des jardins de la villa Borghèse ; noms qui suffisent pour jeter l'immortalité sur cette scène. Le Poussin mourut au mois de novembre 1665 et fut enterré dans *Saint-Laurent in Lucinia*. Si Rancé eût attendu seulement cinq ou six mois, il aurait pu assister à des funérailles avec l'abbé Nicaise, auteur d'un voyage à la Trappe, là où je n'ai eu que l'honneur de placer un buste. Le réformateur aimait les tableaux, témoin ceux qu'il avait lui-même esquissés : en voyant le cercueil du Poussin, il aurait été touché, tandis que se serait augmenté son mépris pour la gloire humaine. « J'ai rencontré Poussin, dit « Bonaventure d'Argonne, dans les débris de Rome, ou dessinant sur les « bords du Tibre. » L'abbé Antoine Arnauld, de la génération de Port-Royal, affilié depuis à la Trappe, avait aussi fréquenté l'auteur du tableau du Déluge. Ce tableau rappelle quelque chose de l'âge délaissé et de la main du vieillard : admirable tremblement du temps ! Souvent les hommes de génie ont annoncé leur fin par des chefs-d'œuvre : c'est leur âme qui s'envole.

Enfin la *Léonora* de Milton pouvait, à la rigueur, exister : Mazarin l'avait fait venir à ses concerts ; peut-être était-elle là, ne rendant plus aucun bruit ; lyre sans cordes. Rancé ne fut pas touché de la grandeur des campagnes romaines, ces sortes d'idées n'étaient pas encore nées : toutefois saint François avait chanté la beauté de la création éclose de la bonté de Dieu. Il y avait bien des images dignes de la mélancolie dans cette terre de tous les regrets ; Rancé eût pu marcher avec les derniers pas du jour sur le sommet du Soracte ; du haut du mont Marius, il eût aperçu les plages de Civita-Vecchia ; à Ostie il eût rejoint le sable facile à se creuser. Lord Byron avait marqué sa fosse aux grèves de l'Adriatique. Mais rien ne plaisait à Rancé dont le cœur était plus triste que la pensée.

Et cependant s'il ne s'était trop enseveli dans la préoccupation de ses fautes, il eût rencontré dans Rome même de quoi contenter sa ferveur. Partout se présentaient à lui des oratoires dans des parcours abandonnés semés de fleurs, dans ces asiles dont le père Lacordaire a fait cette peinture :

« Au son d'une cloche, toutes les portes du cloître s'ouvraient avec une sorte de douceur et de respect. Des vieillards blanchis et sereins, des hommes d'une maturité précoce, des adolescents en qui la pénitence et la jeunesse laissaient une nuance de beauté inconnue du monde, tous les temps de la vie apparaissaient ensemble sous un même vêtement. La cellule des cénobites était pauvre, assez grande pour contenir une couche de paille ou de crin, une table et deux chaises ; un crucifix et quelques images pieuses en étaient tout l'ornement. De ce tombeau qu'il habitait pendant ses années mortelles, le religieux passait au tombeau qui précède l'immortalité. Là même il n'était point séparé de ses frères vivants et morts. On le couchait, enveloppé de ses habits, sous le pavé du chœur ; sa poussière se mêlait à la poussière de ses aïeux, pendant que les louanges du Seigneur, chantées par ses contemporains et ses descendants du cloître, remuaient encore ce qui restait de sensible dans ses reliques. O maisons aimables et saintes ! On a bâti sur la terre d'augustes palais ; on a élevé de sublimes sépultures ; on a fait à Dieu des demeures presque divines ; mais l'art et le cœur de l'homme ne sont jamais allés plus loin que dans la création du monastère. »

Déjoué dans ses négociations comme dans ses sentiments, Rancé s'enferma dans sa vie. Il soigna un serviteur qui pensa mourir : inflexible pour lui, il pliait sa vie pour les autres. Il ne buvait que de l'eau, ne mangeait que du pain ; sa dépense par jour ne passait pas six oboles, prix d'une couple de colombes ; mais il s'abstenait de ces doux oiseaux qui coûtent si peu cher. Ne pouvant faire auprès des hommes les affaires de Dieu, il tâchait de faire auprès de Dieu les affaires des hommes.

« Il ne voulait voir, dit Maupeou, ni les anciens monastères, ni les anciens monuments de la magnificence romaine : cirques, théâtres, arcs de triomphe, trophées, portiques, colonnes, pyramides, statues et palais, imitant en cela le célèbre Ammonius, qui, accompagnant Athanase à Rome, n'y voulut voir que le fameux temple dédié aux apôtres saint Pierre et saint Paul. »

Rancé fréquentait les églises, passant les heures à prier dans ces habitacles oubliés sur tant de collines célèbres.

La pénitence sortie de Rome errait alentour ; pauvre *Piferario* des Abruzzes, elle faisait entendre le son de sa musette devant une madone. Rancé s'avançait quelquefois seul devant le labyrinthe des cercueils, soubassement de la cité vivante. Il n'y a peut-être rien de plus considérable dans l'histoire des chrétiens que Rancé inconnu priant à la lumière des étoiles, appuyé contre les aqueducs des Césars à la porte des Catacombes : l'eau se jetait avec bruit par-dessus les murailles de la ville éternelle, tandis que la mort entrait silencieusement au-dessous par la tombe.

Rancé avait désiré accomplir les fêtes de Noël dans un couvent de son ordre ; il y renonça lorsqu'il eut appris d'un vieux moine qu'on ne faisait point à table de lecture pieuse et qu'on jouait aux cartes après le souper. Confiné dans sa maison, il écrivait :

« Je passe ici ma vie dans une langueur et dans une misère que je ne puis vous exprimer. Rome m'est aussi peu supportable que la cour me l'était autrefois. Je ne vous dirai rien des curiosités de Rome ; je ne les vois point et je ne me sens touché d'aucun désir de les voir. Mon unique consolation est celle que je trouve au tombeau des princes des Apôtres et des saints martyrs, où je me retire le plus souvent qu'il est possible. »

Enfin, ayant tout épuisé, Rancé songea à son retour : il emportait quelques reliques que lui avait données l'évêque de Porphyre, sacriste d'Alexandre VII. Saint Bernard retourna, jeune encore, à son couvent avec une dent de saint Césaire : ne vieillissons point en quelque lieu que ce soit, de peur de voir mourir autour de nous jusqu'à notre renommée. Avant de quitter Rome, Rancé obtint du pape la licence de se retirer à la Grande-Chartreuse : ce permis existe; il est resté comme le bref d'un songe. Rancé n'exécuta pas tout le bien qu'il avait rêvé : en compensation des bonnes intentions perdues, on aperçoit dans les *Olim* des intentions de fautes qui n'ont jamais été commises. L'esprit du réformateur errait partout où il n'y avait point d'hommes; il ne s'arrêtait qu'à l'orée d'un champ, au feu de chaume du pâtre. Descendu de l'Italie, Rancé visita dans la *Vallée d'Absinthe* la poussière du grand abbé de Clairvaux, si toutefois elle renferme cette poussière : il y voulut demeurer; on le refusa. L'abbé de Prières avait mis Rancé sous la conduite de l'abbé du Val-Richer, qu'on appelait dans le siècle Dominique-Georges : les héros d'Homère avaient des noms vulgaires pour les peuples.

On ne vit donc point Rancé suspendu dans les abîmes de saint Bruno, ou attaché à la tombe de saint Bernard : c'eût été plus éclatant pour le poëte, moins grand pour le saint. Dieu, qui avait ses conseils, rappela Rancé à la Trappe, afin d'y établir la Sparte chrétienne.

Rancé obtint une audience de congé du saint-père. Il partit au mois d'avril, accompagné du jugement du pontife qui condamnait l'Étroite Observance. De nos jours, l'auteur de l'*Indifférence en matière de religion*, repoussé dans ses réformes, a continué de croire qu'elles s'accompliraient : une voix, est-il persuadé, partira on ne sait d'où; l'Esprit de sainteté, d'amour, de vérité, remplira de nouveau la terre régénérée.

Voilà ce que pense l'immortel compatriote dont je pleurais en larmes amères tout ce qui pourrait nous séparer sur le dernier rivage. Rancé, qui s'accotait contre Dieu, acheva son œuvre; l'abbé de La Mennais s'est incliné sur l'homme : réussira-t-il? L'homme est fragile et le génie pèse. Le roseau, en se brisant, peut percer la main qui l'avait pris pour appui.

LIVRE QUATRIÈME

Les calomnies publiées contre le monastère de la Trappe par les libertins qui se moquaient des austérités, et par les jaloux qui sentaient naître une autre immortalité pour Rancé, commençaient à s'accroître : on avait sans cesse devant les yeux les premières erreurs du solitaire, on s'obstinait à ne voir dans sa conversion que des motifs de vanité. Ses plus grands amis, l'abbé de Prières, visiteur de l'ordre, était lui-même épouvanté des réformes de la Trappe ; il écrivait à l'abbé : « Vous aurez beaucoup d'admirateurs, mais peu d'imitateurs. »

Maubuisson, abbaye près de Pontoise, avait été bâtie par la reine Blanche et l'on y voyait son tombeau : Rancé écrivit à la supérieure découragée de cette abbaye. Il écrivait à une autre femme, car tous les souffrants consultaient ce savant médecin qui avait essayé les remèdes sur lui-même : « Si l'ennui vous attaque, pensez que Jésus-Christ vous attend ; toute votre course et sa durée ne vous paraîtront qu'une vapeur dans ce point auquel il faudra qu'elle finisse. »

Le 7 septembre 1672, Rancé présenta une requête au roi en faveur de la réforme ; il commence par dire que les anciens solitaires, dont il ne mérite de porter ni le nom ni l'habit, n'ont point fait difficulté de sortir du fond de leurs déserts pour le service de Dieu ; qu'à leur exemple il croirait manquer au plus saint de ses devoirs s'il se taisait ; que malheureusement il ne va parler que pour se plaindre, et que celui qui lui ouvre la bouche n'a mis sur ses lèvres que des paroles de douleur. De là passant à son sujet, il parle de l'ordre de Cîteaux prêt à retomber dans les périls dont il est échappé, par le défaut de protection refusée à l'Étroite Observance établie par Louis XIII. Pendant que les solitaires ont vécu dans la perfection, ils ont été considérés comme les anges tutélaires des monarchies ; ils ont soutenu, par le pouvoir qu'ils avaient auprès de Dieu, la fortune de l'empire :

reuses murales qui croissent sur l'enceinte ébréchée de Rome, où les vents transportent çà et là leurs échafauds mobiles.

Des divisions s'étaient élevées entre le prieur et le sous-prieur ; le prieur avait rempli les cellules de meubles inutiles ; le travail des mains avait été diminué, les pratiques pieuses altérées ; le vin et le poisson reparaissaient sur les tables. Rancé, instruit à Rome de ces infractions, s'était hâté de mander à la Trappe :

« Vous savez que les actions mortes ne sauraient plaire au Dieu de la vie. Gardez le silence autant avec vous-même qu'avec les autres ; que votre solitude soit autant dans l'esprit et dans le cœur que dans la retraite extérieure de vos personnes ; que vos corps sortent de vos lits comme de vos tombeaux : au moment où je vous écris, nos jours s'écoulent. »

Les souvenirs d'Horace ne cessaient de vivre dans l'opulente mémoire de Rancé : *Dum loquimur fugerit invida œtas.*

Rancé remit la paix dans son monastère par la séparation de quelques chefs. Il se rendit ensuite au chapitre général de son ordre, qui se tint en l'année 1667. Un bref du pape de 1666 devait être reçu. Rancé avait connu ce bref à Rome. Plusieurs abbés, l'abbé de Cîteaux à leur tête, l'acceptèrent. Rancé prit la parole, tout jeune qu'il était, et dit qu'il avait droit d'opiner comme ancien docteur par la date de son doctorat. Il soutint que le pape Alexandre VII n'avait ni vu ni connu ce bref. Il demanda acte de sa protestation, qu'appuyèrent les abbés de Prières, de Faukaumont, de Cadouin et de la Vieuville. L'abbé de Cîteaux s'émut ; Rancé tint ferme, vérifia le procès-verbal et obligea le secrétaire à le corriger. L'abbé de Cîteaux, voulant la paix, nomma Rancé visiteur des provinces de Normandie, de Bretagne et d'Anjou. Rancé n'accepta pas la charge, mais le bref de Rome passa. Il supprimait le vicaire général de la réforme de France, et défendait les assemblées qu'avaient autorisées les arrêts du parlement et du conseil. Rancé à demi repoussé regagna son monastère.

Si les travaux spirituels avaient été interrompus, les constructions matérielles n'avaient pas été suspendues à la Trappe. Les moines étaient eux-mêmes les architectes et les maçons. Des frères convers, appendus au haut du clocher, étaient ballottés par les vents et rassurés par leur foi. Celui qui plaça le coq sur l'édifice vint, avant son entreprise, se prosterner aux pieds de Rancé. La religion prit le frère par le bras et il monta ferme. Les travailleurs se mettaient à genoux sur leurs cordes lorsque l'heure des prières venait à tinter. Rancé augmenta le couvent d'un grand nombre de cellules ; il éleva une mense pour la réception des étrangers. On aperçoit dans l'avant-cour du couvent les écussons insultés des armes de France. Rancé fit bâtir deux chapelles, l'une en l'honneur de saint Jean Climaque, l'autre en l'honneur de sainte Marie d'Égypte : j'en ai déjà parlé. Il déposa sur l'autel de l'église les reliques qu'il avait apportées de Rome, et qui s'enrichirent ensuite de quelques autres. Dans l'église il remplaça, et il eut tort, par un beau groupe, cette vierge de peu de prix qui, sur la cime des Alpes, rassérène les lieux battus des tempêtes. Rancé retira le couvent de la désolation humaine et l'épura par la désolation chrétienne. Ces lieux que les Anglais avaient fait retentir de leurs pas armés ne répétèrent que le susurrement de la sandale.

L'abbaye n'avait pas changé de lieu : elle était encore, comme au temps de la fondation, dans une vallée. Les collines assemblées autour d'elle la cachaient au reste de la terre. J'ai cru, en la voyant, revoir mes bois et mes étangs de Combourg le soir aux clartés ralenties du soleil. Le silence régnait : si l'on entendait du bruit ce n'était que le son des arbres ou les murmures de quelques ruisseaux, murmures faibles ou renflés selon la lenteur ou la rapidité du vent : on n'était pas bien certain de n'avoir pas ouï la mer. Je n'ai rencontré qu'à l'Escurial une pareille absence de vie : les chefs-d'œuvre de Raphaël se regardaient muets dans les obscures sacristies : à peine entendait-on la voix d'une femme étrangère qui passait.

Rentré dans son royaume des expiations, Rancé dressa des constitutions pour ce monde, convenables à ceux qui pleuraient. Dans le discours qui précède ces constitutions, il dit[1] :

« L'abbaye est sise dans un valon fort solitaire ; quiconque voudra y demeurer n'y doit apporter que son âme : la chair n'a que faire là-dedans. »

On croit lire quelque fragment des *Douze Tables*, ou la consigne d'un camp des quarante-deux stations israélites. On remarque ces prescriptions :

« On se lèvera à deux heures pour matines ; on fera l'espace d'entre les coups de la cloche fort petit, pour ôter lieu à la paresse. On gardera une grande modestie dans l'église, on fera tous ensemble les inclinations du corps et les génuflexions. On sera découvert depuis le commencement de matines jusqu'au premier psaume.

« On ne tournera jamais la tête dans le dortoir et l'on marchera avec gravité. On n'entrera jamais dans les cellules des uns des autres. On couchera sur une paillasse piquée, qui ait tout au plus un demi-pied d'épaisseur. Le traversin sera de paille longue ; le bois de lit sera fait d'ais sur des tréteaux. » « C'est dans l'obscurité de leurs cellules, dit M. Charles Nodier dans « ses *Méditations du cloître*, que Rancé cacha ses regrets et que cet esprit « ingénieux, qui avait deviné à neuf ans les beautés d'Anacréon, embrassa « à l'âge du plaisir des austérités dont notre faiblesse s'étonne. »

« Au réfectoire, on sera extrêmement propre ; on y aura toujours la vue baissée, sans néanmoins se pencher trop sur ce que l'on mange. » Puis

---

[1] Constitutions de l'abbaye de la Trappe. Paris, 1671.

viennent sur l'usage du couteau et de la fourchette des recommandations qui semblent faites pour des enfants : le vieillard devant Dieu est revenu à l'innocence des jours puérils.

« Aussitôt que la cloche sonne pour le travail, tous les religieux et novices se trouveront au parloir. On ira au travail assigné avec grande retenue et récollection intérieure, le regardant comme la première peine du péché.

« Aux heures de récréations, on bannira les nouvelles du temps. Dans les grandes sorties, on pourra aller en silence avec un livre dans un endroit du bois hors de la hantise des séculiers. On tiendra le chapitre des coulpes deux fois la semaine : avant de s'accuser, on se prosternera tous ensemble, et, le supérieur disant : *Quid dicite?* chacun répondra d'un ton assez bas : *Culpas meas.*

« A l'infirmerie le malade ne se plaindra jamais : un malade ne doit avoir devant les yeux que l'image de la mort ; il ne doit rien tant appréhender que de vivre. »

A ces constitutions, Rancé ajouta des règlements ; ils commencent par ce prolégomène : « Je ne m'acquitterais pas de ce que je dois à Dieu, de ce que je vous dois, mes frères, ni de ce que je me dois à moi-même, si je négligeais dans ma conduite quelque chose de ce qui peut vous rendre dignes de l'éternité. »

Puis arrivent les instructions générales.

« On ne demeurera jamais seul dans aucun lieu dans l'obscurité, » dit Rancé. Et cependant, sans s'en apercevoir, il mettait l'homme seul devant ses passions.

Les observances en ce qui concerne les étrangers sont touchantes : on voyait des avertissements écrits en chaque chambre du quartier des hôtes. S'il est mort quelque parent proche, comme le père, la mère d'un religieux, l'abbé le recommande au chapitre sans le nommer, de manière que chacun s'y intéresse comme pour son propre père, et que la douleur ne cause ni douleur, ni inquiétude, ni distraction à celui des frères qu'elle regarde. La famille naturelle était tuée et l'on y substituait une famille de Dieu. On pleurait son père autant de fois que l'on pleurait le père inconnu d'un compagnon de pénitence.

Il y a des usages pour sonner la cloche selon les heures du jour et les différentes prières. Il y a des règles pour le chant : dans les psaumes, allez rondement jusqu'à la *flexe;* le *Magnificat* doit s'entonner avec plus de gravité que les psaumes ; quoique aucune pause ne soit commandée dans le cours d'un répons, on en doit faire dans le *Salve, Regina :* il faut qu'il y ait un moment de silence dans tout le chœur.

En 1672, on rétablit à la Trappe l'ancienne manière de jeûner le carême, de ne faire qu'un seul repas et de ne manger qu'à quatre heures du soir.

Par ces règlements, Rancé avait mis à exécution ses deux grands projets : prière et silence. La prière n'était suspendue que par le travail. On se levait la nuit pour implorer celui qui ne dort point : Rancé voulait que l'âme et le corps eussent une égale occupation.

Quand l'abbé s'apercevait que ses religieux souffraient de douleurs qui ne se décelaient par aucune marque apparente, à ceux-là il s'attachait. Il n'opérait point à l'aide de miracles ; il ne faisait point entendre les sourds et les aveugles voir ; mais il soulageait les maladies de l'âme et jetait les esprits dans l'étonnement en apaisant les tempêtes invisibles. Variant ses instructions suivant le caractère de chaque cénobite, Rancé s'étudiait à suivre en eux l'attrait du ciel. Un mot de sa bouche leur rendait la paix. Des solitaires qui ne l'avaient jamais connu trouvèrent dans la suite, à sa sépulture, la guérison de leurs peines ; la bénédiction du ciel continuait sur sa tombe : Dieu garde les os de ses serviteurs.

L'hospitalité changea de nature ; elle devint purement évangélique : on ne demanda plus aux étrangers qui ils étaient ni d'où ils venaient ; ils entraient inconnus à l'hospice et en sortaient inconnus ; il leur suffisait d'être hommes : l'égalité primitive était remise en honneur. Le moine jeûnait tandis que l'hôte était pourvu ; il n'y avait de commun entre eux que le silence. Rancé nourrissait par semaine jusqu'à quatre mille cinq cents nécessiteux. Il était persuadé que ses moines n'avaient droit aux revenus du couvent qu'en qualité de pauvres. Il assistait des malades honteux et des curés indigents. Il avait établi des maisons de travail et des écoles à Mortagne. Les maux auxquels il exposait ses moines ne lui paraissaient que des souffrances naturelles. Il appelait ces souffrances la *pénitence de tous les hommes*. La réforme fut si profonde que le vallon consacré au repentir devint une terre d'oubli.

Il résulta de cette éducation des effets que l'on ne remarque plus que dans l'histoire des Pères du désert. Un homme s'étant égaré entendit une cloche sur les huit heures du soir : il marche de ce côté et arrive à la Trappe. Il était nuit ; on lui accorda l'hospitalité avec la charité ordinaire, mais on ne lui dit pas un mot : c'était l'heure du grand silence. Cet étranger, comme dans un château enchanté, était servi par des esprits muets dont on croyait seulement entendre les évolutions mystérieuses.

Des religieux, en se rendant au réfectoire, suivaient ceux qui allaient devant eux sans s'embarrasser où ils allaient : même chose pour le travail : ils ne voyaient que la trace de ceux qui marchaient les premiers. Un d'entre eux, pendant l'année de son noviciat, ne leva pas une seule fois les regards : il ignorait comment était fait le haut de sa cellule. Un autre reclus fut trois ou quatre mois sans apercevoir son frère, quoiqu'il lui tombât cent fois sous les yeux. La duchesse de Guise étant venue au couvent, un solitaire s'accusa d'avoir été tenté de regarder l'*évêque* qui était sous lampe. Rancé seul savait qu'il y eût une terre[1].

Ces grands effets ne se bornèrent pas à l'intérieur du couvent ; ils s'étendirent partout. Dans la suite, quand la Trappe fut détruite, on en vit mille autres renaître, comme des plantes dont la semence a été soufflée au haut des ruines. J'ai cité dans les notes du *Génie du christianisme* les lettres de M. Clausel, qui, de soldat de l'armée de Condé, était venu s'enfermer en Espagne à la Trappe de Sainte-Suzanne. Il écrivait à son frère :

« J'arrivai un jour, dans une campagne déserte, à une porte, seul reste d'une grande ville. Il y avait eu sûrement dans cette ville des partis, et voilà que depuis des siècles leurs cendres s'élèvent confondues dans un même tourbillon. J'ai vu aussi Murviedro, où était bâtie Sagonte, et je n'ai plus songé qu'à l'éternité. Qu'est-ce que cela me fera dans vingt ou trente ans qu'on m'ait dépouillé de ma fortune ? Ah ! mon frère, puissions-nous avoir le bonheur d'entrer au ciel ! S'il me reste quelque chose, je désire qu'on fasse bâtir une chapelle dédiée à Notre-Dame des Sept-Douleurs dans l'arrondissement de la maison paternelle, selon le projet que nous en fîmes sur la route de Munich. Hâtez-vous de faire élever des croix pour la consolation des voyageurs, avec des siéges et une inscription comme en Bavière : *Vous qui êtes fatigués, reposez-vous*. J'aurai demain le bonheur de faire mes vœux : j'y ajouterai une croix comme on en met sur la tombe des morts. »

La chapelle vient d'être bâtie par mon vieil ami, M. de Clausel, dans les montagnes du Rouergue. Après plus de quarante années, l'amitié a rempli un vœu. Avant de quitter ce monde, ne verrai-je point cette pieuse sincérité de l'affection fraternelle, moi qui viens d'apprendre la mort de mon jeune neveu, petit-fils de M. de Malesherbes, et mort jésuite au pied des Alpes de Savoie, après avoir été brave officier ? Je tarde tant à m'en aller, que j'ai envoyé devant moi tous ceux que je devais précéder.

Quand la Trappe fut détruite, un porteur de la haire de Rancé demanda asile au canton de Fribourg. Les moines quittèrent leur monastère ; chaque religieux avait dans son sac sa robe et un peu de pain. La colonie s'arrêta à Saint-Cyr ; elle fut accueillie par l'hospitalité expirante des lazaristes, et fut bientôt obligée de s'éloigner. Le vœu de silence et de pauvreté paraissait une conspiration à ceux qui faisaient de si horribles bruits. A Paris, les chartreux, prêts à se séparer, reçurent les trappistes : les cloîtres de Saint-Bruno exercèrent leur dernier acte de charité. La solitude ambulante continua sa route. La vue d'une église lointaine sur le passage des frères les ranimait ; ils bénissaient la maison du Seigneur par la récitation des psaumes,

---

[1] Le Nain, tome I, liv. VIII, pag. 600 et suiv.

comme on entend, parmi les nuages, des cygnes sauvages saluer en passant les savanes des Florides. A la frontière, la charrette qui traînait les bannis au ciel fut regardée avec compassion par nos soldats. On ne fouilla point ces mendiants. En entrant sur le sol étranger, les exilés se donnèrent le baiser de charité dans une forêt ; à une lieue de l'ancienne abbaye de la Val-Sainte, ils coupèrent une branche d'arbre, en firent une croix, et reçurent le curé de Cerniat qui venait à leur rencontre.

A la Val-Sainte, ruine d'un monastère abandonné, ils trouvèrent à peine de quoi se mettre à l'abri. Dans un temps où les armes, les malheurs et les crimes faisaient tant de fracas, la renommée des solitaires se répandit au dehors : les rois fuyaient et n'attiraient personne sur leurs traces ; on accourait de toutes parts pour se ranger au nombre des moines réfugiés. La Val-Sainte, grossie de néophytes, fut obligée d'envoyer des colonies au dehors, comme une ruche répand autour d'elle ses essaims. Mais la révolution, qui marchait plus vite que la religion fugitive, atteignit les trappistes dans leur nouvelle retraite : obligés de quitter la Val-Sainte, chassés de royaume en royaume par le torrent qui les poursuivait, ils arrivèrent jusqu'à Butschirad, où j'ai rencontré un autre exilé. Enfin, le sol leur manquant, ils passèrent en Amérique. C'était un grand spectacle que le monde et la solitude fuyant à la fois devant Buonaparte. Le conquérant, rassuré par ses victoires, sentit la nécessité des maisons religieuses : « Là, disait-il, se pourront réfugier ceux à qui le monde ne convient pas ou qui ne conviennent pas au monde. »

Dom Gustin, trappiste fugitif, racheta les ruines de la Trappe avec des aumônes. Il ne restait plus du monastère que la pharmacie, le moulin et quelques bâtiments d'exploitation. Dans les environs de Bayeux, les trappistines, chassées d'abord de la forêt de Sénart, s'établirent sous la conduite de ma cousine, madame de Chateaubriand. Les enfants de Rancé ne trouvèrent en rentrant dans la solitude de leur père que des murailles recouvertes de lierre, et des débris à travers lesquels serpentaient les ronces. Telle fut dès son début la vigueur de l'arbre que Rancé avait planté, qu'il continue de vivre ; il donnera de l'ombre aux pauvres quand il n'y aura plus d'ombre de trônes ici-bas. J'ai vu à la Trappe un ormeau du temps de Rancé : les religieux ont grand soin de ce vieux Lare, qui indique les cendres paternelles mieux que la statue de Charles II n'indique l'immolation de Charles Ier.

Les moines dont je viens de tracer l'histoire avaient été les enfants de Rancé. Lorsqu'il arriva à la Trappe, un de ses premiers soins fut de faire abattre une fuie, cellules de colombes, qui se trouvait placée au milieu de la cour, soit qu'il voulût abolir jusqu'au souvenir des temps d'une abstinence moins rigoureuse, soit qu'il craignît ces oiseaux que la Fable plaçait parmi ses plus beaux ornements et dont les ailes portaient des messages le long des rivages de l'Orient. Un trappiste se confessait d'avoir regardé un nid : se reprochait-il d'avoir pensé à un nid ou à des ailes? M. de Rancé fit détourner un grand chemin qui passait contre les murs de l'abbaye, le bruit de ce chemin renouvelé descend encore aujourd'hui au fond de la vallée. Tout chef qu'il était, Rancé ne s'accorda aucune des préférences de ses devanciers, il se contentait de la pitance commune ; privé comme ses moines de l'usage du linge, il prêchait et confessait ses frères ; ses seules distractions étaient les paroles qu'il recueillait sur le lit de cendres. Il fortifiait ses pénitents plutôt qu'il ne les attendrissait. Il n'était question dans ses discours que de l'échelle de saint Jean Climaque, des ascétiques de saint Basile et des conférences de Cassien.

Les cinq ou six premières années de la retraite de Rancé se passèrent obscurément : les ouvriers travaillaient sous terre aux fondements de l'édifice. Rancé recevait sans distinction tous les religieux qui se présentaient. Le premier qui parut fut, en 1667, dom Rigobert, moine de Clairvaux ; ensuite dom Jacques et le P. Le Nain. Ces réceptions commencèrent à faire des ennemis à Rancé. Cela nous paraît bien peu grave, à nous qui n'attachons de prix qu'aux guenilles de notre vie, mais alors c'étaient des affaires : Rome survenait, le grand conseil du roi s'en mêlait. Obligé d'entrer dans ces transactions générales, Rancé était forcé de survenir dans les accidents domestiques : il administrait ses premiers solitaires, qui mouraient d'abord presque tous. Dom Placide était étendu sur sa dernière couche, Rancé lui demanda où il voulait aller? « Au-devant des bienheureux, » répondit-il.

Dom Bernard fut administré. A peine eut-il reçu le corps de Notre-Seigneur qu'il eut un pressant besoin de cracher : il se retint, et mourut étouffé par le pain des anges.

Claude Cordon, docteur de Sorbonne, reçut en arrivant le nom d'Arsène, nom devenu fameux dans les nouvelles légendes. Arsène, après sa mort, apparut dans une gloire à dom Paul Ferrand et lui dit : « Si vous saviez ce que c'est que de converser avec les saints ! » Puis il disparut.

L'abbaye de Dorval se voulut réformer. L'abbé de Dorval convint d'une entrevue avec Rancé : Rancé partit ; il rencontra l'abbé de Dorval à Châtillon, lieu triste où les espérances ne se réalisent pas. De là il se rendit à Commercy, où il revit le cardinal de Retz ; il le détourna de la pensée apparente qu'il avait de se renfermer à la Trappe : « Le saint homme, dit Le Nain, eut de bonnes raisons pour ne pas le lui conseiller. » M. Dumont, auteur de l'histoire de la ville de Commercy, a bien voulu m'envoyer une lettre de Rancé au cardinal de Retz. « Si Votre Éminence, dit l'abbé de la Trappe, croyait qu'il y eût personne dans le monde dont mon cœur fût plus occupé que d'elle, elle ne me ferait pas justice. » Voilà où la déférence pour les rangs peut conduire la piété même. Après sa sortie, Rancé se hâta de se replier et de rappeler du monde sa patrouille. Revenu à la Trappe, il admit à profession frère Pacôme : celui-ci n'ouvrit jamais un livre, mais il excellait dans l'humilité. Chargé du soin des pauvres, il n'entrait dans le lieu où il mettait le pain qu'après s'être déchaussé, comme Moïse pour entrer dans la Terre Promise. Pacôme attira à lui un de ses frères ; ils vécurent sous le même toit sans se donner la moindre marque qu'ils se fussent jamais connus.

Rancé avait envoyé un religieux à Sept-Fonts : ce religieux se gâta. « Je me suis mécompté, écrivait Rancé au visiteur, j'en ferai pénitence toute ma vie. »

La plupart des repentants du seizième siècle et du commencement du dix-septième avaient été des bandits ; ils ne se transformèrent pas, comme les massacreurs de septembre, en marchands de pommes cuites, et ne vendaient point de leurs mains souillées de meurtres des fruits aux petits enfants. Ces meurtriers étaient des déserteurs des armées du temps, des *Routiers,* des *Condottieri,* des *Ruffiens.* Somme toute, des capitaines, tels que Montluc et le baron des Adrets, qui faisaient sauter des prisonniers du haut des remparts, instruisaient leurs fils à se laver les bras dans le sang, accrochaient leurs prisonniers aux arbres, valaient-ils mieux que leurs soldats ? Les illustres égorgeurs qui se retirèrent à Port-Royal et à la Trappe n'étaient-ils pas les dignes appelés à la retraite vengeresse qui les devait dévorer ? Un monde si plein de crimes se remplit de pénitents comme au temps de la Thébaïde.

Depuis la réforme jusqu'à la mort de Rancé, on compte cent quatre-vingt-dix-sept religieux et quarante-neuf frères, parmi lesquels sont plusieurs de qui Rancé a écrit la vie et qui peuvent figurer dans les romans du ciel. On voit leurs noms dans l'*Histoire de l'abbaye de la Trappe,* excellent recueil où tout se trouve rapporté avec une minutieuse exactitude. Je le recommande d'autant plus que j'y ai remarqué quelques paroles d'humeur contre moi ; cependant je croyais ne les avoir pas méritées.

A Port-Royal, même affluence d'hommes du monde ; mais à Port-Royal il y avait des femmes et des savants ; Pallue *coulant le temps,* médecin qui devint celui des solitaires, fit bâtir, nous dit Fontaine, « un petit logis, appelé le Petit-Pallue à cause de la petitesse *bien juste et bien ramassée* de ses appartements. » Vint ensuite Gentien-Thomas, suivi de ses enfants. On vit accourir M. de La Rivière, officier, qui apprit la langue grecque et la langue hébraïque et se fit gardien des bois.

A la Trappe arrive Pierre ou François Fore : sous-lieutenant dans un corps de grenadiers, blessé dans plusieurs rencontres, plongé dans toutes sortes de vices, poursuivi par dix ou douze décrets de prise de corps, il était incertain s'il fuirait en Angleterre, en Allemagne, en Hongrie, ou s'il ne prendrait pas le turban ; il entendit parler de la Trappe. En quelques jours il franchit deux cents lieues ; il arrive à la fin de l'hiver par des routes défoncées et d'affreuses pluies ; il frappe à la porte : son œil était hagard, son expression hautaine et dure, son sourcil fier, sa contenance militaire et farouche. Rancé le reçut. Des ulcères se formèrent dans la poitrine de Fore ; il vomit le sang sur la cendre et il expira.

À Port-Royal on voit un M. de La Pétissière, brave parmi les braves ; le cardinal de Richelieu se reposait sur lui de sa sûreté : c'était un lion plutôt qu'un homme. *Le feu lui sortait par les yeux, et son seul regard effrayait ceux qui le regardaient.* Dieu se servit d'un malheur pour toucher d'une crainte salutaire son âme féroce et incapable de toute autre peur. Comme il avait une querelle avec un parent du cardinal, il eut plus de huit jours un cheval toujours sellé et prêt à monter pour aller se battre contre celui dont il croyait avoir été offensé. La fureur qui le transportait était telle qu'encore qu'il fût le plus habile et le plus adroit du royaume, il reçut, après avoir blessé à mort son ennemi, un coup d'épée dans le bras, entre les deux os ; la pointe demeura enfoncée sans qu'il pût jamais la retirer. Il se sauva en cet état à travers champs, portant dans son bras le bout de l'épée rompue. Il alla trouver un maréchal, qui eut besoin pour la retirer de se servir des grosses tenailles de sa forge.

À la Trappe passe M. de Forbin Janson, obligé de quitter la France pour avoir tué son adversaire en duel : il obtint ensuite sa grâce. Il se trouva à Marseille sous Catinat, reçut une blessure, fit vœu de se faire religieux et reçut l'habit des frères de la Trappe. Il fut envoyé au monastère de *Buon-Solazzo* (Bonne-Consolation), et fonda une maison de trappistes sur les charmantes collines de la Toscane. Joseph Bernier, moine qui restait de l'ancienne Trappe, passa, à l'arrivée de Rancé, dans l'Étroite Observance ; il demanda en expirant que son corps fût jeté à la voirie : cynisme de la religion où se montre le cas que les chrétiens faisaient de la matière. Ces rigueurs se rattachent à un ordre de philosophie que notre esprit n'est pas plus capable de comprendre que nos mœurs de supporter. Timée, dans Diogène-Laërce, raconte que les pythagoriciens mettaient leurs biens en commun, appelaient l'amitié égalité, ne mangeaient point de viande, étaient cinq ans sans parler, et rejetaient par humilité les cercueils de cyprès, parce que le sceptre de Jupiter était fait de ce bois.

Ces pêcheurs de la Trappe et de Port-Royal se trouvèrent confondus avec des non-savants de toute nature.

« À Port-Royal était le jeune Lindo, d'une bonté et d'une ouverture de cœur à l'égard de tout le monde qui ne se peut concevoir. « Je sentais pour lui, écrit l'ingénu Fontaine, une tendresse particulière; il était fort simple, et je l'étais aussi. »

De même parut à la Trappe frère Benoît, gentilhomme plein d'esprit, qui avait passé ses premiers jours à ne point penser. Rancé, qui tirait parti de l'innocence comme du repentir, a écrit sa vie, de même qu'un jardinier fait une petite croix sur des paquets de graines pour étiqueter un parfum.

M. de Sainte-Beuve a extrait avec la patience du goût les passages de Port-Royal que je viens de citer; il ajoute :

« C'est le côté par lequel Port-Royal touche à la Trappe et à M. de Rancé, quand, sous les autres aspects, il paraît toucher plus près aux bénédictins de Saint-Maur et à Mabillon; quand, par M. d'Andilly, il reste un peu à portée de la cour et presque figurant de loin ces riantes et romanesques retraites, imaginées en idée par mademoiselle de Montpensier, par madame de Motteville ou même par mademoiselle de Scudéri. »

La Trappe n'était pas riante; ses sites étaient désolés, et l'âpreté de ses mœurs se répétait dans l'âpreté du paysage. Mais la Trappe resta orthodoxe, et Port-Royal fut envahi par la liberté de l'esprit humain. Le terrible Pascal, hanté par son esprit géométrique, doutait sans cesse : il ne se tira de son malheur qu'en se précipitant dans la foi. Malgré le silence que la Trappe gardait, il fut question de la détruire, tant le monde était effrayé d'elle; elle n'échappa à sa ruine que par l'habileté de Rancé : Port-Royal fut moins heureux.

Parti de Paris dans la nuit du 27 octobre 1709, d'Argenson investit Port-Royal des Champs avec trois cents hommes; c'était trop pour enlever vingt-deux religieuses âgées et infirmes. Elles furent dispersées en différents lieux; et l'on refusa quelquefois la sépulture à ces brebis esseulées du troupeau de la mère Angélique.

Enfin l'ordre de la démolition du couvent arriva le 25 janvier 1710, dix ans après la mort de Rancé. Cet ordre *fut exécuté avec fureur*, selon Duclos. Les cadavres étaient déterrés au bruit de ricaneries obscènes, tandis que dans l'église les chiens se repaissaient de chair décomposée. Les pierres tumulaires furent enlevées; on a trouvé à Magny celle d'Arnauld d'Andilly. La maison de M. de Sainte-Marthe devint une grange; les bestiaux paissent sur l'emplacement de l'église de Port-Royal des Champs.

« La clématite, le lierre et la ronce, dit un voyageur, croissent sur cette masure, et un marsaule élève sa tige au milieu de l'endroit où était le chœur. Le silence est à peine interrompu par le gémissement du ramier solitaire. Ici Sacy venait répéter à Dieu la prière qu'il avait empruntée de Fulgence; là Nicole invita Arnauld à déposer la plume; dans cette allée écartée, j'aperçois Pascal qui développe une nouvelle preuve de la divinité du christianisme; plus loin, avec Tillemont et Lancelot, se promènent Racine, La Bruyère, Despréaux, qui sont venus visiter leurs amis. Échos de ces déserts, arbres antiques, que n'avez-vous pu conserver les entretiens de ces hommes célèbres! »

Et quel est le chrétien persuadé, le génie poétique qui s'adresse à ces illustres disparus, comme jadis à Sparte j'appelai en vain Léonidas? C'est l'ancien évêque de Blois, approbateur de la mort et quasi-juge dans le procès de Louis XVI.

Louis le Grand, vous avez enseigné à votre peuple les exhumations; accoutumé à vous obéir, il a suivi vos exemples : au moment même où la tête de Marie-Antoinette tombait sur la place révolutionnaire, on brisait à Saint-Denis les cercueils : au bord d'un caveau ouvert, Louis XIV tout noir, que l'on reconnaissait à ses grands traits, attendait sa dernière destruction ; représailles de la justice éternelle! « Eh bien, peuple royal de fan-
« tômes, » je me cite (je ne suis plus que le temps), « voudriez-vous revivre
« au prix d'une couronne? Le trône vous tente-t-il encore? Vous secouez
« vos têtes, et vous vous recouchez lentement dans vos cercueils. »

Rancé avait transporté avec lui au désert le passé et y attira le présent et l'avenir. Le siècle de Louis XIV ne négligeait aucune grandeur; il s'associait aux victoires d'un reclus comme aux victoires d'un capitaine : Rocroi pour ce siècle était partout. Les querelles du jansénisme, les mysticités du quiétisme occupaient la ville et la cour depuis Bossuet et Fénelon jusqu'à mesdames de Maintenon et de Longueville, depuis le cardinal de Noailles jusqu'aux maréchaux amis et ennemis de Port-Royal, depuis les adversaires du protestantisme jusqu'aux esprits entêtés de l'hérésie. Par Rancé, le siècle de Louis XIV entra dans la solitude, et la solitude s'établit au sein du monde.

Dans ces premières années de la retraite de Rancé, on entendit peu parler du monastère, mais petit à petit sa renommée se répandit. On s'aperçut qu'il venait des parfums d'une terre inconnue; on se tournait, pour les respirer, vers les régions de cette Arabie heureuse. Attiré par les effluences célestes, on en remonta le cours : l'île de Cuba se décèle par l'odeur des vanilliers sur la côte des Florides. « Nous étions, dit Leguat, en présence de l'île d'Éden : l'air était rempli d'une odeur charmante qui venait de l'île et s'exhalait des citronniers et des orangers [1]. »

[1] *Voyage et Aventures de François Leguat*, pag. 48, tome I.

LIVRE QUATRIÈME

Les calomnies publiées contre le monastère de la Trappe par les libertins qui se moquaient des austérités, et par les jaloux qui sentaient naître une autre immortalité pour Rancé, commençaient à s'accroître : on avait sans cesse devant les yeux les premières erreurs du solitaire, on s'obstinait à ne voir dans sa conversion que des motifs de vanité. Ses plus grands amis, l'abbé de Prières, visiteur de l'ordre, était lui-même épouvanté des réformes de la Trappe ; il écrivait à l'abbé : « Vous aurez beaucoup d'admirateurs, mais peu d'imitateurs. »

Maubuisson, abbaye près de Pontoise, avait été bâtie par la reine Blanche et l'on y voyait son tombeau : Rancé écrivit à la supérieure découragée de cette abbaye. Il écrivait à une autre femme, car tous les souffrants consultaient ce savant médecin qui avait essayé les remèdes sur lui-même :
« Si l'ennui vous attaque, pensez que Jésus-Christ vous attend ; toute votre course et sa durée ne vous paraîtront qu'une vapeur dans ce point auquel il faudra qu'elle finisse. »

Le 7 septembre 1672, Rancé présenta une requête au roi en faveur de la réforme ; il commence par dire que les anciens solitaires, dont il ne mérite de porter ni le nom ni l'habit, n'ont point fait difficulté de sortir du fond de leurs déserts pour le service de Dieu ; qu'à leur exemple il croirait manquer au plus saint de ses devoirs s'il se taisait ; que malheureusement il ne va parler que pour se plaindre, et que celui qui lui ouvre la bouche n'a mis sur ses lèvres que des paroles de douleur. De là passant à son sujet, il parle de l'ordre de Cîteaux prêt à retomber dans les périls dont il est échappé, par le défaut de protection refusée à l'Étroite Observance établie par Louis XIII. Pendant que les solitaires ont vécu dans la perfection, ils ont été considérés comme les anges tutélaires des monarchies ; ils ont soutenu, par le pouvoir qu'ils avaient auprès de Dieu, la fortune de l'empire :

une sainte recluse avait connu en esprit ce qui se passait à la journée de Lépante. « Votre Majesté, ajoute Rancé, ne sera point surprise qu'étant obligé par le devoir de ma profession de me présenter à tous les instants au pied des autels du Roi du ciel, j'aborde une fois dans ma vie le trône du roi de la terre. »

La cour de Rome, qu'avaient en vue les réformes trop austères de la Trappe, s'opposait aux exagérations de ses serviteurs; Rancé annonçait son habileté en réveillant la passion du pouvoir dans le cœur de Louis XIV.

Dans tous les bruits répandus, les uns dénonçaient Rancé pour sa doctrine, prétendant qu'elle n'était pas pure; les autres le taxaient d'hypocrisie, les autres lui reprochaient d'introduire dans l'ordre des voies nouvelles. Le roi, vers la fin d'octobre 1673, lui accorda pour juger la question les commissaires qu'il avait demandés, l'archevêque de Paris, le doyen de Notre-Dame, MM. de Caumartin, de Fieubet, de Voisin et de La Marquerie.

Ses adversaires faisaient en même temps des démarches à Rome contre lui. « Pour un moine, disait Rancé, il n'y a pas de réputation qui lui soit due, il n'est que pour être homme d'opprobre et d'abjection. »

On popularisait ces sentiments hostiles en les répandant dans des vers qui ne valaient pas ceux de notre grand chansonnier, mais qui marquaient déjà la trace par où la France devait arriver à une immortalité qui n'appartient qu'à elle. On trouve cette allure qui nous a amenés des chanteurs de François Ier à Béranger ;

> Je suis revenu de la Trappe,
> Cette maudite trappe à fou;
> Et si jamais le diable m'y attrape,
> Je veux qu'on me casse le cou.
> Ce maudit trou n'est qu'une trappe,
> Ce maudit trou
> N'est qu'une trappe à fou.

Les commissaires nommés par le cabinet s'étant assemblés, Rancé fut mandé à Paris en 1675. Ils avaient tout réglé selon les intentions du serviteur de Dieu; mais un abbé de la Commune Observance déclara que si l'on suivait les avis des commissaires, les abbés étrangers ne viendraient pas au chapitre général de Cîteaux. Le roi s'arrêta : tout se tenait alors; un mouvement dans le clergé pouvait entraîner un dérangement dans les affaires. Louis XIV le savait, et rien n'était si prudent que ce roi absolu élevé aux incartades de la Fronde.

Rancé purgea sa bibliothèque; il répondit à l'évêque de Pamiers et à M. Deslions qui, dans le dessein de le décourager, lui disaient qu'il était encore loin des austérités des premiers chrétiens : « Il est vrai que le pain de tourbe dont vous me parliez était fort en usage parmi les moines. »

En 1676, il contracta une maladie habituelle avec laquelle il mourut, mais qui ne l'empêcha pas de travailler. Après avoir passé trois mois à l'infirmerie, il revint à la communauté. Ainsi s'écoula sa vie jusqu'en 1689, qu'il fut saisi d'une grosse fièvre. Aussitôt que le mal lui laissait quelque relâche, il reprenait ses occupations suivies de rechutes : « La vie d'un pécheur comme moi dure toujours trop, » disait-il.

Mademoiselle, grand hurluberlu qui se trouvait partout avec son imagination, écrivit à Rancé et lui demanda quelques religieux. Il lui répondit :

« Je suis fort persuadé, Mademoiselle, que Votre Altesse Royale ne doute point que je n'eusse une extrême joie de pouvoir lui nommer un religieux tel qu'elle le désire, mais j'en ai perdu huit depuis un an qui sont allés à Dieu. Il y en a d'autres qui sont près de les suivre ; et quoique nous soyons encore un nombre considérable, nous ne vivons plus les uns ni les autres que dans la vue et le désir de la mort. »

A cette époque mourut un religieux qui n'avait pas plus de vingt-trois ans, et qui, dans son attirail de décédé, dit à Rancé : « J'ai bien de la joie de me voir dans l'habit de mon départ. » Il souriait lorsqu'il allait mourir, comme les anciens Barbares. On croyait entendre cet oiseau sans nom qui console le voyageur dans le vallon de Cachemire.

C'est sur ce fond de la Trappe que venaient se jouer les scènes extérieures. Les silhouettes du monde se dessinaient autour des ombres, le long des étangs et dans les futaies. Le contraste était plus frappant qu'à Port-Royal, car on n'apercevait pas M. d'Andilly marchant une serpe à la main, le long des espaliers, mais quelque vieux moine courbé allant, une bêche sur l'épaule, creuser une fosse dans le cimetière. C'étaient ces scènes de bergeries que l'on voit dans les tableaux des grands peintres.

Une des premières personnes du monde, avec laquelle Rancé eut des rapports, fut mademoiselle d'Alençon, autrement madame de Guise, fille de Gaston et cousine germaine de Louis XIV. Mademoiselle d'Alençon, bossue, épousa le dernier duc de Guise, dont elle eut un fils qui mourut vite. « Le mérite, dit Mademoiselle dans ses Mémoires, qu'avaient autrefois en France les Lorrains du temps du Balafré et de tous ces illustres messieurs de Guise, n'avait pas continué dans tout ce qui était resté du même nom. »

Le duc de Guise, mari de mademoiselle d'Alençon, n'avait qu'un pliant devant sa femme ; il ne mangeait qu'au bout de la table, encore fallait-il qu'on lui eût permis de s'asseoir.

M. Boistard, capitaine employé à Saint-Cyr, a bien voulu me communiquer un recueil manuscrit contenant vingt-sept lettres de l'abbé de Rancé à madame de Guise. La lettre écrite du 3 mars 1692 parle de la mort d'un solitaire de la Trappe. Ces lettres parlent aussi de Jacques II : « On est inexorable, dit Rancé, pour ceux qui n'ont pas la fortune de leur côté. » Rancé affirme, dans la lettre du 7 septembre 1693, « que le propre d'un chrétien est d'être sans souvenir, sans mémoire et sans ressentiment. » Quand on a, un siècle plus tard, vu passer 1793, il est difficile d'être sans souvenir.

Louis XIV avait de l'affection pour madame de Guise, bien qu'il s'emportât contre elle lorsqu'elle s'enfuit à la Trappe sur le bruit que le prince d'Orange allait descendre en France. Quand elle allait à l'abbaye, elle y passait plusieurs jours. Madame de Guise mourut à Versailles le 17 mars 1696; elle avait vendu à Louis XIV le palais d'Orléans, aujourd'hui le palais du Luxembourg. Elle fut enterrée non à Saint-Denis, mais aux Carmélites. L'oraison funèbre de madame de Guise fut prononcée à Alençon par le P. Dorothée, capucin : c'est toute la pompe que la religion, livrée à elle seule, accordait aux grands.

Immédiatement avec madame de Guise, parut à la Trappe le duc de Saint-Simon. Il faudrait presque révoquer en doute ce qu'il raconte de la manière dont il parvint à faire croquer par Rigaut le portrait de Rancé, si Maupeou n'avait rapporté les mêmes détails. Le père de Saint-Simon tenait son titre de Louis XIII ; il avait acheté une terre voisine de la Trappe; il menait souvent son fils à l'abbaye. Saint-Simon serait très-croyable dans ce qu'il rapporte, s'il pouvait s'occuper d'autre chose que de lui. A force de vanter son nom, de déprécier celui des autres, on serait tenté de croire qu'il avait des doutes sur sa race. Il semble n'abaisser ses voisins que pour se mettre en sûreté. Louis XIV l'accusait de ne songer qu'à démolir les rangs, qu'à se constituer le grand maître des généalogies. Il attaquait le parlement, et le parlement rappela à Saint-Simon qu'il avait vu commencer sa noblesse. C'est un caquetage éternel de tabourets dans les Mémoires de Saint-Simon. Dans ce caquetage viendraient se perdre les qualités incorrectes du style de l'auteur, mais heureusement il avait un tour à lui ; il écrivait à la diable pour l'immortalité.

Le duc de Penthièvre parut plus tard à la Trappe : Saint-Simon ne se put guérir de l'âcreté de son humeur dans une solitude où le petit-fils du comte de Toulouse perfectionna sa vertu : le fiel et le miel se composent quelquefois sous les mêmes arbres. Pieux et mélancolique, le duc de Penthièvre fit augmenter, s'il ne bâtit pas entièrement, l'abbatiale où il aimait à se retirer, en prévision du martyre de sa fille. La princesse de Lamballe, enfant, venait s'amuser à la Maison-Dieu ; elle fut massacrée après la dévastation du monastère. Sa vie s'envola comme ce passereau d'une barque du Rhône, qui, blessé à mort, fait pencher en se débattant l'esquif trop chargé.

Pellisson fréquentait la Trappe. Il s'était flatté de faire consentir le roi à certain arrangement. Rancé insistait pour que sa communauté eût le droit de choisir un prieur. « Je ne doute pas, mandait-il à Pellisson, que vous ne voyiez mieux que moi tout ce que je ne vous dis pas sur cette matière, parce que vos connaissances sont plus étendues, et vont beaucoup plus loin que les miennes. »

Pellisson abjura le protestantisme en 1670, à Chartres, entre les mains de l'évêque de Comminges, et s'attacha ensuite à Bossuet. Pellisson est célèbre pour avoir élevé une araignée : il demeura ferme dans le procès de Fouquet, si bien débrouillé par M. de Monmerqué. Il écrivit, en défense de son ancien patron, trois mémoires sur lesquels on pourrait encore jeter les yeux avec fruit. Louis XIV le ménagea : il s'aperçut que la conquête lui ferait honneur et ne serait pas difficile ; mais, comme l'ancien commis des finances mourut sans confession, on le soupçonna toujours. Rancé le défendit toujours : la célébrité adoucissait sa foi. Rancé avait peut-être vu Pellisson chez le cardinal de Richelieu lors de la création de l'Académie. Pellisson avait aimé mademoiselle de Scudéri ; il n'était pas beau, elle ne perdit point sa bonne réputation.

Bossuet, camarade de collége de Rancé, visita son condisciple, il se leva sur la Trappe comme le soleil sur une forêt sauvage. L'aigle de Meaux se transporta huit fois à cette aire. Ces différents vols vont toucher à des faits dont la mémoire est restée. En 1682 Louis XIV s'établit à Versailles. En 1685 Bossuet composa à la Trappe l'Avertissement du Catéchisme de Meaux. En 1686 l'orateur mit fin à ses Oraisons funèbres par le chef-d'œuvre qu'il prononça devant le cercueil du grand Condé. En 1696 s'en alla à Dieu Sobieski, ancien mousquetaire de Louis le Grand. Sobieski entra dans Vienne par la brèche qu'avait ouverte le canon des Turcs. Les Polonais sauvèrent l'Europe, qui laisse exterminer aujourd'hui la Pologne. L'histoire n'est pas plus reconnaissante que les hommes.

La Trappe était le lieu où Bossuet se plaisait le mieux : les hommes éclatants ont un penchant pour les lieux obscurs. Devenu familier avec le chemin du Perche, Bossuet écrivait à une religieuse malade : « J'espère bien vous rendre à mon retour de la Trappe une plus longue visite ; » paroles qui n'ont d'autre mérite que d'être jetées à la poste en passant et d'être signées : *Bossuet.*

Bossuet trouvait un charme dans la manière dont les compagnons de Rancé célébraient l'office divin : « Le chant des Psaumes, dit l'abbé Ledieu, qui venait seul troubler le silence de cette vaste solitude, les longues pauses de Complies, le son doux, tendre et perçant du *Salve, Regina*, inspiraient au prélat une sorte de mélancolie religieuse. » A la Trappe il me semblait en effet, pendant ces silences, ouïr passer le monde avec le souffle du vent. Je me rappelais ces garnisons perdues aux extrémités du monde et qui font entendre aux échos des airs inconnus, comme pour attirer la patrie : ces garnisons meurent, et le bruit finit.

Bossuet assistait aux offices du jour et de la nuit. Avant Vêpres, l'évêque et le réformateur prenaient l'air. On m'a montré, près de la *grotte de Saint-Bernard*, une chaussée embarrassée de broussailles qui séparait autrefois deux étangs. J'ai osé profaner, avec les pas qui me servirent à rêver René, la digue où Bossuet et Rancé s'entretenaient des choses divines. Sur la levée dépouillée, je croyais voir se dessiner les ombres jumelles du plus grand des orateurs et du premier des nouveaux solitaires.

Bossuet reçut le viatique le lundi saint de l'année 1704 : il y avait quatre ans que Rancé n'existait plus. Bossuet se plaignait d'être importuné de sa mémoire; sa garde lui soutenait la tête : « Cela serait bon, disait-il, si ma tête pouvait se tenir. » Dans un de ces moments, l'abbé Ledieu lui prononça le mot de gloire; Bossuet reprit : « Cessez ces discours; demandez pour moi pardon à Dieu. »

Le 12 avril 1704, les pieds et les mains du moribond s'engourdirent. Un peu avant quatre heures et demie du matin il expira : c'était l'heure où son ami Rancé priait aux approches du jour. L'aigle qui s'était, en passant, reposé un moment dans ce monde reprit son vol vers l'aire sublime dont il ne devait plus descendre : il n'est resté de ce sublime génie qu'une pierre.

Rancé eut d'abord la pensée de se démettre de son abbaye; il consulta Bossuet au mois de décembre 1682. Bossuet lui répondit d'attendre. Dans cette année le père d'un jeune mousquetaire réfugié à la Trappe se plaignit de la captation dont on avait usé envers son fils, il ne reçut de l'abbé que ces mots : « Vous le quitterez bientôt. »

En ce temps-là mourut l'abbé de Prières. J'en ai souvent parlé. Il fit écrire à Rancé par un prêtre : « L'abbé de Prières m'ordonna dans les derniers moments de sa vie de vous donner avis de sa mort en vous témoignant l'estime qu'il a conservée pour vous jusqu'au dernier soupir. »

Ces honnêtes gens se léguaient leur estime.

De toutes les accusations portées contre Rancé, aucune ne s'appuyait sur une apparence de vérité, excepté celle de jansénisme. On a une lettre de lui, adressée en 1676 à M. de Brancas; elle s'exprime ainsi :

« Je vous dis, en parlant de M. Arnauld et de ces messieurs, que le pape était content d'eux, et qu'il avait reçu leurs signatures en la manière qu'ils les avaient données; vous me répondîtes ce que déjà des personnes de piété m'avaient donné comme une chose constante, qu'ils l'avaient surpris, et que le pape avait fait comme ceux qui mettent la main devant leurs yeux et font semblant de ne pas voir. Cependant, Monsieur, il m'est tombé entre les mains, depuis quelques jours, l'arrêt qui a été donné contre

M. l'évêque d'Angers, qui porte expressément que le pape, avec beaucoup de prudence, a voulu recevoir la signature de quelques particuliers avec une explication plus étendue, pour les mettre à couvert de leurs scrupules et des peines portées par les constitutions. Tellement, Monsieur, que non-seulement il n'a pas fait semblant de ne pas voir qu'ils aient signé avec explication, mais même il l'a prouvé et s'en est contenté. Je suis bien heureux, Monsieur, de n'avoir jugé personne. Où en serais-je réduit si j'avais condamné des gens que le pape reçoit dans le fait même pour lequel je les aurais condamnés? Et à quelle réparation ne serais-je point tenu, si j'avais porté un jugement contre eux et que j'eusse donné à d'autres de faire la même chose sur mon témoignage! car, dans le fond, j'aurais, contre le respect que je dois au pape et contre ses intentions, condamné ceux qu'il justifie, et considéré comme personnes qui sont dans l'erreur et dans la désobéissance celles dont il est satisfait et qu'il reçoit dans son sein et dans sa communion, et par une conduite pleine de charité et de sagesse. Je vous assure, Monsieur, qu'il ne m'arrivera pas de juger, et que je serai plus religieux que jamais dans les résolutions que j'ai prises sur ce sujet-là. Je vous parle sans passion et dans un désintéressement entier de tous les partis (car je n'en ai aucun et je suis incapable d'en avoir que celui de l'Église); mais dans la créance que c'est Jésus-Christ qui me met au cœur ce que je vous vas dire.

« Il est impossible que Dieu demande compte ni à vous ni à moi de ce que nous nous serons abstenus de juger, n'ayant pour cela ni caractère ni obligation; mais il se peut très-bien faire qu'une conduite opposée chargerait nos consciences, quelque bonnes que soient nos intentions, si ceux qui ont autorité ou qui ont obligation de juger se mécomptent pour y avoir apporté toute l'application, les soins et la diligence nécessaires. Ils peuvent espérer que Dieu, qui connaît le fond de leurs cœurs, leur fera miséricorde; mais, pour ceux qui s'avancent et qui n'ont point de mission, si ce malheur leur arrive, ils ne peuvent attendre qu'une punition rigoureuse; car, dès le moment qu'ils se sont ingérés et ont usurpé un droit qui ne leur appartenait point, ils ont mérité que Dieu les abandonne à leurs propres ténèbres. Je vous assure, Monsieur, soit que je pense que Jésus-Christ nous a déclaré qu'il châtierait d'un supplice éternel celui qui dirait à son frère une légère injure, ou que je me regarde comme étant sur le point d'être jugé moi-même, il n'y a rien dont je sois plus éloigné que de juger les autres.

« Voilà quelle doit être la disposition de tout homme qui ne sera point prévenu, qui regardera les choses dans leur vérité sans intérêt et sans passion; mais le mal est que nous croyons n'en pas avoir, parce que nous n'en avons point de propre et de particulière. Cependant nous sommes souvent engagés dans celles des autres sans nous en apercevoir. Pour moi, je suis persuadé qu'en de telles manières la voie la plus sûre est de demeurer dans la soumission et dans le silence. C'est le moyen de m'attirer tous les partis et de ne plaire à personne ; mais, pourvu que je plaise à Dieu et que je me tienne dans son ordre, je ne me mets point en peine de quelle manière les hommes expliqueront ma conduite. Véritablement je ne suis plus de ce monde, et je ne suis pas assez malheureux pour y rentrer après l'avoir quitté par le dessein que j'aurais de le contenter contre mon devoir et les mouvements de ma conscience. Vous connaîtrez sans doute, Monsieur, qu'il est si difficile, lorsqu'on parle dans les causes, même les plus justes, de se tenir dans les règles de la modération et de la charité, que ceux-là sont heureux que Dieu a mis dans des états où rien ne les oblige ni de parler ni de se produire ; et je vous confesse que je ne me lasse point d'admirer et de plaindre en même temps l'aveuglement de la plupart des hommes qui ne font non plus de difficulté de dire : Cet homme est schismatique, que s'ils disaient : Il a le teint pâle et le visage mauvais. Quand je vous dis, Monsieur, que je ne vous parle que pour vous seul, ce n'est pas que je ne veuille bien que l'on sache quels sont mes sentiments et mes pensées sur ce point-là ; mais je serais encore plus aise, comme c'est la vérité, que l'on ne s'imagine pas que je m'occupe des affaires qui ne me regardent point.

« Je ne saurais m'empêcher de vous dire encore qu'il n'y a rien de moins vrai que ce que l'on dit, que je faisais pénitence d'avoir signé le *Formulaire,* puisque je le signerai toutes les fois que mes supérieurs le désireront, et que je suis persuadé qu'en cela mon sentiment est le véritable. Mais je ne nie point que, dans le nombre presque infini de crimes et de maux dont je me sens redevable à la justice divine, celui d'avoir imputé aux personnes qu'on appelle jansénistes des opinions et des erreurs dont j'ai reconnu dans la suite qu'ils n'étaient pas coupables, n'y puisse être compris. Étant dans le monde, avant que je pensasse sérieusement à mon salut, je me suis expliqué contre eux en toute rencontre, et me suis donné sur cela une entière liberté, croyant que je le pouvais faire sur la relation des gens qui avaient de la piété et de la doctrine. Cependant je me suis mécompté, et ce ne sera point une excuse pour moi au jugement de Dieu d'avoir cru et d'avoir parlé sur le rapport et sur la foi des autres. Cela m'a fait prendre deux résolutions que j'espère garder inviolablement avec la grâce de Dieu : l'une, de ne croire jamais le mal de personne quelle que soit la piété de ceux qui le diront, à moins qu'ils ne me fassent voir une évidence ; l'autre est de ne rien dire jamais à moins qu'avec l'évidence je n'y sois engagé par une nécessité indispensable : celui qui craint les jugements de Dieu et qui sait qu'il a mérité d'en être jugé avec rigueur, est bien malheureux quand il juge ses frères, puisque le plus grand de tous les moyens pour engager Jésus-Christ à nous juger dans sa miséricorde est de nous abstenir de juger.

« Je croirais faire un mal si je soupçonnais leur foi (des jansénistes) ; ils sont dans la communion et dans le sein de l'Église, elle les regarde comme ses enfants ; et par conséquent je ne puis et ne dois les regarder autrement que comme mes frères.

« Vous dites, Monsieur, qu'ils sont suspects ; mais Dieu me préserve de me conduire par mes soupçons. Je sais par ma propre expérience, et je l'éprouve tous les jours, jusqu'où va l'injustice et la violence de ceux qu'on appelle molinistes. Il n'y a point de calomnies dont ils n'essayent de ruiner ma réputation, point de bruits injurieux qu'ils ne répandent contre ma personne ; comme ils ne sauraient attaquer mes mœurs, ils attaquent ma foi et ma croyance, et trouvent dans les règles de leur morale et dans la fausseté de leurs maximes qu'il est permis de dire contre moi tous les maux que l'envie et la passion leur peut suggérer. *Circumveniamus justum, quoniam inutilis est nobis et contrarius est operibus nostris.* Ma conduite n'est pas conforme à la leur ; mes maximes sont exactes, les leurs sont relâchées ; les voies dans lesquelles j'essaye de marcher sont étroites, celles qu'ils suivent sont larges et spacieuses : voilà mon crime ; cela suffit, il faut m'opprimer et me détruire. *Opprimamus pauperem justum; gravis est nobis etiam ad vivendum, quoniam dissimilis est aliis vita illius.*

« Comment voulez-vous, Monsieur, que je leur donnasse quelque créance ; et peuvent-ils passer pour autre chose dans mon esprit que pour des emportés et des injustes ? En quel endroit de l'Écriture et des livres des saints Pères ces gens, si zélés pour la défense de la vérité, ont-ils lu qu'ils puissent en conscience imputer le plus grand de tous les crimes sous des imaginations toutes pures, et décrier par toutes sortes de voies publiques et secrètes des personnes qui servent Dieu dans la retraite et dans le silence, qui ne se mêlent ni des contestations ni des affaires, qui donnent de l'édification à l'Église, et dont la vie, de l'aveu même de ceux qui ne les aiment pas, est irrépréhensible ? Jugez vous-même, Monsieur, qu'est-ce qui se peut présenter plus naturellement, lorsqu'il me revient quelque chose des soupçons que l'on forme contre les jansénistes, sinon que, puisque les molinistes ne font nul scrupule de m'imputer des excès dont je ne suis pas moins exempt que vous-même, quoique je n'aie jamais rien dit à leur désavantage et qu'ils n'aient aucun sujet de se plaindre de moi, il est très possible qu'ils attribuent des erreurs imaginaires à des personnes qui n'ont pas eu pour eux les mêmes égards ni les mêmes ménagements, et contre lesquelles ils ont depuis si longtemps une guerre toute déclarée ?

« Pour vous parler franchement, Monsieur, je ne suis rien moins que moliniste, quoique je sois parfaitement soumis à toutes les puissances ecclésiastiques. Je ne pense point comme eux pour ce qui regarde la grâce de Jésus-Christ, la prédestination de ses saints et la morale de son Évangile, et je suis persuadé que les jansénistes n'ont point de mauvaises doctrines. Ce serait une grande faiblesse de régler sa conduite sur les caprices et les imaginations du monde; et les gens de bien qui ne regardent que Dieu dans toutes les circonstances de leur vie ne se mettent guère en peine que l'on se scandalise de leur procédé, lorsqu'il n'y a rien qui ne soit dans l'ordre et dans les règles. Le scandale ne retombe point sur eux, mais sur ceux qui veulent trouver des sujets d'en prendre des occasions qui ne sont point blâmables.

« Enfin, Monsieur, j'ai vu, depuis que j'ai quitté le monde, les différents partis qui ont agité l'Église. J'ai vu de tous les côtés les intérêts et les passions qui les ont continués, et, par la grâce de Dieu, je n'y ai pris aucune part que celle de m'en affliger, d'en gémir devant Dieu et de le prier d'inspirer des sentiments de paix et de charité à ceux qui paraissent en avoir de tout contraires. J'ai vécu entre les uns et les autres dans un état de suspension, je me suis soumis à l'Église sans avoir de liaison avec personne, parce que j'ai cru qu'il n'y en avait point qui ne fût dangereuse et que le meilleur des partis était de n'en point avoir, mais de s'attacher simplement à Jésus-Christ et à ceux auxquels il a donné sa puissance et son autorité dans son Église.

« J'ai demeuré dans le repos et dans le silence; et comme je pense souvent à cette grande vérité, que Dieu jugera sans miséricorde ceux qui auront jugé leurs frères sans compassion, je me suis abstenu de m'expliquer et de condamner la conduite et le sentiment de personne, sachant que je ne le devais pas à moins que d'avoir des évidences et des certitudes que je n'ai jamais eues, et d'y être engagé par de véritables nécessités. Je n'ai nul dessein de plaire aux hommes; je ne recherche ni leur approbation ni leur estime, et je sais trop que Dieu ne marque jamais plus clairement dans ceux qui sont à lui, qu'il ne rejette point les services qu'ils lui rendent que quand il permet qu'on les persécute; et la seule peine que j'aie est de voir que ces gens-là engagent leurs consciences comme s'ils ne savaient pas que Dieu jugera les calomniateurs avec autant de rigueur et de sévérité que les homicides et les adultères.

« Il me reste, Monsieur, une autre affaire, qui est d'empêcher qu'on ne croie que je favorise le parti des molinistes; car je vous avoue que la morale de la plupart de ceux qui en sont est si corrompue, leurs maximes si opposées à la sainteté de l'Évangile et à toutes les règles et instructions que Jésus-Christ nous a données ou par sa parole ou par le ministère de ses saints, qu'il n'y a guère de choses que je puisse moins souffrir que de voir qu'on se servît de mon nom pour autoriser des sentiments que je condamne de toute la plénitude de mon cœur. Ce qui me surprend dans ma douleur, c'est que, sur ce chapitre, tout le monde est muet, et que ceux mêmes qui font profession d'avoir du zèle et de la piété gardent un profond silence, comme s'il y avait quelque chose de plus important dans l'Église que de conserver la pureté de la foi dans la conduite des âmes et dans la direction des mœurs.

« Pour moi qui n'ai jamais pris de chaleur contre personne, parce que je me suis toujours préservé de toutes sortes de liaisons, quand je regarde les choses dans le désintéressement d'un homme qui ne veut avoir que Dieu et sa vérité devant les yeux, et que j'essaye de discerner ce qui fait qu'on est si échauffé sur certaines matières et que sur les autres on n'a que de l'indifférence et de la froideur, rien ne se présente plus naturellement sinon que ce qui donne le mouvement à la plupart des hommes, c'est l'intérêt que d'un côté il y a à plaire et à gagner, et que de l'autre il n'y a rien qu'à perdre (j'entends de ceux qui sont théologiens et qui ne peuvent ignorer le fond et les conséquences des choses); et comme je n'ai rien à perdre ni à gagner en ce monde, et que j'ai réduit à l'éternité toute seule mes prétentions et mes espérances, ce sont des tempéraments et des retenues que je ne puis goûter ni comprendre. En vérité, si Dieu n'a pitié du monde et s'il n'empêche l'effet de l'application avec laquelle on travaille à détruire les maximes véritables pour en substituer d'autres en leur place qui ne le sont pas, les maux se multiplieront, et l'on verra dans peu une désolation presque générale. »

Je n'ai point abrégé cette lettre trop longue pour nous ; elle décide une question si vivante alors, maintenant si morte. Le jansénisme, par son âpreté, devait plaire à un solitaire. Tout cela nous paraîtra accablant aujourd'hui, car l'esprit humain n'a plus la force de se tenir debout. Rancé, influencé par Bossuet, changea d'opinion ; il cessa de tolérer ce qu'il avait respecté. La permanence n'appartient qu'à Dieu. *Manet in æternum.*

Dans l'année 1678, Rancé fit au maréchal de Bellefont une déclaration de ses principes : Bellefont était ce même maréchal puni à la guerre pour deux désobéissances heureuses, et auquel Bossuet écrivit une lettre sur la conversion de madame de La Vallière. La lettre de Rancé est devenue rare : il s'agissait de repousser les accusations qui s'élevaient contre les rigueurs de la Trappe :

« S'il n'est pas impossible, dit l'abbé au maréchal, de chanter les cantiques du Seigneur dans une terre étrangère, il faut croire cependant qu'il est difficile de garder fidèlement ses voies lorsqu'on est environné d'affaires et de plaisirs.

« Dieu n'a pas commandé à tous les hommes de quitter le monde; mais il n'y en a point à qui il n'ait défendu d'aimer le monde.

« Ma profession veut que je me regarde comme un vase brisé qui n'est plus bon qu'à être foulé aux pieds : et, dans la vérité, si les hommes me prennent par des endroits où je ne suis pas tel qu'ils me croient, il y a en moi des iniquités qui ne sont *connues de personne* et sur lesquelles on ne me dit mot; de sorte que je ne puis ne pas croire que les injustices qui me viennent du monde ne soient des justices secrètes et véritables de la part de Dieu, et ne pas considérer en cela les hommes comme les exécuteurs de ses vengeances.

« C'est la disposition dans laquelle je suis, et que je dois conserver d'autant plus que les extrémités de ma vie sont proches : aux portes de l'éternité, il n'y a rien de plus puissant pour faire que Dieu me juge dans sa clémence, que d'être jugé des hommes sans pitié. »

Dans l'année 1679 Bellefont appela Rancé à Paris. Ces Bellefont de Normandie étaient sortis des Bellefont de Touraine. La marquise du Châtelet, fille du maréchal, vécut très-pauvre avec son mari à Vincennes, dont Bellefont était gouverneur; il mourut dans le château où viendrait le duc d'Enghien, qui n'avait point encore paru sur la terre.

Rancé était mandé par le maréchal pour voir madame de La Vallière; il se connaissait dans le mal dont elle était attaquée. Cinquante lettres de madame de La Vallière à Bellefont sont imprimées à la suite de l'Abrégé de la vie de la maîtresse de Louis XIV. L'auteur de cet abrégé est l'abbé Lequeux, éditeur de plusieurs opuscules de Bossuet. L'abbé devint convulsionnaire de Saint-Médard.

« Vivez cachée, » dit Bossuet à madame de La Vallière dans son discours sur sa profession; « prenez un si noble essor que vous ne trouviez le repos que dans l'essence éternelle. » « Enfin je quitte le monde, » écrit madame de la Vallière elle-même; « c'est sans regret, mais non sans peine. Je crois, j'espère et j'aime. » Ce devait être une belle société que celle à qui ce beau langage était naturel. Dans sa lettre du 7 novembre 1675 au maréchal de Bellefont, madame de La Vallière dit :

« Je ne puis m'empêcher de vous faire part de la joie que j'ai eue de voir M. l'abbé de La Trappe : je suis toujours dans la confiance de la paix, et notre saint abbé m'a fort exhortée à y demeurer. Que vous êtes heureux, monsieur le maréchal, d'être dans l'état où il veut que vous soyez! »

Bellefont, aidé de Rancé et de la lassitude de Louis, appuyait la résolution de la fugitive. Le monde voyait une de ses victimes sous le froc, Rancé, encourager au cilice une autre victime.

Telle était l'aventure placée sur le chemin de la Maison-Dieu. Tous les souvenirs venaient du dedans et du dehors s'enfoncer dans ces solitudes;

chaque pénitent menait avec lui ses fautes. Les repentis se promenaient dans des routes écartées, se rencontraient pour ne se retrouver jamais. Les âmes qui portaient des souvenirs disparaissaient comme ces vapeurs que j'ai vues dans mon enfance sur les côtes de la Bretagne; brouillards, assurait-on, produits par les volcans lointains de la Sicile. On rencontrait sur toutes les routes de la Trappe des fuyards du monde; Rancé à ses risques et périls les allait recueillir; il rapportait dans un pan de sa robe des cendres brûlantes, qu'il semait sur des friches. Aujourd'hui, on ne voit plus glisser dans les ombres ces chasses blanches, dont Charles-Quint et Catherine de Médicis croyaient entendre les cors parmi les ruines du château de Lusignan, tandis qu'une fée envolée faisait son cri.

En descendant des hauteurs boisées où je cherchais les lares de Rancé, s'offraient des clochers de paille tordus par la fumée; des nuages abaissés filaient comme une vapeur blanche au plus bas des vallons. En approchant, ces nuées se métamorphosaient en personnes vêtues de laine écrue; je distinguais des faucheurs : madame de La Vallière ne se trouvait point parmi les herbes coupées.

Rancé s'était résolu à ne composer aucun ouvrage qui rappelât son existence. A soixante ans, accablé d'infirmités, il n'était pas tenté de retourner aux illusions de sa jeunesse, malgré les encouragements qu'il trouvait dans les cheveux blancs de son ami Bossuet. Comme il faisait souvent des conférences à ses frères, il lui restait une quantité de discours. Il se laissa entraîner à la prière d'un religieux malade qui le conjurait de rassembler ces discours. Ainsi se trouva formé peu à peu le traité qu'il intitula : *De la Sainteté et des Devoirs de la vie monastique*. On fit dans le couvent plusieurs copies de ce traité; une de ces copies tomba entre les mains de Bossuet : Bossuet, émerveillé, se hâta d'écrire à Rancé qu'il exigeait que son ouvrage fût rendu public et qu'il se chargeait de le faire imprimer. Dom Rigobert et l'abbé de Châtillon mêlèrent leurs sollicitations à celles du grand évêque. Rancé avait jeté l'ouvrage au feu, et en avait retiré des cahiers à demi brûlés. Par une de ces lâchetés communes aux auteurs, Rancé avait repris les débris de l'incendie et les avait retouchés; une des copies post-flammes était parvenue à Bossuet. « Comment, Monseigneur, lui écrivait l'abbé de la Trappe, vous voulez que je me mette tous les ordres religieux à dos? — Vous avez beau vous fâcher, répondit Bossuet, vous ne serez point le maître de votre manuscrit, et vous y penserez devant Dieu. » Rancé insista; Bossuet lui répondit : « Je répondrai pour vous, je prendrai votre défense; demeurez en repos. »

En effet, on voit à la tête des *Éclaircissements* sur le livre *des Devoirs de la vie monastique* cette approbation de Bossuet :

« Après avoir lu et examiné les *Éclaircissements*, nous les avons approuvés d'autant plus volontiers que nous espérons que tous ceux qui les liront demeureront convaincus de la sainte et salutaire doctrine du livre *de la Sainteté et des Devoirs de la vie monastique*. A Meaux, le 10° jour de mai 1685. »

Quel est cet ouvrage que l'aigle de Meaux avait couvert de ses ailes ? En vain Rancé ne voulait pas convenir que sa jeunesse lui était demeurée : il se disait et se croyait vieux, et la vie débordait en lui. Cependant ce qu'il avait prévu arriva. Une longue querelle survint après deux ou trois années de la publication du livre. La gravité de ces controverses n'a rien de semblable aux contestations littéraires d'aujourd'hui ; cette partie des temps passés est curieuse à connaître. Bossuet ne s'était trompé ni sur le fond, ni sur le style de l'ouvrage. Voici l'analyse *de la Sainteté et des Devoirs de la vie monastique*, je laisse parler Rancé :

« Les règles des observances religieuses ne doivent pas être considérées comme des inventions humaines. Jésus-Christ a dit : Vendez ce que vous avez et le donnez aux pauvres; après cela, venez et me suivez. Si quelqu'un vient à moi et ne hait point son père et sa mère, et sa femme et ses enfants, et ses frères et ses sœurs, et même sa propre vie, il ne peut être mon disciple (Saint Luc).

« Jean-Baptiste a mené dans le désert une vie de détachement, de pauvreté, de pénitence et de perfection dont la sainteté a été transmise aux solitaires, ses successeurs et ses disciples.

« Saint Paul l'anachorète et saint Antoine cherchèrent les premiers Jésus-Christ dans les déserts de la Basse-Thébaïde ; saint Pacôme parut dans la Haute-Thébaïde, et reçut de Dieu la règle par laquelle il devait conduire ses nombreux disciples. Saint Macaire se retira dans le désert de Scété, saint Antoine dans celui de Nitry, saint Sérapion dans les solitudes d'Arsinoé et de Memphis, saint Hilarion dans la Palestine ; sources abondantes d'une multitude innombrable d'anachorètes et de cénobites qui remplirent l'Afrique, l'Asie et toutes les parties de l'Occident.

« L'Église, comme une mère trop féconde, commença de s'affaiblir par le grand nombre de ses enfants. Les persécutions étant cessées, la ferveur et la foi diminuèrent dans le repos. Cependant Dieu, qui voulait maintenir son Église, conserva quelques personnes qui se séparèrent de leurs biens et de leurs familles par une mort volontaire, qui n'était ni moins réelle, ni moins sainte, ni moins miraculeuse que celle des premiers martyrs. De là les différents ordres monastiques sous la direction de saint Bernard et de saint Benoît. Les religieux étaient des anges qui protégeaient les États et les empires par leurs prières ; des voûtes qui soutenaient la voûte de l'Église, des pénitents qui apaisaient par des torrents de larmes la colère de Dieu, des étoiles brillantes qui remplissaient le monde de lumière. Les couvents et les rochers sont leur demeure ; ils se renferment dans les montagnes comme entre des murs inaccessibles ; ils se font des églises de tous les lieux où ils se rencontrent ; ils se reposent sur les collines comme des colombes ; ils se tiennent comme des aigles sur la cime des rochers. Leur mort n'est ni moins heureuse ni moins admirable que leur vie, raconte saint Éphrem. Ils n'ont aucun soin de se construire des tombeaux ; ils sont crucifiés au monde ; plusieurs, étant attachés comme à la pointe des rochers escarpés, ont remis volontairement leurs âmes entre les mains de Dieu. Il y en a qui, se promenant avec leur simplicité ordinaire, sont morts dans les montagnes qui leur servaient de sépulcre. Quelques-uns, sachant que le moment de leur délivrance était arrivé, se mettaient de leurs propres mains dans le tombeau. Il s'en est trouvé qui, en chantant les louanges de Dieu, ont expiré dans l'effort de leur voix, la mort seule ayant terminé leur prière et fermé leur bouche. Ils attendent que la voix de l'archange les réveille de leur sommeil ; alors ils refleuriront comme des lis d'une blancheur, d'un éclat et d'une beauté infinie. »

Après cette description admirable pour leur faire aimer la mort, Rancé ajoute :

« Je ne doute pas, mes frères, que vos pensées ne vous portent du côté du désert ; mais il faut modérer votre zèle. Les temps sont passés ; les portes des solitudes sont fermées ; la Thébaïde n'est plus ouverte. »

C'était vrai, mais les ordres religieux avaient rebâti dans leurs couvents la Thébaïde ; ils avaient représenté dans leurs cloîtres les palmiers des sables. Les monastères étaient des pépinières où l'on élevait les plantes divines, où elles prenaient leur accroissement avant d'être transplantées. Ainsi lorsqu'on descendait de la montagne et que l'on était près d'entrer dans Clairvaux, on reconnaissait Dieu de toutes parts. On trouvait au milieu du jour un silence pareil à celui de la nuit : le seul bruit qu'on y entendait était le son des différents ouvrages des mains ou celui de la voix des frères lorsqu'ils chantaient les louanges du Seigneur. La renommée seule de cette grande aphonie imprimait une telle révérence que les séculiers craignaient de dire une parole. Une forêt resserrait le monastère. Les viandes dont on se nourrissait n'avaient d'autre goût que celui que la faim leur donnait.

Rancé passe à l'explication des trois vœux de la vie monastique : chasteté, pauvreté et obéissance. Il dit que, dans la pensée de saint Augustin, une vierge chaste consacrée à Dieu a tout ce qui peut lui servir d'ornement ; sans quoi la virginité lui aurait été honteuse, car, que lui servirait d'avoir l'intégrité du corps, si elle n'avait pas celle de l'âme ? Le réformateur insiste sans s'embarrasser dans ses souvenirs. Quel avantage tirerait un religieux d'avoir abandonné les biens de la fortune, s'il conservait d'autres affections et d'autres attaches? Notre cœur se trouve où est notre trésor, et nous sommes liés par les objets que nous aimons; « et pourtant, mes frères, dit Rancé, si le religieux ne se prive des faux plaisirs, il se réserve les véritables ennuis qui les accompagnent; toute sa course ne sera qu'une continuité de chutes et de rechutes. Dans un voyage pour aller plus légèrement vers le ciel, il faut se décharger de tout ce qui peut empêcher de s'avancer dans le chemin. La pauvreté religieuse sépare le cœur, aussi bien que la chasteté, de tout ce qu'il y a de visible et d'invisible s'il n'est point éternel. »

Rancé recommande la charité comme la première des vertus. « Un chrétien, dit saint Paul, n'est fait que pour aimer. Ce qui fait que l'amour de Dieu est si rare dans les hommes, c'est qu'ils sont emportés par d'autres amours. »

« Pour vous, dit le réformateur dans un langage admirable, pour vous, mes frères, Dieu vous a levé tous ces obstacles, et vous a préservés de ces sortes de tentations en vous retirant dans la solitude. Vous êtes, à l'égard du monde, comme s'il n'était plus; il est effacé dans votre mémoire comme vous l'êtes dans la sienne; vous ignorez tout ce qui s'y passe, ses événements et ses révolutions ne viennent point jusqu'à vous; vous n'y pensez jamais que lorsque vous gémissez devant Dieu de ses misères; et les noms mêmes de ceux qui le gouvernent vous seraient inconnus, si vous ne les appreniez par les prières que vous adressez à Dieu pour la conservation de leurs personnes. Enfin vous avez renoncé, en le quittant, à ses plaisirs, à ses affaires, à ses tortures, à ses vanités, et vous avez mis tout d'un coup dessous vos pieds ce que ceux qui l'aiment et qui le servent ont placé dans le fond de leur cœur. »

Tel est ce traité *de la Sainteté et des Devoirs de la vie monastique;* on y entend les accents pleins et majestueux de l'orgue. On se promène à travers une basilique dont les rosaces éclatent des rayons du soleil. Quel trésor d'imagination dans un traité qui paraissait si peu s'y prêter! Ici on ne se traîne pas sur ces adorations de femme reproduites aujourd'hui à tout propos sans les plus aimer. La lumière et l'ombre avaient bâti les édifices religieux plus que la main des hommes. Le travail de Rancé apprendra à ceux qui ne le connaissaient pas qu'il y a dans notre langue un bel ouvrage de plus.

Il se fit d'abord un profond silence, autant d'admiration que d'étonnement. Il ne fallut pas moins de deux années pour que les amours-propres et les passions se remissent du choc. Mais enfin on recouvra ses esprits et le conflit s'engagea : il commença d'abord en Hollande, où la littérature française avait son écho; écho protestant, qui répétait mal le son, et ne le répétait qu'aigre et sec.

Le véritable Motif de la conversion de l'abbé de la Trappe, par Laroque, que j'ai déjà cité, est une réponse aux *Devoirs de la vie monastique;* il est en forme de dialogue, selon le goût du temps : Timocrate et Philandre s'entretiennent du livre de Rancé. Timocrate est un bonhomme qui, par-ci par-là, a grande envie d'admirer le livre des Devoirs ; mais Philandre le morigène : il prétend, lui, que l'ouvrage du solitaire de la Trappe ne vaut pas le diable. Sur chaque observation de Timocrate, Philandre s'écrie : « Ah ! je ne savais pas cela. Je serai fort aise que vous examiniez un peu ce qu'il dit là-dessus, et vous m'obligerez de me montrer l'endroit. » Les deux interlocuteurs vont dîner, se donnent rendez-vous pour le lendemain au jardin des Tuileries, et la conversation continue. Timocrate accuse Rancé de dédaigner l'Écriture, de vouloir se montrer savant à propos de tout, de citer de l'Aristophane grec. « Je voudrais savoir, reprend Timocrate, quand il l'a lu, si c'était dans sa jeunesse et avant d'avoir quitté le monde ou après. J'ai peine à croire qu'il se ressouvienne si exactement d'une lecture faite il y a plus de trente ans ; ainsi il y a plus d'apparence que c'est dans la retraite qu'il s'est diverti avec ce comique. » Petite chicane de mauvaise foi, néanmoins piquante. Le P. Mège combattit sérieusement le premier l'ouvrage de Rancé dans son *Commentaire sur la règle de saint Benoît.* Le livre *de la Sainteté et des Devoirs de la vie monastique* était déjà à sa troisième édition, lorsqu'enfin, dans l'ombre des cloîtres, on entendit un bruit de papier et de poussière : c'était Mabillon qui s'élevait. Il n'avait pas blanchi sous ses in-folio, il ne regardait pas autour de lui les parchemins moisis des premiers jours de la monarchie, pour s'entendre dire qu'il avait perdu son âme et son temps à l'étude des choses passées. Le compilateur des *Vetera analecta* se crut obligé de soutenir la cause des érudits, dont il était la gloire. Les deux savants champions, descendus dans la lice, étaient cuirassés de grec et de latin. Quand nous prétendons lutter contre ces savants, nous montrons ce qui nous manque « dans cette monarchie DOCTE ET CONQUÉRANTE, » dit Bossuet. Le père Mabillon procède méthodiquement ; il ne laisse rien derrière lui ; rechercheur expérimenté, il fouille partout ; il ne fait pas un pas qu'il ne force un siècle à se lever. Intime confident des chroniques, il dit comme l'abbé Lacordaire : « Le temps tiendra la plume après moi. »

Il s'adresse aux jeunes religieux bénédictins de la congrégation de Saint-Maur :

« C'est à vous, mes très-chers frères, leur dit-il, que je me sens obligé d'offrir cet ouvrage ; puisque c'est particulièrement pour vous qu'il a été entrepris et composé. Je vous prie de bien considérer que je ne prétends pas faire ici de nos monastères de pures académies de science : si le grand apôtre faisait gloire de n'en avoir point d'autre que celle de Jésus-Christ crucifié, nous ne devons point aussi avoir d'autre but dans nos études : il est vrai, et saint Paul l'a dit, que la science sans la charité enfle, mais il est certain aussi qu'avec le secours de la grâce rien n'est plus propre à nous conduire à l'humilité, parce que rien ne nous fait mieux connaître notre néant, notre corruption et nos misères. »

L'illustre savant s'était mis à l'abri des reproches de Rancé par cette ingénieuse interprétation de l'étude. Jusque dans la manière dont il imprime son traité, il semble avoir contracté dans des lettres majuscules quelque chose du caractère monumental des inscriptions. Il écarte pour les théologiens scolastiques les questions de la puissance *obédiencielle* et de la façon dont le feu matériel agit sur les damnés, puis il entre en matière :

« Ce qui m'avait fait balancer d'abord, dit-il dans son Avant-Propos, sur la composition de mon ouvrage, c'est que le grand serviteur de Dieu qui fait aujourd'hui tant d'honneur à l'état monastique s'est expliqué d'une manière si noble et si relevée sur ce sujet, qu'il est malaisé de réussir après lui. L'on pourra cependant demeurer d'accord avec lui que si tous les solitaires étaient comme les siens, et si l'on était assuré d'avoir toujours des supérieurs aussi éclairés que lui, il ne serait pas beaucoup nécessaire que les solitaires s'appliquassent aux études, puisque, en ce cas, leur supérieur leur tiendrait lieu de livres. Mais il est difficile, pour ne pas dire impossible, que toutes les communautés aient cet avantage. »

Après cette sainte courtoisie, Mabillon continue : la raison et le savoir l'appelaient à triompher. Il affirme que les moines sont obligés de vaquer à l'étude, que les grands hommes qui ont fleuri parmi les moines sont une preuve que l'on cultivait les lettres chez eux, que les bibliothèques des monastères sont une autre preuve des études qui s'y faisaient. Il parle de l'institution de l'abbaye du Bec et des Chartreux. Il montre que les monastères de l'Orient s'occupaient aussi de lettres : témoin saint Basile, saint Chrysostome, saint Jérôme, Rufin, Cassien et son compagnon Germain, Marc le solitaire, et saint Nil. Il rappelle le monastère de Lérins dans l'Occident, l'abbaye du Mont-Cassin, le monastère de Saint-Colomban, les écoles attachées aux cathédrales et aux monastères, les savants qui sortirent de ces écoles, le fameux Gerbert, Loup de Ferrières, Lanfranc, Anselme ; il fait voir que les moines, occupés à transcrire les ouvrages des anciens, nous les ont conservés, que les religieux mêmes s'occupaient de les transcrire; que les conciles et les papes, loin de défendre les études aux moines, les ont, au contraire, obligés à ces études ; il ne faut, pour la conviction de la France, que l'autorité de Charlemagne et de saint Louis.

L'érudition toujours sûre déborde dans le *Traité des études monas-*

tiques. L'auteur descend aux plus petits préceptes ; il apprend à reposer sa voix à propos dans les lectures ; il insiste surtout sur la brièveté, quoique lui-même soit un peu long : un court *Hic jacet Sugerius abbas* vaut mieux, dit-il, qu'une verbeuse inscription. Prononcez en français *incontinent après* au lieu d'*incontinen après*; *saintes âmes,* au lieu de *saint âmes.*

« Ceux qui confèrent les manuscrits avec un imprimé, ajoute l'érudit, doivent, pour la facilité de ceux qui s'en serviront, marquer la page et le nombre de la ligne de l'imprimé où tombe la correction ou la diverse leçon ; et afin qu'ils ne soient pas obligés de compter à chaque fois les lignes, ils pourront faire une échelle de carton ou de papier sur laquelle ils marqueront le nombre des lignes dans la même distance qu'elles sont dans l'imprimé. »

Merveilleux siècle où Mabillon, oubliant son sujet, se change en un pauvre pédagogue, où Bossuet, devenant un prêtre habitué de paroisse, fait le catéchisme aux petits enfants de son diocèse !

Il n'y a aucune éloquence dans le *Traité des études monastiques* opposé aux sentiments de Rancé, mais une raison supérieure, une mansuétude touchante, je ne sais quoi qui gagne le cœur :

« Écrivons donc, dit-il en finissant, et composons tant que nous voudrons, et travaillons pour les autres. Si nous ne sommes pénétrés de ces sentiments, nous travaillons en vain, et nous ne rapporterons de notre travail qu'une funeste condamnation. Tout passe, excepté la charité : *Quotidie morimur, quotidie commutamur, et tamen æternos nos esse credimus.*

Rancé prit feu en se sentant attaqué par Mabillon : sa réponse est aussi érudite que celle du bénédictin, mais elle est sophistique. Si le supérieur de la Trappe n'a pas raison, il se soutient par une éloquence qu'il tire de sa passion pour les souffrances. Il adresse sa réponse à ses frères trappistes, comme Mabillon avait dédié son ouvrage à ses jeunes confrères.

« Comme Dieu m'a chargé, mes frères, leur dit-il, de veiller incessamment à la garde de vos âmes, je me sens obligé de vous dire que depuis peu il paraît un livre qui attaque une vérité que nous vous avons enseignée comme une des plus importantes et des plus nécessaires pour maintenir la régularité dans les cloîtres. Le dessein de l'auteur est de prouver que l'étude des sciences est nécessaire à l'état monastique ; je vous avoue que ce qui me fait le plus de peine dans l'obligation où je suis de vous expliquer mes pensées sur ce sujet, afin de vous préserver d'une opinion qui m'a paru si dangereuse, c'est que j'estime et que je considère celui qui a composé cet ouvrage, et qu'il s'attire une recommandation particulière par sa vertu comme par sa doctrine. »

Quelle différence de ce public compétent et choisi à celui auquel nous nous adressons maintenant !

Rancé reprend une à une les propositions de Mabillon, et les réfute à son tour par des exemples. Comme il y a nécessairement des parties faibles dans un grand ouvrage, l'abbé les saisit avec habileté :

« On loue, mes frères, dit-il, on loue Marc, disciple, à ce que l'on dit, de saint Benoît, de ce qu'il faisait bien des vers! Quelle louange pour un moine! Je suis assuré que saint Benoît ne lui avait pas légué cette science par son testament, ni qu'il ne la lui avait pas enseignée par son exemple. Quelle qualité pour un solitaire d'être poëte !

« Loup, abbé de Ferrières, a tort de prier le pape Benoît III de lui envoyer le livre de l'Orateur de Cicéron, les douze livres de Quintilien, le Commentaire de Donat sur Térence : n'aurait-il pas mieux fait de gémir dans le fond de son cloître de ses propres péchés comme de ceux du monde, et de soutenir ses frères qui dans ce siècle de fer avaient besoin d'être secourus et d'être consolés ! »

Rancé se jette parmi les moines savants pour en rompre l'ordonnance ; il ne s'aperçoit pas qu'il les fait aimer : il rit de Hubald, auteur de cent trente vers à la louange des *chauves*. Rancé avait raison ; mais qu'est-ce que cela prouve, sinon chez Rancé un reste de la raillerie du monde ?

Mabillon ne se tint pas pour vaincu ; il répliqua dans ses *Réflexions*. Il amoncela de nouvelles preuves en faveur des études monastiques. Ces ouvrages de Mabillon ne sont point écrits avec emportement ; une attention sage, pleine de modération et de retenue, une piété tendre, une science humble et modeste, une sainte politesse, règnent partout. Il finit par ces paroles touchantes :

« J'ai tâché de garder toutes les règles de la modération ; mais je n'oserais me flatter qu'il ne me soit rien échappé de contraire et que je n'aie trahi en cela mes intentions les plus pures et les plus droites. Que ne pouvez-vous voir mon cœur, mon révérend père (l'abbé de la Trappe) ! car permettez-moi de vous adresser ces paroles à la fin de cet ouvrage, pour y connaître les dispositions où je suis et pour votre personne et pour votre maison. Je suis bien éloigné de désapprouver la conduite que vous y gardez envers vos religieux touchant les études ; mais si vous les croyez assez forts pour s'en passer, n'ôtez pas aux autres un soutien dont ils ont besoin.

« Que si vous jugiez à propos de répliquer à ces réflexions, je vous prie de prendre bien ma pensée comme je me suis efforcé de prendre la vôtre ; mais, au nom de Dieu, demeurons-en là dans les termes de notre conversation. J'espère que Dieu me fera la grâce de n'entrer jamais dans ces sortes de détails. Quelque chose qu'on puisse me dire et que je puisse apprendre, je n'en ferai jamais aucun autre usage que de les sacrifier à la paix et à la charité chrétiennes. Écrivez donc, si vous voulez, contre l'abus que l'on peut faire de l'étude et de la science, mais épargnez en même temps l'une et l'autre, parce qu'elles sont bonnes en elles-mêmes et que l'on en peut faire un très-bon usage dans les communautés religieuses. C'est la charité qui, unissant les travaux des uns avec l'étude des autres par l'union de leurs cœurs, fait que ceux qui étudient participent au mérite du travail de leurs frères, et que ceux qui travaillent profitent des lumières de ceux qui étudient. Je souhaite de tout mon cœur que ce soit là notre partage aux uns et aux autres ; heureux si ce pouvait être là le fruit de nos disputes, et si, nos sentiments étant partagés au sujet de la science, ils demeuraient réunis au moins dans l'esprit de charité. Pardonnez-moi, mon révérend père, car il faut finir par les paroles du saint docteur ; pardonnez-moi si j'ai parlé avec quelque sorte de liberté, et soyez persuadé que je ne l'ai fait par aucun dessein de vous blesser : *non ad contumeliam tuam, sed ad defensionem meam.* Néanmoins, si je me suis trompé en cela même, je vous prie encore de me le pardonner. »

Ce ne sont pas là de ces modesties ostentatrices qui se glorifient. Mabillon parle à pleine ouverture de cœur ; aucun arrière-amour-propre ne corrompt la sincérité de ses aveux : tels sont les fruits de la religion. Il y a loin de cette douceur à cette amertume du savoir, telle qu'on la sent dans les contentions de Milton et de Saumaise et dans les jugements de Scaliger.

Les actions confirmèrent les paroles ; et l'on trouve Mabillon à la Trappe, suivi et accompagné avec respect par Rancé. Le 4 juin 1693, Rancé écrit à l'abbé Nicaise :

« Le P. Mabillon est venu ici depuis sept à huit jours seulement. L'entrevue s'est passée comme elle le devait ; il est malaisé de trouver tout ensemble plus d'humilité et plus d'érudition que dans ce bon père. »

Bossuet, avec son bon sens, avait éclairé le point de la difficulté, en distinguant l'état de solitaire et l'état de cénobite.

La dispute ne s'éteignit pas là : les moines savants avaient pris les armes. D. Claude de Vert, sous le nom de frère Colombart, se jeta dans la mêlée. L'infatigable Rancé répondit toujours. Quatre lettres du P. Sainte-Marthe parurent, auxquelles Rancé répliqua par une courte lettre adressée à Santeuil, juge placé avec ses belles poésies latines sur la frontière des deux Parnasses.

Au surplus, l'éloignement pour les lettres qu'éprouvait Rancé s'est retrouvé chez plusieurs hommes et même des hommes de son temps ; ils avaient appris à mépriser ce qu'ils avaient d'abord recherché. Boileau écrivait à Brienne :

« C'est très-philosophiquement et non chrétiennement que les vers me paraissent une folie. C'est vainement que votre berger en soutane, je veux dire M. de Maucroix, déplore la perte du *Lutrin*. Si quelque raison me le fait jamais déchirer, ce ne sera pas la dévotion, mais le peu d'estime que j'en fais, aussi bien que de tous mes autres ouvrages. Vous me direz peut-être que je suis aujourd'hui dans un grand accès d'humilité; point du tout : jamais je ne fus plus orgueilleux; car, si je fais peu de cas de mes ouvrages, j'en fais encore bien moins de ceux de nos poëtes d'aujourd'hui, dont je ne puis plus lire ni entendre pas un, fût-il à ma louange. »

Que dirait donc le critique, maintenant qu'il n'y a pas un de nous, long ou écourté qu'il soit, qui ne se pense assuré d'aller aux astres? Pour moi, tout épris que je puisse être de ma chétive personne, je sais bien que je ne dépasserai pas ma vie. On déterre dans des îles de Norvége quelques urnes gravées de caractères indéchiffrables. A qui appartiennent ces cendres? Les vents n'en savent rien.

Mabillon, né le 23 novembre 1632, à Saint-Pierre-Mont, village du diocèse de Reims, mourut sept ans après Rancé, le 27 décembre 1707. En apprenant cette mort, Clément XI dit « que Mabillon devait être inhumé « dans le lieu le plus distingué, parce qu'on ne manquerait pas de de- « mander où il avait été déposé : *Ubi posuistis eum?* »

Les restes du savant, après avoir été conservés au Musée des *monuments français*, ont été reportés, au mois de février 1819, à l'abbaye de Saint-Germain des Prés. Notre maître à tous, M. Augustin Thierry, a écrit ces paroles sur le premier monument de notre monarchie : découvrons-nous avec respect pour entrer dans le caveau funèbre : « Cette église « fut le tombeau des princes mérovingiens : son pavé subsiste; et, dans « l'enceinte de l'édifice, rebâti plusieurs fois, il garde encore la poussière « des fils du conquérant de la Gaule. Si ces récits valent quelque chose, « ils augmenteront le respect de notre âge pour l'antique abbaye royale, « maintenant simple paroisse de Paris; et peut-être joindront-ils une émo- « tion de plus aux pensées qu'inspire ce lieu de prières, consacré il y a « treize cents ans. »

L'édit de Nantes fut révoqué en 1685 au mois d'août; les cent cinquante-huit articles avaient été successivement cancellés par des lois. A ce propos, l'abbé de Rancé écrivait :

« C'est un prodige que le roi a fait contre l'extirpation de l'hérésie. Il fallait pour cela une puissance et un zèle qui ne fût pas moins grand que le sien. Le temple de Charenton détruit, et nul exercice de religion dans le royaume, c'est une espèce de miracle que nous n'eussions pas cru voir de nos jours. »

La renommée de l'abbaye de la Trappe avait franchi les mers; un missionnaire était arrivé de la Chine tout exprès pour voir le saint solitaire. Prêt à retourner aux Indes, Rancé lui écrivit; et M. de Chaumont, ainsi se nommait-il, emporta cette lettre comme une relique protectrice :

« Je ne saurais penser qu'avec étonnement, dit Rancé, qu'étant près de faire naufrage, la Trappe vous ait été présente, et que contre toute votre attente vous ayez espéré vous y voir. Le moyen, après cela, de ne pas vous suivre jusqu'aux extrémités de la terre ? Allez donc, Monsieur, où Dieu vous a destiné ; ne doutez pas qu'en lui gagnant des âmes vous ne sauviez la vôtre, et que vous ne soyez du nombre de ceux qu'il a promis de couvrir de sa protection par l'entremise des anges. »

Le P. Chaumont lui répondit :

« Je conserverai votre chère lettre comme le gage précieux de la part que vous voulez bien me donner et à tous mes chers confrères dans vos travaux et dans vos prières ; elle me sera comme un pilote assuré et comme ma garde fidèle dans le cours de mon voyage, et un puissant asile dans toutes les adversités qui me pourront survenir. J'en laisserai une copie dans le monastère de Siam ; quant à l'original, je ne le quitterai jamais qu'à la mort. »

M. de Chaumont écrivit en 1691 à un religieux de la Trappe :

« Passant de la côte de Coromandel à la Chine, et faisant route par le vieux détroit de Sineanpou, le 24 août notre navire se trouva à sec sur des rochers depuis la proue jusqu'au grand mât, quoiqu'il y eut plusieurs brasses d'eau sous la poupe ; il fut tellement renversé, que le grand mât touchait presque à l'eau. Alors tous se crurent perdus, nonobstant leurs efforts. Pendant ce temps-là, les charitables et obligeantes promesses que notre saint abbé m'avait faites de faire des prières particulières pour moi me revinrent si vivement dans la pensée, qu'elles me causèrent une confiance extraordinaire ; et dans mes prières j'avais une idée si forte de ce saint homme, qu'il me semblait le voir et sentir qu'il fortifiait l'espérance que j'avais d'aborder à la Chine ; ce qui me faisait dire à mon confrère qu'il eût bon courage, et qu'avec le secours de Notre-Seigneur et les prières du saint abbé de la Trappe nous arriverions. Tout à coup le navire retourna dans son assiette, à la faveur de la marée, sans avoir fait aucune perte. »

Le P. Chaumont appartenait à ces grandes missions des jésuites de la Chine qui pensèrent nous ouvrir la route de Nankin.

Ainsi les mers et les naufrages entrent à la Trappe, comme le siècle de Louis XIV y était entré par des bois où l'on entend à peine un son. La manière dont les hommes de ce temps voyaient le monde ne ressemblait pas à celle dont nous l'apercevons aujourd'hui. Il ne s'agissait jamais pour ces hommes d'eux-mêmes ; c'était toujours de Dieu dont ils parlaient. Ces souvenirs que Rancé envoyait aux océans par un missionnaire se rattachaient à son arrière-vie, lorsqu'il avait songé à cacher ses blessures parmi les pasteurs de l'Himalaya. Tous les rivages sont bons pour pleurer. Il aurait vu, s'il avait suivi ses premiers desseins, ces rizières abandonnées quand l'homme qui les sema est passé depuis longtemps; il aurait suivi des yeux ces aras blancs qui se reposent sur les manguiers du tombeau de Tadjmabal; il aurait retrouvé tout ce qu'il eût aimé dans son jeune âge, la gloire des palmiers, leur feuillage et leurs fruits; il se serait associé à cet Indien qui appelle ses parents morts aux bouches du Gange, et dont on entend la nuit les chants tributaires qu'accompagnent les vagues de la mer Pacifique.

On ne sait si Rancé avait entretenu un commerce de lettres avec l'abbesse des Clairets, comme il en avait entretenu un avec Louise Roger de La Mardellière, mère du comte de Charnz par Gaston. Peut-être qu'en cherchant bien on pourrait retrouver quelques-unes des lettres que Rancé écrivait dans sa jeunesse à madame de Montbazon, mais je n'ai plus le temps de m'occuper de ces erreurs. Pour m'enquérir des printemps il faudrait en avoir. Viendront les jeunes gens qui auront le loisir de chercher ce que j'indique. Le temps a pris ses mains dans les miennes; il n'y a plus rien à cueillir dans des jours défleuris.

On trouve dans le *Menagiana* ce que Ménage pensait de Rancé :

« Je ne lis, dit-il, jamais les ouvrages de M. de la Trappe qu'avec admiration : c'est l'homme du royaume qui écrit le mieux; son style est noble, sublime, inimitable; son érudition profonde en matière de régularité, ses recherches curieuses, son esprit supérieur, sa vie irréprochable, sa réforme un ouvrage de la main du Très-Haut. »

Une lettre de madame de Maintenon, 29 juin 1698, nous apprend un voyage de son frère à la Trappe; elle ajoute :

« J'envie le bonheur de mon frère d'avoir vu ce qu'il y a de plus édifiant dans l'Église, et d'avoir entendu celui dont Dieu s'est servi pour établir ce nombre de saints qui ne paraissent plus tenir à la terre. »

Ainsi tout s'occupait de Rancé depuis le génie jusqu'à la grandeur, depuis Leibnitz jusqu'à madame de Maintenon.

Le style de Rancé n'est jamais jeune, il a laissé la jeunesse à madame de Montbazon. Dans les œuvres de Rancé, le souffle du printemps manque aux fleurs; mais, en revanche, quelles soirées d'automne! qu'ils sont beaux ces fruits des derniers jours de l'année!

Rancé a beaucoup écrit; ce qui domine chez lui est une haine passionnée de la vie; ce qu'il y a d'inexplicable, ce qui serait horrible si ce n'était admirable, c'est la barrière infranchissable qu'il a placée entre lui et ses lecteurs. Jamais un aveu, jamais il ne parle de ce qu'il a fait, de ses erreurs, de son repentir. Il arrive devant le public sans daigner lui apprendre ce qu'il est; la créature ne vaut pas la peine qu'on s'explique devant elle : il renferme en lui-même son histoire, qui lui retombe sur le cœur. Il enseigne aux hommes une brutalité de conduite à garder envers les hommes; nulle pitié de leurs maux. Ne vous plaignez pas, vous êtes faits pour les croix, vous y êtes attachés, vous n'en descendrez pas; allez à la mort, tâchez seulement que votre patience vous fasse trouver quelque grâce aux yeux de l'Éternel. Rien de plus désespérant que cette doctrine, mélange de stoïcisme et de fatalité, qui n'est attendrie que par quelques accents de miséricorde qui s'échappent de la religion chrétienne. On sent comment Rancé vit mourir tant de ses frères sans être ému, comment il regardait le moindre soulagement offert aux souffrances comme une insigne faiblesse et presque comme un crime. Un évêque avait écrit à Rancé sur une abbesse qui avait besoin d'aller aux eaux, l'abbé lui répond :

« Le mieux que nous puissions faire, quand nous voyons mourir les autres, est de nous persuader qu'ils ont fait un pas qu'il nous faut faire dans peu, qu'ils ont ouvert une porte qu'ils n'ont point refermée. Les hommes partent de la main de Dieu, il les confie au monde pour peu de moments; lorsque ces moments sont expirés, le monde n'a plus droit de les retenir, il faut qu'il les rende. La mort s'avance, et l'on touche à l'éternité dans tous les instants de la vie. On vit pour mourir; le dessein de Dieu, lorsqu'il nous donne la jouissance de la lumière, est de nous en priver. On ne meurt qu'une fois, on ne répare point par une seconde vie les égarements de la première ; ce que l'on est à l'instant de la mort, on l'est pour toujours. »

Cette langue du dix-septième siècle mettait à la disposition de l'écrivain, sans effort et sans recherche, la force, la précision et la clarté, en laissant à l'écrivain la liberté du tour et le caractère de son génie. On trouve cette description du silence imprimée dans la vingt-neuvième instruction de Rancé :

« La solitude est peu utile sans le silence, car on ne se sépare des hommes que pour parler à Dieu, en interrompant tout entretien avec les créatures.

« Le silence est l'entretien de la Divinité, le langage des anges, l'éloquence du ciel, l'art de persuader Dieu, l'ornement des solitudes sacrées, le sommeil des sages qui veillent, la plus solide nourriture de la Providence, le lit des vertus; en un mot, la paix et la grâce se trouvent dans le séjour d'un silence bien réglé. »

Rancé serait un homme à chasser de l'espèce humaine s'il n'avait partagé et surpassé les rigueurs qu'il imposait aux autres : mais que dire à un homme qui répond par quarante ans de désert, qui vous montre ses membres ulcérés, qui, loin de se plaindre, augmente de résignation à mesure qu'il augmente de douleur? C'était ainsi qu'il fermait la bouche à ses adversaires, que Port-Royal et tous ses saints reculaient devant lui, qu'il faisait fuir ses ennemis en leur montrant la tête de la pénitence. Il voulait que tous les pécheurs mourussent avec lui ; comme les fameux capitaines, il ne comptait pas les morts, mais la victoire. Je vous ai parlé de son fameux traité *de la Sainteté monastique :* dans toutes ses pensées, extraites de ses différentes œuvres et recueillies par Marsollier, on ne retrouve que des redites de la même idée ; c'est toujours dur, mais admirablement exprimé.

A la tête d'un manuscrit de 206 pages à 26 lignes la page, venu d'Alençon, où ce manuscrit avait été transporté après la destruction de la Trappe, est écrite, par un moine, la note suivante :

« Ce livre est écrit de la propre main de notre révérend et très-saint père dom Armand-Jean, notre réformateur de la Trappe, qui, pour notre malheur, mourut le mois passé, 31 octobre 1700, comme il avait vécu. »

Moréri cite le 26 octobre, la *Gallia christiana* le 27, une lettre de Bossuet mentionne le 29, et la note ci-dessus le 31 octobre. Cette note me semblerait devoir faire autorité, et c'est ce que pense aussi le bibliothécaire d'Alençon, sous la date du 3 août 1819 ; le Père Le Nain dit formellement que Rancé expira le 27 du mois d'octobre, à deux heures après midi, à l'âge de soixante-quinze ans, après en avoir passé trente-sept dans la solitude. Le manuscrit cité me semble être de la jeunesse de Rancé, et renferme ses Études sur la Trinité, c'est-à-dire des recherches sur ce qu'en avaient dit Platon, Justin, Clément d'Alexandrie, sans oublier les hymnes d'Orphée ; grandes recherches que ne faisait point Rancé à la Trappe, et qui sont visiblement de sa jeunesse. L'écriture de l'ouvrage inédit que je cote est d'un jeune homme ; le grec est facile à lire, presque toutes les lettres compliquées sont remplacées par des lettres simples. Rancé remarque que le Symbole de Nicée a ajouté au *Credo* le mot *fils.*

Rancé avait voulu l'obscurité, et c'est un moine, son compagnon, qui ne signe point, qui se trompe même d'année, ayant mis 1600 pour 1700, qui nous apprend sa mort, laquelle n'importe aujourd'hui à personne.

Rancé a écrit prodigieusement de lettres. Si on les imprimait jamais avec ses œuvres, on verrait qu'une seule idée a dominé sa vie ; malheureusement on n'aurait pas les lettres qu'il écrivait avant sa conversion, et qu'au moment de sa vêture il ordonna de brûler. Ce serait seulement une étude remarquable par la différence des correspondants auxquels il s'adressa, mais toujours avec une idée fixe. Les réponses à ces lettres seraient plus variées encore et toucheraient à tous les points de la vie. Il s'est formé une solitude dans les épîtres de Rancé comme la solitude dans laquelle il enferma son cœur.

Les recueils épistolaires, quand ils sont longs, offrent les vicissitudes des âges : il n'y a peut-être rien de plus attachant que les longues correspondances de Voltaire, qui voit passer autour de lui un siècle presque entier.

Lisez la première lettre, adressée en 1715 à la marquise de Mimeure, et le dernier billet écrit le 26 mai 1778, quatre jours avant la mort de l'auteur, au comte de Lally-Tolendal ; réfléchissez sur tout ce qui a passé dans cette période de soixante-trois années. Voyez défiler la procession des morts : Chaulieu, Cideville, Thiriot, Algarotti, Genonville, Helvétius ; parmi les femmes, la princesse de Bareith, la maréchale de Villars, la marquise de Pompadour, la comtesse de Fontaine, la marquise du Châtelet, madame Denis, et ces créatures de plaisir qui traversent en riant la vie, les Lecouvreur, les Lubert, les Gaussin, les Sallé.

Quand vous suivez cette correspondance, vous tournez la page et le nom écrit d'un côté ne l'est plus de l'autre ; un nouveau Genonville, une nouvelle du Châtelet paraissent et vont, à vingt lettres de là, s'abîmer sans retour : les amitiés succèdent aux amitiés, les amours aux amours.

L'illustre vieillard, s'enfonçant dans ses années, cesse d'être en rapport, excepté par la gloire, avec les générations qui s'élèvent ; il leur parle encore du désert de Ferney, mais il n'a plus que sa voix au milieu d'elles ; qu'il y a loin des vers au fils unique de Louis XIV :

> Noble sang du plus grand des rois,
> Son amour est notre espérance, etc.

aux stances à madame Lullin, et non pas madame du Deffant :

> Eh quoi ! vous êtes étonnée
> Qu'au bout de quatre-vingts hivers
> Ma muse, faible et surannée,
> Puisse encor fredonner des vers !
>
> Quelquefois un peu de verdure
> Rit sous les glaçons de nos champs ;
> Elle console la nature,
> Mais elle sèche en peu de temps.

Le roi de Prusse, l'impératrice de Russie, toutes les grandeurs, toutes les célébrités de la terre reçoivent à genoux, comme un brevet d'immortalité, quelques mots de l'écrivain qui vit mourir Louis XIV, tomber Louis XV et régner Louis XVI, et qui, placé entre le grand roi et le roi-martyr, est à lui seul toute l'histoire de France de son temps.

Mais peut-être qu'une correspondance particulière entre deux personnes qui se sont aimées offre encore quelque chose de plus triste ; car ce ne sont plus les *hommes*, c'est l'*homme* que l'on voit.

D'abord les lettres sont longues, vives, multipliées ; le jour n'y suffit pas :

on écrit au coucher du soleil ; on trace quelques mots au clair de la lune, chargeant sa lumière chaste, silencieuse, discrète, de couvrir de sa pudeur mille désirs. On s'est quitté à l'aube ; à l'aube on épie la première clarté pour écrire ce que l'on croit avoir oublié de dire. Mille serments couvrent le papier, où se reflètent les roses de l'aurore ; mille baisers sont déposés sur les mots qui semblent naître du premier regard du soleil : pas une idée, une image, une rêverie, un accident, une inquiétude qui n'ait sa lettre.

Voici qu'un matin quelque chose de presque insensible se glisse sur la beauté de cette passion, comme une première ride sur le front d'une femme adorée. Le souffle et le parfum de l'amour expirent dans ces pages de la jeunesse, comme une brise le soir s'endort sur des fleurs : on s'en aperçoit et l'on ne veut pas se l'avouer. Les lettres s'abrègent, diminuent en nombre, se remplissent de nouvelles, de descriptions, de choses étrangères ; quelques-unes ont retardé, mais on en est moins inquiet ; sûr d'aimer et d'être aimé, on est devenu raisonnable ; on ne gronde plus, on se soumet à l'absence. Les serments vont toujours leur train ; ce sont toujours les mêmes mots, mais ils sont morts ; l'âme y manque : *je vous aime* n'est plus là qu'une expression d'habitude, un protocole obligé, le *j'ai l'honneur d'être* de toute lettre d'amour. Peu à peu le style se glace, ou s'irrite ; le jour de poste n'est plus impatiemment attendu, il est redouté ; écrire devient une fatigue. On rougit en pensée des folies que l'on a confiées au papier ; on voudrait pouvoir retirer ses lettres et les jeter au feu. Qu'est-il survenu ? Est-ce un nouvel attachement qui commence ou un vieil attachement qui finit ? n'importe : c'est l'amour qui meurt avant l'objet aimé. On est obligé de reconnaître que les sentiments de l'homme sont exposés à l'effet d'un travail caché ; fièvre du temps qui produit la lassitude, dissipe l'illusion, mine nos passions et change nos cœurs, comme elle change nos cheveux et nos années. Cependant il est une exception à cette infirmité des choses humaines ; il arrive quelquefois que dans une âme forte un amour dure assez pour se transformer en amitié passionnée, pour devenir un devoir, pour prendre les qualités de la vertu ; alors il perd sa défaillance de nature, et vit de ses principes immortels.

Il ne faut pas séparer des ouvrages de Rancé les instructions de saint Dorothée traduites du grec pour les instructions des pères de la Trappe. Saint Dorothée, se convertit à la vue d'un tableau, comme Énée retrouva les souvenirs de Troie dans les palais de Carthage. Ce tableau représentait les divers tourments des pécheurs aux enfers : une dame d'une majesté et d'une beauté extraordinaires se montra tout à coup auprès de Dorothée, lui expliqua le tableau et disparut. On voit comme les souvenirs de Virgile s'étaient empreints jusque dans les imaginations de l'Orient, si toutefois l'Orient n'était pas à la source de ces souvenirs. Les instructions de saint

Dorothée sur les jugements, sur les accusations de soi-même, sur le souvenir des injures, sur les habitudes, sont écrites dans la traduction de Rancé avec onction et intérêt. Un jour, selon une de ces histoires, un des frères vint trouver son abbé dans le désert et lui dit : « Ayez pitié de moi, mon père, parce que je dérobe et que je mange ensuite ce que j'ai dérobé. — Et pourquoi? dit saint Dorothée; est-ce que vous avez faim? — Oui, mon père, répondit-il ; ce que l'on donne à la table commune ne me suffit pas. » On doubla la pitance du solitaire, et il dérobait toujours. Ce pauvre frère savait que le larcin est un péché, il en pleurait, et toutefois il se laissait entraîner.

D'Andilly n'avait laissé à Rancé que l'histoire de Dorothée à traduire : c'était un mauvais grec du troisième siècle, difficile à entendre, et dont il n'existait qu'une paraphrase infidèle. J'ai vu entre Jaffa et Gaza le désert qu'avait habité Dorothée : il n'y avait point les soixante-dix palmiers et les douze fontaines.

Une suite de souffrances renouvelées obligèrent enfin Rancé de se démettre de son abbaye. On était si abattu sous la majesté de Louis XIV, que des solitaires mêmes ne se pouvaient empêcher de faire entendre le langage de la flatterie usité à Versailles. Ce n'était pas chose si aisée qu'on se l'imagine que de faire agréer la démission d'un trappiste ; derrière cette démission se reproduisait la question de l'*abbé commendataire* ou de l'*abbé régulier*. La sainteté inspirait à Rancé une adresse particulière sitôt que se renouvelaient des contestations : le chef de l'ordre de Cîteaux en appelait-il au pape, Rancé en appelait au roi. Louis XIV évoquait l'affaire à son conseil, et, sans donner gain de cause à l'une des parties, rétablissait l'équilibre. La cour se partageait ; elle prenait un vif intérêt à ces démêlés du cloître ; un grand saint avait autant de crédit qu'un grand seigneur ; une gravité commune faisait que l'austérité de la religion communiquait de l'importance aux affaires du monde, et que les affaires du monde donnaient une vivacité utile aux intérêts de la religion.

Rancé avait consenti à se charger de la conduite spirituelle de l'abbaye des Clairets, monastère de femmes dépendant de la Trappe. Il était gouverné par Eugénie-Françoise d'Étampes de Valence, d'une plus illustre famille que celle de cette duchesse d'Étampes, appelée la plus savante des belles et la plus belle des savantes. On voit dans des lettres du temps qu'on allait à cette abbaye par Nogent-le-Rotrou.

L'abbesse des Clairets était d'une morgue presque ridicule, même dans ces temps d'aristocratie. Elle disait de dom Zosime qu'il ne méritait pas seulement d'être son laquais, parce que ce n'était que le fils d'un bourgeois de Bellème.

La visite de Rancé aux Clairets est du 16 février 1690 ; on possède encore, avec la carte de sa visite, les discours d'ouverture et de clôture. L'abbesse avait fait sonner la grosse cloche de l'abbaye aussitôt que Rancé parut dans le voisinage ; cloche dont le son se perdit comme mille autres dans des bois qui n'existent plus ; on trouve on ne sait quel charme dans ces accents qui annonçaient à des échos, muets depuis longtemps, le passage d'un homme sur la terre. L'abbesse s'était jetée à genoux devant le père à l'entrée de l'église. La carte de visite laissée dans le monastère faisait du bruit. Rancé avait dit que la lecture de l'Ancien Testament ne convenait pas à des religieuses : « Que voulez-vous, disait-il, que des filles obligées à une chasteté consommée lisent le Cantique des cantiques, l'histoire de Suzanne, celle de Juda, de Thamar, de Judith, d'Ammon, de la violence faite à la femme du lévite dans Gabaon, le Lévitique, Ruth ? »

Lorsque Rancé s'énonçait, les religieux croyaient entendre très-sensiblement les anges chanter leurs mélodies. Sa parole était aussi persuasive que son caractère était inflexible. Elle fut pourtant écoutée presque sans fruit aux Clairets ; car il détruisait par sa voix l'effet qu'il produisait par sa parole : c'est pourquoi l'on trouve une lettre rude qu'il écrivit à une religieuse de ce monastère.

« Je vous avoue que j'ai été tout à la fois surpris de vous voir dans les dispositions et les pensées auxquelles je ne me serais point du tout attendu ; car enfin qu'est-ce que Dieu pourrait faire davantage pour vous assurer contre la crainte de la mort, que de vous appeler dans un état qui doit vous donner de l'éloignement et du mépris pour la vie ? »

Fait pour le monde, l'abbé s'en séparait par la pénitence ; mais, au milieu de toutes ces douleurs de femmes, il ne s'apercevait pas qu'en voulant faire retourner l'humanité aux rigueurs de l'Orient, il se trompait de siècle et de climat. Il n'avait pas de corbeaux pour nourrir ses anachorètes, de palmiers pour couronner leur tête, de lions pour creuser la fosse des Thaïs. Sa morale tombait dans ces méprises de notre poésie qui ne parle que de la cruauté des tigres, dans des forêts où nous n'apercevons que des chevreuils.

Rancé retourna à la Trappe par un orage ; les tonnerres accompagnaient majestueusement les faibles pas d'un vieillard. Les beaux temps du christianisme étaient finis : on croit entendre se refermer les portes d'un temple abandonné.

L'abbesse d'une abbaye de Paris, ayant lu l'ouvrage *de la Sainteté et des Devoirs de la vie monastique*, ne voulut plus consentir qu'on introduisît la musique dans son couvent ; elle en écrivit à Rancé ; l'abbé répondit :

« La musique ne convient point à une règle aussi sainte et aussi pure que la vôtre ; est-il possible que vos sœurs soient si aveugles et aient les yeux tellement fermés qu'elles ne s'aperçoivent pas qu'elles introduiraient un abus dont elles doivent avoir un entier éloignement ! »

Rancé était de l'avis des magistrats de Sparte : ils mirent à l'amende Terpandre pour avoir ajouté deux cordes à sa lyre. Les nonnes persistèrent ; le monde rit de ces discordes qui pensèrent renverser une grande communauté. Le ciel mit fin aux divisions, comme Virgile nous apprend que l'on apaise le combat des abeilles : un peu de poussière jetée en l'air fit cesser la mêlée. Il survint aux religieuses qui voulaient chanter, des rhumes ; elles reconnurent que la main de Dieu s'apesantissait sur elles. Rancé du reste avait raison : la musique tient le milieu entre la nature matérielle et la nature intellectuelle ; elle peut dépouiller l'amour de son enveloppe terrestre ou donner un corps à l'ange : selon les dispositions de celui qui les écoute, ses accords sont des pensées ou des caresses. A peine les poëtes chrétiens de l'antiquité ont-ils permis qu'on fît entendre cette mélodie après eux, lorsqu'ils avaient réuni leur vie aux faisceaux des lyres brisées.

Des médailles et des portraits de l'abbé de Rancé s'étant répandus donnèrent naissance à de nouvelles calomnies ; on le traita de superbe qui voulait éterniser sa mémoire. On fit courir des médailles portant d'un côté ces mots : *Restaurator monachorum ;* et de l'autre un moine mal fait avec cette devise : *Labor improbus.*

Le P. Lami, un des commensaux de la Trappe, était demi-philosophe ; il différait de Rancé sur beaucoup de sujets ; il passait pour être l'homme de son ordre qui écrivait le mieux en français : il avait développé avec clarté les idées de Descartes. Au sujet des *Études monastiques,* il eut une discussion avec Rancé devant madame de Guise, et Mabillon raconte que Lami l'emporta sur Rancé[1]. Un ordre de Louis XIV imposa silence aux partis.

S'il y a des libelles imprimés contre Rancé, il y en a d'autres qui sont restés manuscrits, en particulier une dissertation sur *les humiliations,* par l'abbé Leroy ; elle se trouve à la bibliothèque de Sainte-Geneviève. L'abbé de Rancé répondait :

« Vous savez combien de fois on m'a fait mort ; on a vu que je ne laissais pas de vivre ; on s'avise de dire que la vie de l'esprit est éteinte en moi ; que véritablement j'ai une âme, mais que je ne raisonne plus. »

On le pressait de mitiger la discipline de la Trappe ; il répondait par ces quatre mots des Machabées : « *Moriamur in simplicitate nostra.* » On l'invitait à écrire les devoirs du chrétien, comme il avait écrit les devoirs de la vie monastique ; il en traça des pages, puis il s'arrêta, disant : « Il ne me reste que quelques instants à vivre ; le meilleur usage que j'en puisse faire, c'est de les passer dans le silence. »

---

[1] Premier volume des *OEuvres posthumes de Mabillon.*

Rancé habita trente-quatre ans le désert, ne fut rien, ne voulut rien être, ne se relâcha pas un moment du châtiment qu'il s'infligeait. Après cela put-il se débarrasser entièrement de sa nature? Ne se retrouvait-il pas à chaque instant comme Dieu l'avait fait? Son parti pris contre ses faiblesses a fait sa grandeur ; il avait composé de toutes ses faiblesses punies un faisceau de vertus. Selon l'historien de Saint-Luc, saint Bernard bâtit son édifice sur le fondement d'une grande innocence ; Rancé, sur les ruines de son innocence perdue mais réparée.

Le rhumatisme qui d'abord lui avait saisi la main gauche se jeta sur la droite, dans laquelle le chirurgien de madame de Guise travailla. Cette main devint inutile et contrefaite. Le malade avait une répugnance extrême de toute nourriture. Affligé d'une toux insupportable, d'une insomnie continuelle, de maux de dents cruels, d'enflures aux pieds, il se vit réduit pendant près de six années à passer ses jours à l'infirmerie dans une chaise, sans presque jamais changer de posture. Un frère convers le pressant de prendre un peu de nourriture, Rancé dit avec un sourire : « Voilà mon persécuteur. » Il n'employait ses frères, qui regardaient comme un bonheur de le servir, qu'avec une extrême discrétion. Il souffrait la soif, n'osant leur demander à boire de peur de les fatiguer. Lorsqu'on lui avait donné quelque chose, il en témoignait aussitôt sa reconnaissance par une inclination de tête en se découvrant. Il souffrait des douleurs aiguës que l'on n'aurait pas remarquées si l'on n'eût aperçu quelque changement sur son visage. Il avait fait mettre vis-à-vis de sa chaise dans l'infirmerie ces paroles du prophète : « Seigneur, oubliez mes ignorances et les péchés de ma jeunesse. » Ce fut pendant cette perpétuelle agonie qu'il composa son livre intitulé : *Réflexions sur les quatre évangélistes.*

Rancé ne rencontra pas toujours des Mabillon ; il eut des adversaires plus ignorants, par conséquent plus sûrs d'eux-mêmes. On lui apporta un matin une satire contre sa personne ; il la lut, loua ce qu'il y trouva de bien, et dit : « Voilà une excellente préparation pour la messe. » Il allait à l'autel.

Dans le remuement des choses diverses dont il avait été si longtemps le témoin, il avait toujours conservé sa paix. Pendant ses voyages, il se détournait le plus qu'il pouvait des grands chemins. Il suivait des sentiers au milieu des blés, tenant les yeux attachés sur le soleil prêt à se coucher parmi les moissons. Si par hasard il rencontrait quelque banne, il demandait la permission d'y monter. « Ce serait plutôt à moi, disait-il, de conduire cette charrette qu'à ce paysan, parce que, quoiqu'il soit pauvre, c'est un homme de bien. Moi, je suis toujours le plus malheureux de tous les pécheurs. » Il avertit ses frères des maux dont la maison était menacée. A l'anniversaire de sa profession d'abbé, des moines assemblés en chapitre firent à genoux cette protestation : « Nous protestons de garder notre sainte règle dans toute son étendue. » Rancé commença : il renonça de nouveau au monde pour ne s'occuper que des années éternelles.

Les solitaires écrivirent en même temps au pape :

« Il y a plusieurs années, très-saint-père, que nous jouissons d'un grand et précieux trésor dans la personne de notre père abbé ; mais il va nous être enlevé si Votre Sainteté ne se hâte de nous secourir. Il va à la mort avec joie ; il ne veut rien prendre de ce qui pourrait réparer ses forces ; il chante avec l'Apôtre : « Si la maison de terre que nous habitons vient à se dissoudre, Dieu nous donnera dans le ciel une demeure qui durera éternellement. Qu'il nous survive, qu'il nous ferme les yeux ! »

Le cardinal Cibo répondit au nom du pape que Sa Sainteté ordonnait que l'abbé de la Trappe eût à suspendre des austérités qui compromettaient sa vie.

Le 2 de novembre de l'année 1694, Rancé mandait à l'abbé Nicaise :

« Voilà M. Arnauld mort après avoir poussé sa carrière aussi loin qu'il l'a pu. Il a fallu qu'elle se soit terminée ; voilà bien des questions finies. L'érudition de M. Arnauld et son autorité étaient d'un grand poids pour le parti heureux qui n'en a point d'autre que celui de Jésus-Christ ; qui, mettant à part tout ce qui pourrait l'en séparer ou l'en distraire, même pour un moment, s'y attache avec tant de fermeté que rien ne soit capable de l'en déprendre. »

Ce passage de la lettre de Rancé, si différent de ce qu'il avait écrit à M. de Brancas sur Arnauld, étant connu, ressuscita toutes les ardeurs. Rancé lui-même fut surpris du fracas que causaient ces quatre lignes. Au milieu de cette agitation, il écrivit de nouveau, le 27 janvier 1695, à l'abbé Nicaise :

« J'ai reçu depuis deux jours une lettre de plus de vingt pages de votre bon ami le père Quesnel : elle est toute remplie d'une dureté et d'une vivacité incompréhensibles ; il prétend me prouver que j'ai flétri le nom de M. Arnauld, que je lui ai donné un coup de poignard après sa mort, que j'ai fait, autant qu'il était en mon pouvoir, une plaie mortelle à sa mémoire, et une infinité d'autres choses plus violentes les unes que les autres. Je n'ai jamais entendu parler d'une imagination aussi extraordinaire. Quand j'aurais écrit un volume contre la vie, la conduite et les sentiments de M. Arnauld, que je me fusse servi pour cela des expressions les plus injurieuses, il ne me traiterait pas d'une autre manière ; il me demande des rétractations et des déclarations publiques, comme si j'avais de mon plein pouvoir rejeté hors de l'Église M. Arnauld après sa mort ; il ajoute que toute la France attend une réparation de ma part, et si j'avais mis le feu à Port-Royal ou que je l'eusse renversé de fond en comble, il ne m'en dirait pas davantage. »

Rancé avait raison, il n'avait pas mis le feu à Port-Royal : quant à la convenance de ses prévisions, c'était une convenance que se donnent facilement les hommes accoutumés à se servir de la plume. Pour ce qui est du grand Arnauld dont on ne lit plus les ouvrages, les dernières années de sa vie avaient affaibli le sérieux qui lui servait de bouclier. Caché à l'hôtel de Longueville, déguisé sous un habit gris, l'épée au côté, affublé d'une grande perruque, le vieux janséniste était nourri dans une chambre haute par l'aventurière de la Fronde. Il commettait mille imprudences. Madame de Longueville disait qu'elle aurait mieux aimé confier ses secrets à un libertin. Il ne voulait point de paix; il avait, disait-il, pour se reposer l'éternité tout entière. Lorsqu'on jouit d'une imposante renommée, il faut éviter les travestissements peu dignes.

Au surplus les vertus de Rancé ôtaient la force à tous ses ennemis. Le P. Quesnel même, désavouant la lettre haute qu'il avait écrite à l'abbé de la Trappe, disait :

« Ce n'est pas seulement parce qu'il y a plus de trente ans que je fais profession de l'honorer, mais plus encore parce qu'on doit du respect à l'esprit de Dieu qui règne dans ses serviteurs, de ne les pas contrister, de ne pas nuire à ces hommes en diminuant la réputation des ouvriers qu'il a daigné employer; je puis bien ne pas convenir de leur sentiment ni approuver toutes leurs démarches, mais je ne me dois jamais dispenser de les traiter avec respect. »

Les tracasseries continuaient contre Rancé auprès et au loin, et il disait : *Ego sum vermis et non homo*. On voit des couplets contre lui dans le *Recueil de chansons*[1]. »

Un témoin, ami de Rancé, le P. Le Nain, nous décrit ainsi ses travaux et les inquiétudes de son monastère :

« Qui l'aurait pu croire, dit-il, si on ne l'avait vu de ses yeux! cet homme, qui semblait ne vivre que de souffrances et de peines, comme s'il eût eu un corps de diamant et tout à fait insensible, ou plutôt s'il eût été un pur esprit, était toujours dans l'action du matin jusqu'au soir; il écrit, il dicte des lettres, il compose des ouvrages, il étudie ; il écoute ses religieux, répond à toutes leurs difficultés ; il conduit quatre-vingt personnes qui composent sa communauté, tant novices que profès; il ordonne tout ce qui les regarde, soit pour leur intérieur, soit pour leurs besoins extérieurs. Tantôt il va à l'infirmerie, de l'infirmerie aux hôtes, des hôtes au cloître, et du cloître vers ses frères; tantôt il visite les cellules pour voir si chacun s'occupe ; tantôt il descend au chœur pour examiner avec quelle piété on y

---

[1] *Recueil de chansons*, vol. VII, pag. 77, en 1692, vers sur Armand-Jean Le Bouthillier de Rancé, abbé régulier de Notre-Dame de la Maison-Dieu de la Trappe, de l'étroite observance des Citeaux.

célèbre les divins offices, et tantôt il retourne à sa chambre où quelque frère l'attend ; mais souvent il y retourne tellement fatigué qu'il ne peut plus se soutenir sur ses pieds, et à peine y est-il un moment qu'une visite d'hôte l'oblige d'en sortir : il ne discontinue pas même ses occupations dans le temps destiné au repos. On le voit, entre les Matines et Prime, faire un tour dans le monastère, ou aller à la cour des frères convers, ou parcourir le dortoir pour voir si chacun est couché ; car il disait que ce n'était pas une moindre faute contre la règle de ne se pas retirer pour se reposer sitôt que la retraite est sonnée, que de ne se pas lever aussitôt qu'on entend la cloche du réveil.

A ces fatigues du corps Rancé joignait celles de l'esprit, ressentant dans son âme toutes les peines et toutes les tentations de ses enfants, leurs faiblesses et leurs misères ; et, comme un autre saint Paul, se faisant tout à tous, il les portait dans ses entrailles ; il était triste avec ceux qui l'étaient, malade avec les malades, se chargeant par le pur effet de sa charité de tous leurs maux corporels et spirituels.

Ses amis lui représentaient qu'il prenait trop de peine pour un monastère qui ne subsisterait pas ; il répondait :

« La Trappe aura la durée qu'elle doit avoir selon les déterminations éternelles. Si l'on s'était conduit dans les âges supérieurs par cette considération qu'il n'y a rien qui ne change, on se serait tenu dans l'inaction, le champ de Jésus-Christ serait un désert stérile privé de tous ces grands ouvrages qui en font l'ornement et la beauté. Dieu se moque de la diligence des hommes qui prennent tant de peine pour conserver leur vie à la veille de leur mort. »

Le serviteur de Dieu fut exposé aux épreuves dont les histoires de ces temps nous parlent ; histoires qu'on retrouve dans tous les monastères et que Rancé avait souvent rappelées dans les Vies particulières de quelques-uns de ses religieux. Un jeune possédé avait déclaré que des légions de démons assiégeaient la Trappe. On croyait qu'il n'y avait point de solitude vide ; on habitait au milieu d'un monde d'esprits ; mais ces esprits avaient leur domicile dans les cloîtres : le merveilleux achevait d'agrandir la poésie. Rancé oyait des bruits aigres et perçants ; ses moines lui racontaient qu'ils éprouvaient, la nuit, les secousses d'une force étrangère. On entendait dans les dortoirs des tintamarres affreux, comme des personnes qui se battaient ; on frappait aux portes des cellules, ou bien il semblait qu'un homme marchât seul à grands pas ; une main de fer passait et repassait sur le chevet des lits.

Faut-il attribuer ces effets aux tempêtes de la nuit dans les désolations de la Trappe, ou aux illusions de l'astrologie que dom Le Nain reprochait à Rancé ? Étaient-ce des gestes de cette femme que le père de la Trappe avait vue à Veretz au milieu des flammes, ou enfin était-ce le ressac des flots du temps contre le rivage de l'éternité? Rancé se préparait à exorciser la maison; mais vers la fin de l'année 1683 les bruits cessèrent.

Les soucis intérieurs de la communauté n'empêchaient nullement Rancé de s'occuper de ce qui se passait au dehors; il prit une grande part à la mort de la princesse palatine, arrivée au mois de juillet 1684. Anne de Gonzague de Clèves avait plusieurs fois consulté Rancé sur les difficultés de conscience; son nom rappelait un charmant ouvrage de madame de Lafayette, et c'est sur Anne de Gonzague que Bossuet a composé une de ses plus belles Oraisons funèbres. Après s'être plongée dans les idées du siècle, idées qui s'éloignaient du temps où elle vivait, la princesse palatine avait commencé par les idées cartésiennes; de là elle avait passé à ne plus rien croire, et, ayant achevé le tour du cadran, elle avait remonté elle-même vers la religion comme plusieurs esprits forts ou libertins de cette époque. Dans son séjour en France elle avait vu la Fronde, qui, selon Bossuet, était un travail de la France prête à enfanter le règne miraculeux de Louis.

« Et qu'avaient-ils vu, s'écrie le grand orateur, rappelant la philosophie de la princesse palatine, qu'avaient-ils vu ces rares génies plus que les autres? Ils n'ont rien vu, ils n'entendent rien, ils n'ont pas même de quoi établir le néant auquel ils aspirent après cette vie. »

Bossuet conte ce que la princesse palatine raconta elle-même au saint abbé.

« Une nuit, dit-elle, que je croyais marcher seule dans une forêt, je rencontrai un aveugle dans une petite loge; je lui demandai s'il était aveugle de naissance, ou s'il l'était devenu par accident. Il me répondit qu'il était né aveugle. Vous ne savez donc pas, lui dis-je, ce que c'est que la lumière qui est si belle et si agréable? — Non, me répondit-il, cependant je ne laisse pas de croire que c'est quelque chose de très-beau. Alors il me semblait que cet aveugle changea tout à coup de voix, et, me parlant avec autorité, me dit : Cela doit vous apprendre qu'il y a des choses excellentes quoiqu'on ne les puisse comprendre. »

Bossuet, dans son Oraison funèbre, parle de son ami Rancé. »

« Un saint abbé dont la doctrine et la vie sont un ornement de notre siècle, ravi d'une conversion aussi admirable et aussi parfaite que celle de notre princesse, lui ordonna de l'écrire pour l'édification de l'Église; elle commence ce récit en confessant son erreur : « Vous, Seigneur, dont la bonté infinie n'a rien donné aux hommes de plus efficace pour effacer leurs péchés que la grâce de les reconnaître, recevez l'humble confession de votre servante. »

Anne de Gonzague était une de ces mortelles dont la beauté avait rôdé dans les bois de la Trappe. Elle se mêla, dit madame de Motteville, à presque tout ce qui se fit alors, elle soutint le cardinal de Mazarin qui n'en fut pas fort reconnaissant. On a une lettre d'elle, insérée parmi les lettres de Bussy-Rabutin. Malheureusement on n'a pas les autres lettres qu'elle écrivit à la maréchale de Guébriant, ni le traité sur l'*Art de juger la vérité des sentiments*. Les dames philosophes de ce temps, qui déclinèrent peu à peu vers le matérialisme, commencèrent par être cartésiennes, et s'en allaient à Dieu les pensées inclinées vers la raison, au lieu de les lui remettre comme des fleurs. Anne de Gonzague n'était pas insensible à l'argent; elle avait reçu des sommes assez considérables pour faire réussir des mariages qui n'eurent pas lieu. Elle ne rendit point ces sommes, ou présenta des comptes qui les absorbaient.

Après sa mort, la princesse palatine fut enterrée au Val-de-Grâce, à côté de Bénédicte, sa sœur. Elle avait fait de ses propres mains un grand tableau de saint Bernard pour le fond d'un autel consacré à la Trappe. Quand on exhuma les morts, les déterreurs insultèrent ces dépouilles, comme on jette au vent des feuilles de roses séchées.

Rancé, au milieu de toutes ces tribulations, n'avait d'autre refuge que la patience chrétienne. On écrivit contre lui, on prêcha même contre lui, on attaqua sa doctrine et sa conduite; on s'efforça de le faire passer pour un hérétique ou pour un fanatique; on publia qu'il tenait dans son monastère des assemblées contre la religion et contre l'État. La Trappe fut au moment d'être détruite comme Port-Royal : Rancé, au milieu de toutes ses afflictions d'esprit, fut livré à des infirmités qui ne lui permettaient aucun repos; il fut maltraité de ceux-là même auxquels il avait fait le plus de bien. Quand on le pressait de manger, il disait aux frères convers : « Vous serez cause que je mourrai dans l'impénitence finale. » Apercevant un de ses religieux qui souvent lui avait fait la même prière, il dit en souriant : « Voilà mon persécuteur. » Arrivé à ce comble de douleur qu'il avait tant désiré pour ressembler à Jésus-Christ son maître, on lui proposait de le guérir par le secours des médecins : « Je suis, répondit-il, entre les mains de Dieu; c'est lui qui donne la vie, c'est lui qui l'ôte; il saura bien me guérir si sa volonté est que je vive. Mais pourquoi me guérir? A quoi suis-je bon? Que faisais-je en ce monde? qu'offenser Dieu. » Quand il y avait quelque relâche à ses souffrances et qu'on le félicitait, il disait : « De quoi me félicitez-vous? de ce que je suis retenu en prison, de ce que, mes liens étant près de se rompre, on m'a chargé de nouveaux fers? »

Rancé brûla une quantité de lettres remplies de témoignages d'admiration; il en conserva d'autres en marge desquelles étaient écrits de sa main ces mots : *Lettres à garder*. C'étaient des lettres diffamatoires contre lui. Était-ce humilité ou orgueil? Le P. de Monty était venu le voir, et le força d'appeler un médecin. « Il faut s'écrier comme Job, disait-il : Que celui qui a commencé achève de me réduire en poussière. » On le conjurait de quitter pour quelque temps l'air de sa retraite. « J'ai dit en entrant ici, répondait-il : *Hæc requies mea.* »

A ceux qui lui objectaient le peu de certitude de la durée de la Trappe, il répondait : « elle durera ce qu'elle doit durer. Si, dans les âges supérieurs, on s'était conduit par cette considération qu'il n'y a rien qui ne soit sujet à la décadence, où en serait aujourd'hui le champ de Jésus-Christ ? »

Au mois d'octobre 1695, Rancé envoya sa démission au roi : on remarqua ces mots touchants dans sa lettre :

« Sire, comme je me sens pressé d'exécuter le dessein que Dieu m'inspire depuis longtemps de passer ma vie dans une retraite austère, et de me préparer à la mort ; que ma santé, qui diminue tous les jours, me met dans l'impuissance de donner toute l'application que je dois à la conduite de mes frères et m'avertit que mes derniers moments ne peuvent être éloignés, j'ai cru que le premier pas que je devais faire était de quitter la charge de cette abbaye que je tiens de votre bonté royale, en vous envoyant, comme je fais, la démission pure et simple. »

Louis XIV reçut cette démission des mains de M. de Paris ; il dit à l'archevêque : « Renvoyez à la Trappe le frère porteur de la lettre ; que M. l'abbé examine la chose devant Dieu, et qu'il me dise sincèrement ce qu'il croit être le mieux. » L'archevêque de Paris manda à Rancé :

« Je vous félicite de tout mon cœur de tous les engagements qui ont accompagné la grâce que le roi vous a faite dans cette dernière rencontre ; j'y ai pris toute la part imaginable comme le plus passionné et le plus fidèle de vos serviteurs. »

Le roi nomma pour remplacer Rancé dom Zosime, prieur de ladite abbaye et ami de Rancé. Les bulles étant arrivées de Rome le 19 septembre de l'année 1696, le nouvel abbé fut installé le 28 du même mois. L'ancien abbé, pouvant à peine se soutenir, se prosterna aux pieds du nouvel abbé et lui dit : « Mon père, je viens vous promettre l'obéissance que je vous dois en qualité de mon supérieur, et vous prier de me traiter comme le dernier de vos religieux. » L'abbé Zosime tomba à genoux et lui répondit : « Et moi, mon père, je vous renouvelle l'obéissance que je vous ai vouée dès mon entrée dans cette sainte maison. » Majestueuse abnégation, et qui donnait une proportion inconnue à la nature humaine. Ce n'étaient point deux hommes à genoux l'un devant l'autre, c'étaient deux saints appartenant à ces visions que l'on entrevoit dans les enfoncements du ciel.

Rancé, devenu simple religieux, continua d'édifier par ses exemples le monastère qu'il avait rendu saint par ses ordres. A Rancé abattu et par conséquent plus puissant, Bossuet continua de s'adresser pour le soulagement spirituel de ses amis :

« Je vous recommande, lui écrivait-il, trois de mes principaux amis, qui m'étaient le plus étroitement unis depuis plusieurs années, et que Dieu m'a ôtés dans quinze jours par des accidents divers. Le plus surprenant est celui qui a emporté l'abbé de Saint-Luc, qu'un cheval a jeté par terre si rudement qu'il en est mort une heure après, à trente-quatre ans. »

Dom Zosime disparut vite.

« Un carme déchaussé s'était jeté à la Trappe depuis plusieurs années ; il s'appelait dom Gervaise : ses talents, sa piété séduisirent M. de la Trappe, et le témoignage de M. de Meaux acheva de le déterminer. Le nouvel abbé, continue Saint-Simon, ne tarda pas à se faire mieux connaître après qu'il eut eu ses bulles ; il se crut un personnage, chercha à se faire un nom, à paraître et à n'être pas inférieur au grand homme auquel il devait sa place et à qui il succédait. Au lieu de le consulter, il en devint jaloux, chercha à lui ôter la confiance des religieux, et, n'en pouvant venir à bout, à l'en tenir séparé. Il arriva que dom Gervaise tomba dans une faute : l'abbé de la Trappe, épouvanté, le fit chercher partout, et craignit qu'il ne fût allé se jeter dans les étangs. On le trouva caché sous les voûtes de l'église et baigné de larmes : il offrit sa démission. M. de la Trappe, qui jusqu'alors ne l'avait point voulu accepter, l'accepta. Bientôt dom Gervaise voulut retirer sa démission ; il alla parler à Fontainebleau au P. Lachaise, se prévalant d'un certificat que lui avait donné l'ancien abbé et disant que l'esprit de M. de la Trappe était tout à fait établi, qu'il avait auprès de lui un secrétaire extrêmement janséniste. Le P. Lachaise eut peur, il changea d'opinion sur l'ancien solitaire. »

Saint-Simon vit M. de Chartres ; M. de Chartres en écrivit à madame de Maintenon. Frère Chauvier, envoyé à la Trappe, assura qu'il avait trouvé tout entier l'esprit de l'ancien abbé. La démission de dom Gervaise fut maintenue ; pendant ce temps-là dom Gervaise écrivait en chiffres à une religieuse qu'il avait aimée. « C'était un tissu de tout ce qui peut s'imaginer d'ordures et les plus grossières, » dit Saint-Simon.

Voilà de ces passages qui détruisent l'autorité de la vérité dans les Mémoires de Saint-Simon. Imaginer qu'un religieux de la Trappe osé écrire de pareilles choses à une religieuse, même en chiffres, est une telle absurdité qu'on ne saurait le croire. S'il y a quelque chose de vrai dans toutes ces ribauderies, il serait plus simple d'imaginer que le déchiffreur a voulu s'amuser et amuser ses maîtres.

Tous les autres écrivains du temps parlent de dom Gervaise comme d'un homme d'imagination, qui mérita peut-être la sévérité de Louis XIV, mais aucun ne raconte de lui ce qu'en dit Saint-Simon. L'amitié a ses excès, et dans ce temps la parole ne ménageait ni ses pensées ni ses expressions.

Le roi, avançant à travers ces démêlés, nomma à l'abbaye de la Trappe dom Jacques de Lacour, après avoir envoyé le P. de Lachaise prendre des informations auprès de Rancé. Louis XIV descendait à ces détails de la société d'alors, comme Buonaparte entra dans les menues choses de la société d'aujourd'hui; mais il y avait cela de grand dans la société passée qu'elle s'appuyait à l'autel.

Le quiétisme était né dans l'année 1694, et il continua dans sa force jusqu'à l'année 1697. « Ce monde, dit Bossuet, semblait vouloir enfanter quelque étrange nouveauté : il faut aimer, disait ce monde, comme s'il était sans rédempteur et sans Christ. »

Le nom de madame Guyon se trouvait mêlé à la controverse. Née à Montargis, elle avait pu voir en naissant le tombeau de Jean l'aveugle, tué à la bataille de Crécy. Restée veuve à l'âge de vingt-deux ans, elle parut à Paris en 1680. Ce fut pendant ces voyages en province, qu'elle se tourna vers les idées mystiques, et qu'elle composa *le Moyen court*. Arrivée à Paris, l'archevêque l'enferma dans le couvent de la Visitation du faubourg Saint-Antoine. Madame de Maintenon, qui se mêlait alors de questions religieuses, avait vu madame Guyon, et la fit rendre à la liberté : celle-ci rencontra à Saint-Cyr Fénelon, et il dériva au quiétisme, renouvellement de l'hérésie des gnostiques. Madame Guyon a laissé des cantiques spirituels et un écrit intitulé *des Torrents*: ils l'emportèrent. Bientôt s'ouvrirent à Issy sur le quiétisme des conférences entre Bossuet et Fénelon; l'abbé de Rancé fut nommé juge, mais il n'y vint point. Placée à Vaugirard dans une maison sous la direction de M. de La Chétardie, curé de Saint-Sulpice, madame Guyon donna une déclaration signée par Fénelon et par M. Tronson, à la fin de janvier 1697. Les *Maximes des saints* parurent la même année.

Bossuet, à propos des *Maximes*, disait : « Qui lui conteste (à Fénelon) de l'esprit? Il en a jusqu'à faire peur. » Les *Maximes des saints* furent condamnées à Rome, et Fénelon, avec plus d'habileté que d'humilité, désavoua en chaire son ouvrage. Leibnitz, parlant du livre de M. de Cambrai, attribue à l'abbé de la Trappe une lettre très-solide dans laquelle il attaquait les faux mystiques. « Ils s'imaginent, disait Leibnitz, qu'une fois uni à Dieu par un acte de foi pure et de pur amour, on y demeure uni tant qu'on ne révoque pas formellement cette union. » On remarque dans ces lettres de Rancé, écrites à l'abbé Nicaise à propos de ces derniers débats religieux, ce trait sur Cromwell : « Nous voyons un homme vivant jouer le personnage de la mort, et d'une faux invisible renverser un trône. »

Le quiétisme fit plus de ravages en Italie qu'en France. On disait que Rancé pouvait seul répondre au livre des *Maximes des saints*. L'abbé de la Trappe en écrivit à Bossuet qui fit courir sa lettre pour s'appuyer d'une si grande autorité :

« Le livre de M. de Cambrai, mandait Rancé en 1697, m'est tombé entre les mains ; je n'ai pu comprendre qu'un homme de sa sorte fût capable de se laisser aller à des imaginations si contraires à ce que l'Évangile nous enseigne. » « Il n'y a rien, écrivait-il en même temps à l'abbé Nicaise, qui me lasse plus d'horreur que les extravagances et les dogmes impies que l'on attribue aux quiétistes. Dieu veuille que l'on en arrête le cours, que le mal qu'ils ont commencé de faire dans les lieux où ils se sont introduits ne passe pas plus loin. »

Le 3 octobre 1689, Rancé disait : « Les hommes ne se lasseront-ils jamais de parler de moi ? Ce serait une chose bien douce d'être tellement dans l'oubli, que l'on ne vécût plus que dans la mémoire de ses amis ; » cris de tendresse qui rarement échappent à l'âme fermée de Rancé.

« On sait ce que vous avez écrit contre le monstrueux système du quiétisme, mande l'abbé de la Trappe à l'évêque de Meaux ; car tout ce que vous écrivez, Monseigneur, sont des décisions. Si les chimères de ces fanatiques avaient lieu, il faudrait fermer les livres des divines Écritures, comme si elles ne nous étaient d'aucune utilité. »

Ces lettres de Rancé furent mal reçues ; Fénelon avait de nombreux partisans.

« Ce prélat, dit Saint-Simon, était un grand homme, maigre, bien fait, pâle, avec un grand nez, des yeux dont le feu et l'esprit sortaient comme un torrent, et une physionomie telle que je n'en ai point vu qui y ressemblât, et qui ne se pouvait oublier quand on ne l'aurait vu qu'une fois. Elle rassemblait tout, et les contrastes ne s'y combattaient point. Elle avait de la gravité et de la galanterie, du sérieux et de la gaieté ; elle sentait également le docteur, l'évêque et le grand seigneur ; ce qui y surnageait, ainsi que dans toute sa personne, c'était la finesse, l'esprit, les grâces, la décence, et surtout la noblesse. Il fallait un effort pour cesser de le regarder. »

Un homme qui exerçait un empire aussi puissant sur la société devait avoir des fanatiques. Il a fallu que la révolution vînt nous éclairer pour que nous comprissions cette expression de *chimérique* que Louis XIV appliquait à Fénelon.

Le duc de Nevers, Mancini, petit Italien devenu grand seigneur français par la vertu des richesses du duc de Mazarin, accusa Rancé, à propos de la querelle du quiétisme, de vouloir faire du bruit par vanité. Il y avait quelque excuse dans ces emportements du duc de Nevers : comment aurait-il pu s'empêcher de croire aux regrets de Rancé? Il avait vu Mazarin dans sa robe de chambre de camelot fourré de petit-gris, un bonnet de nuit sur la tête, traîner ses pantoufles dans sa galerie, regarder en passant ses tableaux et dire : « Il faut quitter tout cela. »

Le quiétisme semblait dériver du molinisme : Rancé s'en était aperçu. Il connaissait, disait-il, une ville tout entière où s'étaient passées des choses effroyables introduites par un saint du caractère de Molinos.

La condamnation du saint-siége contre les *Maximes des saints* fut publiée par des huissiers en 1699 en latin et en français; elle prohibe ces *Maximes :* « Dans l'état de la sainte indifférence, l'âme n'a plus de désirs volontaires et délibérés dans son intérêt; dans l'état de la sainte indifférence, on ne veut rien pour soi, on veut tout pour Dieu. La partie inférieure de Jésus-Christ sur la croix ne communiquait pas à la supérieure son trouble involontaire. Les saints mystiques ont exclu de l'état des âmes transformées les pratiques de la vertu. » Ainsi passent les siècles dans cette condamnation d'un évêque ; elle est signée du cardinal *Albano* et publiée à la tête du *Champ de Flore.*

La société que Rancé avait quittée lui en voulait de sa pénitence. Une princesse malicieuse appliquait à l'abbé ces paroles de l'Évangile : *Væ nutrientibus !* Malheur à ceux qui ont des enfants à nourrir ! par allusion aux moines de la Trappe.

Saint-Simon, qui n'aimait pas Fénelon et qui se disait chaud partisan de Rancé, eut une querelle avec Charost. Charost disait que M. de la Trappe était le patriarche de Saint-Simon, devant qui tout autre n'était rien. Saint-Simon répondit que M. de Cambrai avait été repris de justice, et qu'il y avait longtemps qu'il avait été condamné à Rome. « A ce mot, dit Saint-Simon, voilà Charost qui chancelle, qui veut répondre et qui balbutie ; la gorge s'enfle, les yeux lui sortent de la tête et la langue de la bouche. Madame de Nogaret s'écrie ; madame de Chastenet saute à sa cravate qu'elle lui défait et le col de sa chemise ; madame de Saint-Simon court à un pot d'eau, lui en jette, tâche de l'asseoir et de lui en faire avaler. J'y gagnai que Charost ne se commit plus à quoi que ce soit sur M. de la Trappe. »

Le monde accourait à la Trappe, la cour pour voir le vieil homme converti, pour en rire ou pour l'admirer, les savants pour causer avec le savant, les prêtres pour s'instruire aux leçons de la pénitence. Jean-Baptiste Thiers fut du nombre des pèlerins ; il se moquait de tout, même lorsqu'il était sérieux. L'abstinence des trappistes et leur vie muette ne lui convenaient guère ; mais il y trouvait du nouveau, et la nouveauté l'alléchait : il écrivit l'*Apologie de l'abbé de la Trappe*. Rancé s'y opposait assez, quoiqu'il fût bien aise d'avoir un défenseur de l'esprit et du savoir de Thiers. Cette apologie fut supprimée par l'autorité. Rancé écrivait à l'abbé Nicaise, en 1694 :

« Il est arrivé une aventure au pauvre M. Thiers ; je lui avais écrit avec beaucoup d'instance pour le prier de supprimer ma défense. Le pauvre homme, qui est plein d'amitié et de zèle pour tout ce qui me regarde, ne put se laisser persuader à ce que je lui demandais. On a découvert que son livre s'imprimait à Lyon, et on a enlevé tous les exemplaires par ordre de M. le chancelier. Vous jugez bien de la peine qu'en a eue l'auteur. Il ne se peut pas que je ne la ressente vivement, y étant obligé par justice et à titre de reconnaissance. »

Le *pauvre homme* riait.

Dans l'*Apologie de l'abbé de la Trappe*, Thiers tombe sur le père Sainte-Marthe ; il se gaudissait de lui comme ayant dit que madame de Maintenon lui faisait l'honneur de le regarder comme son parent. L'Apologie est écrite avec vivacité : l'apologiste cite des vers ridicules contre Rancé, écrits, dit-il, par le premier des poëtes bénédictins. Thiers, se justifiant lui-même, assure qu'on serait moins acharné contre lui s'il ne s'était élevé contre les archidiacres, dans son livre de l'*Étole*, dans son traité de la *Dépouille des curés* et dans son *Factum* contre le chapitre de Chartres. Il finit son apologie, trop longue puisqu'elle est composée de cinq cents pages, par ces mots : « En voilà assez, mon révérend père Sainte-Marthe, pour vous faire rentrer en vous-même, et vous retirer de la bonne opinion que vous avez de votre petite personne. »

Thiers était curé de Champron. Dans une foule de pamphlets français et latins contre le chapitre de Chartres, il avait attaqué le grand archidiacre de ce chapitre, Robert : Robert prétendait qu'un curé ne pouvait porter l'étole devant lui ; Thiers écrivit la *Sauce Robert* et la *Sauce Robert justifiée*. Le chapitre de Chartres obtint un décret d'arrestation contre le curé. Thiers donna à boire aux archers, et, ayant secrètement fait ferrer son cheval à glace, il leur échappa en passant sur un étang gelé : il se réfugia dans le diocèse du Mans. L'évêque, de Tressan, nomma Thiers curé de Vibraye ; et c'est là que le curé fugitif et renouvelé écrivit l'*Histoire des perruques*. Thiers se montra aussi savant, aussi joyeux que le curé de Meudon, *abstracteur de la vie inimitable du grand Gargantua*. Son choix eût été bientôt fait, si on eût proposé à Thiers d'être Rabelais ou roi de France. C'étaient là les petites pièces qui se jouaient à la suite du grand drame de la Trappe.

Une demoiselle Rose était venue à la Trappe. Thiers avait été chargé d'examiner cette demoiselle ; il lui demanda « si elle était mariée, » elle répondit « qu'elle ne s'en souvenait pas. »

« C'était une vieille Gasconne, dit Saint-Simon, ou plutôt du Languedoc, qui avait le parler à l'excès, carrée, entre deux tailles, fort maigre, le visage jaune, extrêmement laid, des yeux très-vifs, une physionomie ardente, mais qu'elle savait adoucir; vive, éloquente, savante, avec un air prophétique qui imposait. Elle dormait peu et sur la dure, ne mangeait presque rien, assez mal vêtue, pauvre, et qui ne se laissait voir qu'avec mystère. Cette créature a toujours été une énigme ; car il est vrai qu'elle était désintéressée, qu'elle a fait de grandes et surprenantes conversions, qui ont tenu. »

Six semaines durant, M. de la Trappe se défendit de voir mademoiselle Rose. Elle partit comme elle était venue.

La Bruyère fait ainsi le portrait d'un autre homme qui fréquentait la Trappe :

« Concevez, dit La Bruyère, un homme facile et doux, complaisant, traitable, et tout d'un coup violent, colère, fougueux, capricieux; imaginez-vous un homme simple, ingénu, crédule, badin, volage, un enfant en cheveux gris, mais permettez-lui de se recueillir, ou plutôt de se livrer à un génie qui agit en lui, j'ose dire sans qu'il y prenne part et comme à son insu, quelle verve ! quelle élévation ! quelles images ! quelle latinité ! Parlez-vous d'une même personne? me direz-vous. Oui, du même, de Théodas, et de lui seul. Il crie, il s'agite, il se roule à terre, il se relève, il tonne, il éclate, et du milieu de cette tempête il sort une lumière qui brille et qui réjouit; disons-le sans figure, il parle comme un fou et pense comme un homme sage ; il dit ridiculement des choses vraies, et follement des choses sensées et raisonnables; on est surpris de voir naître et éclore le bon sens du sein de la bouffonnerie, parmi les grimaces et les contorsions. Qu'ajouterai-je davantage ? Il dit et il fait mieux qu'il ne sait : ce sont en lui comme deux âmes qui ne se connaissent point, qui ne dépendent point l'une de l'autre, qui ont chacune leur tour ou leurs fonctions toutes séparées. Il manquerait un trait à cette peinture si surprenante, si j'oubliais de dire qu'il est tout à la fois avide et insatiable de louanges, près de se jeter aux yeux de ses critiques, et dans le fond assez docile. »

Santeuil, dont La Bruyère trace ainsi le portrait, allait à la Trappe et s'asseyait au chœur parmi les moines comme un petit sapajou. « J'ai vu, dit Rancé à l'abbé Nicaise, les hymnes de M. de Santeuil pour le jour de Saint-Bernard ; elles valent beaucoup mieux que les anciennes. Il y en a pourtant de ces anciennes qui, pour n'être pas si polies, ne laissent pas d'imprimer du respect et de la révérence. »

Santeuil, allant à Dijon avec le prince de Condé, fut attaqué du mal dont il mourut. « Je loue Dieu de la patience qu'il a donnée à M. de Santeuil, dit Rancé, dans un mal aussi douloureux que celui dont il a été attaqué. Tout ce qui part de sa plume a un caractère qui frappe et qui plaît tout ensemble; je ne doute point qu'il ne se fasse remarquer dans ses derniers vers, qui peuvent être considérés comme une production de sa douleur. » Ce moine de Saint-Victor mourut à Dijon le 5 août 1697, à deux heures après minuit. Au même moment Ménage, qui ne le croyait pas si malade, s'amusait à faire des vers sur sa mort pour les lui montrer et le faire rire. Ayant fait un voyage à Cîteaux, Santeuil y cherchait la Mollesse du *Lutrin.* « Elle y logeait autrefois, lui dit un moine, aujourd'hui c'est la Folie. »

Il ne manquait plus qu'un roi à la Trappe : il y vint; il avait porté trois couronnes. Jacques II, chassé de son trône, avait débarqué sur les côtes de France, menant son fils naturel; personne ne fut frappé de cette confusion de mœurs; Louis XIV donnait l'exemple. Les enfants illégitimes étaient alors fort considérés, excepté du prince d'Orange; on lui voulait faire épouser mademoiselle de Conti (mademoiselle de Blois), fille de madame de La Vallière; il répondit : « Les princes d'Orange ne sont pas accoutumés à épouser des bâtardes. »

En voyant Jacques II, on ne songea qu'à la générosité du roi sur le trône et au malheur du roi détrôné. De retour de son expédition d'Irlande, Jacques se vint consoler à la Trappe. Le canon qui l'avait chassé à la Boyne le repoussa parmi les morts : il y arriva le 21 novembre 1690. Les lieux communs sur le néant des grandeurs ne manquèrent pas aux banalités de l'éloquence : il y eut pourtant cela de vrai à l'adresse de Jacques, que sa piété était sincère. Rancé le conduisit à l'église. Le prince assista à ces Complies si religieusement et si tristement chantées. Il partagea le repas commun et demanda à l'abbé ce qui se passait dans la solitude. Le lendemain il communia, puis il parcourut entre deux étangs une chaussée où se promenait Bossuet avec Rancé. Jacques était un de ces oiseaux de mer que la tempête jette dans l'intérieur des terres. Il alla, avec plusieurs gentilshommes de son ancienne cour, visiter un solitaire jadis soldat de Louis XIV et qui s'était retiré dans les bois de la Trappe. « A quelle heure entendez-vous la messe ? dit le roi. — A trois heures et demie du matin, répondit l'ermite. — Comment pouvez-vous faire, dit lord Dumbarton, dans les temps de pluie et de neige où l'on ne peut distinguer les sentiers ? — Je rougirais, répondit le soldat, de compter pour quelque chose des peines légères qui se rencontrent dans le service que je tâche de rendre à mon Dieu, après que j'ai méprisé celles qui se pouvaient rencontrer dans le service que je rendais à mon roi. — Vous avez bien raison, dit Jacques, on ne peut assez s'étonner qu'on fasse tant pour un roi de la terre et presque rien pour le roi du ciel. — Mais, répondit lord Dumbarton, ne vous ennuie-t-il point dans cette solitude? — Je pense à l'éternité. — Votre état, ajouta le roi, prenant la parole, est plus heureux que celui des grands : vous mourrez de la mort des justes. » Puis il regarda le solitaire, comme s'il eût envié son bonheur. Ensuite le saluant, il lui dit : « Adieu, Monsieur; priez pour moi, pour la reine et pour mon fils. » Le gentilhomme lui fit une profonde révérence, et le roi regagna l'abbaye en passant par des prés bas et humides. Ce sont là de belles histoires : Dieu, un roi détrôné, un soldat devenu ermite.

Jacques II assista à une grand'messe du jour à la Maison-Dieu. Il se leva à l'Évangile, tira son épée et la tint élevée pendant tout le temps qu'on chantait l'Évangile. C'était un droit qu'avait accordé la cour de Rome à la cour de Londres, lorsque les rois d'Angleterre reçurent du saint-siége le titre de défenseurs de l'Église catholique. Henri VIII, qui a détruit l'Église catholique en Angleterre, avait obtenu ce titre quand il eut composé son ouvrage contre Luther. Que de ruines ! Jacques II, se disant roi à la Trappe, reprenait dans un désert des droits que ne reconnaissait plus l'Angleterre ! Mais nous, avons-nous remporté ces victoires dont nos misérables générations lisent les noms, comme des vérités qui les regardent, gravés aux parois de l'Arc-de-Triomphe ? Les générations se disent héritières des grandeurs qui les ont précédées; les Barbares méprisaient souverainement ces Romains qui prétendaient descendre des légions de l'Empire, parce qu'ils traversaient les voies romaines que ces légions avaient construites et foulées.

La reine de la Grande-Bretagne visita à son tour la solitude. L'aumônier de S. M. écrivit, le 2 juin 1692, à Rancé :

« Vous avez entièrement gagné le cœur de la reine par les saintes impressions que Dieu a faites, par votre ministère, sur le cœur du roi son époux; car elle m'a fait l'honneur de me dire plus d'une fois qu'elle ne pouvait assez louer Dieu des grâces qu'il avait reçues à la Trappe. Il n'en fallait pas moins pour le soutenir dans les grandes et presque continuelles disgrâces qu'il a essuyées depuis si longtemps, et qui semblaient augmenter à un point de mettre toute sa vertu à l'épreuve. »

Le roi d'Angleterre revint à la Trappe avec le maréchal de Bellefont, introducteur aux ruines; il avait vu du rivage le combat de la Hogue. La Trappe méprisait le monde et contemplait des chutes d'empire qui justifiaient son mépris. On venait chercher dans cet abri des raisons d'aimer le désert.

« Le roi d'Angleterre, dit Rancé, soutint la perte de trois royaumes avec une constance comparable à tout ce que nous lisons de plus grand dans les histoires. Il parle de ses ennemis sans chaleur; il garde une douceur dans toute sa conduite qui ferait croire qu'il est dans le monde sans peine et sans affliction. La reine n'a point de sentiments qui ne soient conformes à ceux du roi son époux. Elle ne voit ce qu'on appelle les biens de ce monde que comme des lueurs qui ne font que passer et qui trompent ceux qui s'y arrêtent. »

Jacques II était un pauvre souverain ; mais Rancé prenait son point de vue du ciel : qu'un homme soit rédimé au prix des plus grands malheurs, son rachat vaut mieux que tous ces malheurs ; qu'une révolution renverse un État ou en change la face, vous croyez qu'il s'agit des destinées du monde? Pas du tout : c'est un particulier, et peut-être le particulier le plus obscur, que Dieu a voulu sauver : tel est le prix d'une âme chrétienne. Si des États sont bouleversés, c'est, dit l'apôtre, afin que les élus éprouvés parviennent à la gloire. Tout est pour les prédestinés, tout est subordonné à leur consommation ; et quand leur nombre sera rempli, on verra de nouveaux cieux et une nouvelle terre.

Telle est la fatalité chrétienne : la fatalité antique vient de l'objet extérieur, la fatalité chrétienne vient de l'homme ; je veux dire que le chrétien crée la nécessité par sa vertu ; il ne détruit pas le mal ; il en est le maître.

On gardait à la Trappe le portrait de Sa Majesté britannique ; il était conservé là dans son écrin d'oubli. Dans sa jeunesse, Charles X vint apprendre à la Trappe la pénitence de Jacques II. La Trappe elle-même s'ensevelit sous ses ruines, puis elle a été déblayée ; mais que sert, après un demi-siècle, de relever un vaisseau naufragé, quand ceux qui l'avaient chargé de leur fortune et de leurs espérances ne sont plus? Pendant ces jours de submersion, que d'autres grandeurs ont disparu ! On ne s'arrête plus pour écouter les échos des vieux malheurs.

Après le roi d'Angleterre, Monsieur, frère du roi, vint visiter la Trappe. Dans l'enthousiasme de ce qu'il avait vu, il dit à Louis XIV « que la vie qu'on menait dans cette solitude n'édifiait pas seulement la France, mais toute l'Europe, et qu'il était avantageux à l'État de la maintenir. » Monsieur était tout le contraire de la sublimité ascétique. Il était fou du bruit des cloches ; il empoisonna peut-être sa première femme, Henriette d'Angleterre. Sa seconde femme fut Charlotte-Élisabeth, fille de Charles-Louis, électeur de Bavière. Celle-ci, aussi laide que Henriette avait été agréable, était grossière : elle avait beaucoup d'esprit en allemand ; elle est connue par le cynisme avec lequel elle parle d'elle-même et du grand roi son beau-frère. Elle écrivait : « Dans tout l'univers entier on ne peut, je crois, trouver de plus laides mains que les miennes ; mes yeux sont petits, j'ai le nez court et gros, les lèvres longues et plates, de grandes joues pendantes, une figure longue ; je suis très-petite de stature ; ma taille et ma jambe sont grosses. » S'étant arrangée de cette façon, on peut juger qu'elle était à l'aise pour parler de son prochain ; une imagination romanesque était renfermée dans ce qu'elle appelle *ce vilain petit laideron*.

Le cardinal de Bouillon suivit Monsieur. « Sa naissance, dit Pellisson, ses mœurs, son esprit, le rendaient digne d'être cardinal, et le roi cherchait à récompenser et à honorer par cette faveur les services du comte de Turenne dans la personne de son neveu. » Ce n'est pas l'opinion de Saint-Simon, qui maltraite fort le cardinal de Bouillon : « Ses regards louches venaient se rejoindre et s'arrêter au bout de son nez. Dépouillé du cordon bleu par le roi, il le portait sous ses habits. Exilé à Clauk, il passa chez les ennemis; de là il retourna à Rome; il y mourut délaissé, après avoir obtenu que les cardinaux conserveraient leur calotte sur la tête en parlant au pape. » Quand il passa à la Trappe, Rancé écrivait à l'abbé Nicaise : « M. le cardinal de Bouillon est depuis trois jours ici; il a vu de près tout ce qui s'y passe, il n'a rien vu qu'il n'ait approuvé et qui ne l'ait touché. Il s'en retourne demain. »

Le cardinal de Bouillon s'écriait, en répondant à M. de Saint-Louis qui lui tenait de bons propos à la Trappe : « Point de mort! point de mort, M. de Saint-Louis, je ne veux point mourir. » Le cardinal de Bouillon avait un frère, lequel disait de Louis XIV : « Ce n'est qu'un vieux gentilhomme de campagne dans son château : il n'a plus qu'une dent, et il la garde contre moi. » Ce chevalier fit établir, sous la régence, un bal à l'Opéra. Le régent s'y montrait ivre, et le chevalier reçut pour ce service six mille livres de pension. On élargissait dans la bourse du peuple la déchirure par où devait passer la France.

Dans une lettre qui ne parvint à la Trappe qu'après la mort de Rancé, lord Perth mandait à l'abbé que Jacques avait dit avant d'expirer : « Je n'ai rien quitté; j'étais un grand pécheur : la prospérité m'aurait gâté le cœur, j'aurais vécu dans le désordre. » Jacques, plus heureux que Marie Stuart, nous a laissé sa dépouille : Marie, voyant s'éloigner les côtes de Normandie, s'écriait : « Adieu, France, adieu; je ne te reverrai plus! » Le bourreau, en tranchant la tête à la reine d'Écosse, lui enfonça d'un coup de hache sa coiffure dans la tête, comme un effroyable reproche à sa frivolité.

Boivin est un des derniers hommes du siècle avec qui Rancé eut affaire. Il écrivait, le 18 octobre 1696, à l'abbé Nicaise : « Je ne sais comment vous avez pu avoir l'arrêt du parlement de Rouen contre le sieur Boivin; mais si vous connaissiez jusqu'où va sa violence et son emportement, vous auriez peine à croire qu'un homme d'étude comme lui pût tomber dans de si grands excès. » Le procès que Boivin eut avec la Trappe était pour une redevance de vingt-quatre sous; il dura douze ans, et coûta douze mille livres. « Je l'ai gagné pendant douze ans, écrivait Boivin, et je ne l'ai perdu qu'un seul jour. »

Au reste Rancé, tout vieux et tout malade qu'il était, ne déclinait jamais le combat; mais aussitôt qu'il avait repoussé un coup, il plongeait dans la pénitence : on n'entendait plus qu'une voix au fond des flots, comme ces sons de l'harmonica produits de l'eau et du cristal, qui font mal.

Tel fut Rancé. Cette vie ne satisfait pas, il y manque le printemps : l'aubépine a été brisée lorsque ses bouquets commençaient à paraître. Rancé s'était proposé de courir le monde pour chercher des aventures. Qu'eût-il trouvé? Les félicités qu'il se forgeait à Veretz? Non : ces félicités étaient dans son âme. Supposez que, prenant l'existence pour une ironie du ciel, et que, devançant les idées de son époque, il eût rejeté cette existence, son sang eût à peine humecté quelques brins de bruyère. Si, s'embarrassant peu de l'avenir, il eût préféré des plaisirs à l'éternité : autre mécompte ; demain il n'aurait plus aimé.

Les hommes qui ont vieilli dans le désordre pensent que, quand l'heure sera venue, ils pourront facilement renvoyer de jeunes grâces à leur destinée, comme on renvoie des esclaves. C'est une erreur ; on ne se dégage pas à volonté des songes ; on se débat douloureusement contre un chaos où le ciel et l'enfer, la haine et l'amour se mêlent dans une confusion effroyable. Vieux voyageur alors, assis sur la borne du chemin, Rancé eût compté les étoiles en ne se fiant à aucune, attendant l'aurore qui ne lui eût apporté que l'ennui du cœur et la difformité des jours. Aujourd'hui il n'y a plus rien de possible, car les chimères d'une existence active sont aussi démontrées que les chimères d'une existence désoccupée. Si le ciel eût mis aux bras de Rancé les fantômes de sa jeunesse, il se fût tôt fatigué de marcher avec des larves. Pour un homme comme lui il n'y avait que le froc ; le froc reçoit les confidences et les garde ; l'orgueil des années défend ensuite de trahir le secret, et la tombe le continue. Pour peu qu'on ait vécu, on a vu passer bien des morts emportant leurs illusions. Heureux celui dont la vie est *tombée en fleurs*! élégances de l'expression d'un poëte qui est femme.

Ce que l'on serait souvent tenté de prendre dans Rancé pour les allures et les pensées d'un tout jeune homme, n'était que le sentiment d'un vieillard décrépit qui ne marchait plus et dont la tête était enfoncée dans un froc, comme une de ces momies de moine que renfermaient les caveaux de quelques anciens monastères. Les os de Rancé s'étaient cariés ; il ne possédait plus que deux grands yeux où avait circulé la passion et où se montrait encore l'intelligence. Réduit à garder l'infirmerie, ses derniers moments approchaient ; il n'y avait personne pour porter la main sur le cœur de ce christ. Lorsque Jésus pria son Père d'éloigner de lui le calice, qui tenait son doigt sur le pouls du Fils de l'homme, pour savoir si des larmes sanglantes venaient de la faiblesse humaine ou de l'épanouissement d'un cœur qui se fendait de charité?

Les religieux se pressaient à sa porte, il dicta une lettre dont le père abbé Jacques de La Cour leur fit lecture : « Dieu, disait-il, connaît seul mes forces et la joie que j'aurais de vous voir ; cependant, quoique ce sentiment soit de mon cœur plus que jamais, je suis contraint de vous dire que, dans l'état où je me trouve, il m'est impossible de satisfaire à cette joie autant que je le voudrais. Priez pour moi, mes frères; demandez à Dieu que, si je vous suis encore bon à quelque chose, il me rende à la santé, sinon qu'il me retire de ce monde. »

On envoya chercher l'évêque de Séez, l'ami et le confesseur de Rancé. Rancé témoigna beaucoup de joie en l'apercevant ; il saisit la main du prélat, la porta à son front pour commencer le signe de la croix ; il fit ensuite une confession générale. Il supplia l'évêque de Séez d'obtenir la protection royale en faveur de la discipline monastique de l'abbaye, ajoutant que, dans toutes les autres choses, il souhaitait que la Trappe fût complétement oubliée.

Cette famille de la religion autour de Rancé avait la tendresse de la famille naturelle et quelque chose de plus ; l'enfant qu'elle allait perdre était l'enfant qu'elle allait retrouver ; elle ignorait ce désespoir qui finit par s'éteindre devant l'irréparabilité de la perte. La foi empêche l'amitié de mourir; chacun en pleurant aspire au bonheur du chrétien appelé ; on voit éclater autour du juste une pieuse jalousie, laquelle a l'ardeur de l'envie, sans en avoir le tourment.

Rancé, apercevant un religieux qui pleurait, lui tendit la main et lui dit : « Je ne vous quitte pas, je vous précède. » Le Tasse avait adressé les mêmes mots aux frères qui l'environnaient à Saint-Onuphre. Rancé demanda d'être enterré dans la terre la plus abandonnée et la plus déserte : sur un champ de bataille où l'on n'entend plus de bruit, on voit sortir du sol les pieds de quelques soldats.

Job mourut dans le petit réduit qu'il s'était fait, comme le palmier dont les branches sont chargées de rosée. Rancé entretint le prélat de l'empressement que ses frères avaient mis à le soulager : « Voilà, dit-il, comme Dieu a pris plaisir à me favoriser dans tous les temps de ma vie, et je n'ai été qu'un ingrat. » Le P. abbé Jacques de La Cour entrait dans ce moment; Rancé lui dit : « Ne m'oubliez pas dans vos prières, je ne vous oublierai pas devant Dieu. » Il chargea Jacques de La Cour de faire ses excuses au roi d'Angleterre : il avait commencé une lettre pour ce monarque exilé qu'il n'avait pas pu achever. La nuit suivante fut mauvaise; Rancé la passa assis : il avait mis les sandales d'un religieux mort avant lui ; il allait achever le voyage qu'un autre n'avait pu finir.

L'évêque de Séez lui ayant demandé s'il avait toujours eu pour ses religieux la même charité : « Oui, Monseigneur, répondit le saint homme. Depuis quelques années, par la grâce de Dieu, je ne suis plus qu'un

simple religieux comme les autres ; ils sont tous mes frères et ne sont plus mes enfants. S'il m'était permis de regretter la perte de ma voix, ma douleur serait de ne pouvoir leur faire entendre combien je les aime ; je les conserve au fond de mon cœur et j'espère les y porter devant Dieu. »
Sur les huit heures du soir Rancé se découvrit ; il pria un frère de le mettre à genoux pour recevoir la bénédiction de son évêque, et il fit une confession générale.

L'évêque de Séez, dans son récit qui est conservé, dit qu'il avait connu dans cette occasion plus qu'en aucune autre que ce grand homme avait reçu de Dieu un esprit élevé, vif, pénétrant, une âme simple et d'une candeur admirable.

Plus Rancé s'était avancé vers le terme, plus il était devenu serein ; son âme répandait sa clarté sur son visage : l'aube s'échappait de la nuit. On présenta le crucifix au mourant ; il s'écria : « O éternité ! quel bonheur ! » et il embrassa le signe du salut avec la plus vive tendresse ; il baisa la tête de mort qui était au pied de la croix. En remettant cette croix à un moine, il remarqua que celui-ci ne l'imitait pas, il dit : « Pourquoi ne baisez-vous pas la tête de mort ? C'est par elle que finit notre exil et notre misère. » Rancé se souvenait-il de la relique que la tradition disait être placée auprès de lui ? Dans les âges les plus fervents, les chrétiens pratiquaient encore quelques rites du culte des faux dieux.

Le lit de cendres était préparé ; Rancé le regarda tranquille avec une sorte d'amour, puis il s'aida lui-même à se coucher sur le lit d'honneur ; l'évêque de Séez dit : « Monsieur, ne demandez-vous pas pardon à Dieu ? — Monsieur, répondit l'abbé, je supplie Dieu très-humblement du fond de mon cœur de me remettre mes péchés et de me recevoir au nombre de ceux qu'il a destinés à chanter éternellement ses louanges. » Les forces venant à lui manquer, il s'arrêta. L'évêque dit : « Monsieur, me reconnaissez-vous ? — Monsieur, répliqua l'abbé, je vous connais parfaitement ; je ne vous oublierai jamais. »

L'évêque de Séez s'étant enquis si l'on avait donné quelque chose au mourant pour le soutenir, l'abbé de Rancé fit lui-même la réponse : « Rien n'a manqué à l'attention de leur charité. »

Il s'établit par les paroles de l'Écriture un dernier dialogue entre l'agonisant et l'évêque.

L'ÉVÊQUE. — Le Seigneur est ma lumière et mon salut.

L'ABBÉ. — Je mettrai en lui toute ma confiance.

L'ÉVÊQUE. — Seigneur, c'est vous qui êtes mon protecteur et mon libérateur.

L'ABBÉ. — Ne tardez pas, mon Dieu, hâtez-vous de venir.

Ce furent les dernières paroles de Rancé ; il regarda l'évêque, leva les yeux au ciel et rendit l'esprit. Il fut enterré dans le cimetière commun des religieux.

Ainsi se consomma le sacrifice. Le repentir vous isole de la société et n'est pas estimé à son prix. Toutefois l'homme qui se repent est immense : mais qui voudrait aujourd'hui être immense sans être vu? Rancé arriva de sa hutte d'argile à la maison de Dieu, maison magnifique.

Rancé fut porté à l'église et placé sous la lampe. Son visage, qui avait paru décharné, parut vermeil et beau. Il demeura dans l'église depuis le 27 octobre jusqu'au 29. Les moines se tenaient debout ou fondaient en larmes : c'était à qui ferait toucher au corps des linges et des chapelets. Trente religieux chantaient les psaumes : des messes se célébraient successivement dans l'église. Lorsqu'on le mit dans la fosse, le chœur récitait ce verset du psaume CXXXI : « C'est là que j'habiterai, parce que je l'ai choisi. » On l'inhuma dans le cimetière. Le pasteur fut placé au milieu de ses brebis. Des témoignages authentiques furent rendus à Rancé qui pourraient servir aujourd'hui à sa canonisation. Il apparut après sa mort à diverses personnes dans une grande gloire. Les rois témoignèrent de leur douleur, soit qu'ils fussent tombés, soit qu'ils occupassent encore le trône. Jacques écrivait : « J'irai dans votre sainte solitude pour l'amour de moi-même, pour m'encourager dans l'état où je suis et où Dieu me tient. »

« C'était une voix de tonnerre, dit le P. Le Nain, qui retentissait de tous côtés pour inspirer aux hommes le mépris du monde, le néant de ses grandeurs, la solidité des biens de la vie future. » Des conversions éclatantes s'opérèrent. Un religieux avait entendu dans son sommeil une sainte hostie qui criait : « Tremblez, tremblez, tremblez ! » et il fut si saisi de terreur, qu'on fut longtemps à le faire revenir. Des épileptiques furent guéris en s'appliquant des linges qui avaient servi à la main malade du réformateur. Les certificats ont été conservés, et Rome n'aurait pas besoin d'une longue procédure pour le placer au rang des saints. Son cœur était dans le repos, et l'esprit divin avait rempli son âme de splendeur.

Saint-Simon dit en s'interrompant : « Ces mémoires sont trop profanes pour rapporter rien ici d'une vie aussi sublimement sainte. Je m'arrête tout court : tout ce que je pourrais ajouter serait ici trop déplacé. »

Né le 9 janvier 1626, seize ans après la mort de Henri IV, mort en 1700, quinze ans avant la mort de Louis XIV, Rancé avait été soixante-quatorze ans sur la terre, dont il avait vécu trente-sept dans la solitude, pour expier les trente-sept qu'il avait passés dans le monde.

Lorsqu'il disparut, une foule d'hommes fameux avaient déjà pris les devants, Pascal, Corneille, Molière, Racine, La Fontaine, Turenne et Condé : le vainqueur de Rocroi avait reçu de Bossuet sa dernière couronne. Bossuet, dont je vous ai déjà dit la mort, penchait vers sa ruine, qu'il avait annoncée avec une simplicité si magnifique. Ce siècle est devenu immobile comme tous les grands siècles; il s'est fait le contemporain des âges qui l'ont suivi. On ne voit pas tomber quelques pierres de l'édifice sans un sentiment de douleur. Quand Louis XIV descend le dernier au cercueil, on est atteint d'un inconsolable regret. Parmi les débris du passé se remuaient les premiers nés de l'avenir : quelques renommées commençaient à poindre sous la protection d'un roi décrépit encore debout. Voltaire naissait ; cette désastreuse mémoire avait pris naissance dans un temps qui ne devait point passer : la clarté sinistre s'était allumée au rayon d'un jour immortel.

L'ouvrage de Rancé subsiste. Rancé s'est éloigné de sa solitude, comme Lycurgue de la vallée de Lacédémone, en faisant promettre à ses disciples qu'ils garderaient ses lois jusqu'à son retour. Rancé est parti pour le ciel, il n'est point revenu sur la terre ; ses lois sont religieusement observées par son petit peuple. Les trappistes ont vu s'écouler autour d'eux les autres ordres ; ils ont vu passer la révolution et ses crimes, Buonaparte et sa gloire, et ils ont survécu ; tant il y avait de force dans cette législation surhumaine ! Les nouveaux cénobites de la Trappe sont parfaitement conformes à ceux qui habitaient ce désert en 1100 : ils ont l'air d'une colonie du moyen âge oubliée ; on croirait qu'ils jouent une scène d'autrefois, si en s'approchant d'eux on ne s'apercevait que ces acteurs sont des acteurs réels que l'ordre de Dieu a transportés du onzième siècle jusqu'au nôtre. La cryptie de Sparte était la poursuite et la mort des esclaves ; la cryptie de la Trappe est la poursuite et la mort des passions. Ce phénomène est au milieu de nous, et nous ne le remarquons pas. Les institutions de Rancé ne nous paraissent qu'un objet de curiosité que nous allons voir en passant.

FIN DE LA VIE DE RANCÉ.

TABLE DES MATIÈRES

NÉGOCIATIONS. — COLONIES ESPAGNOLES.

	Pages.
I. — Expédition militaire.	1
II. — Joie. — Diverses aptitudes des hommes. — Comment nous sommes reçu à la cour.	3
III. — Lettre de Louis XVIII à Ferdinand. — Explications sur cette lettre.	5
IV. — Ordres des souverains. — Lettre de Henri IV.	8
Lettres des rois et des ministres.	10
V. — Ma chute. — Les cordons.	16
VI. — Je veux rendre le portefeuille à M. le duc de Montmorency, et me résous à demeurer. — Pourquoi.	18
VII. — Frais de guerre. — Ce qu'ont coûté à Louis XIV et aux Anglais leurs expéditions successives dans la Péninsule. — Le problème de l'ordre social ne se résout point par des chiffres.	19
VIII. — Ferdinand. — Le règne des camarillas succède à celui des cortès. — Colonies espagnoles. — La forme monarchique plus convenable à ces colonies que la forme républicaine. — J'en expose les raisons.	21
IX. — Suite des objections. — L'expédition d'Espagne n'a point précipité les colonies espagnoles dans les bras de l'Angleterre. — Preuves par les dates et les faits. — M. Canning. — Son discours.	23
X. — Difficultés existantes à priori pour reconnaître l'indépendance des colonies espagnoles. — Erreurs où tombent les esprits qui ne sont pas initiés aux secrets des négociations.	27
XI. — Opposition des puissances continentales. — Opposition de l'Angleterre. — Instructions secrètes données aux consuls anglais. — Notre projet d'occuper Cadix pour forcer l'Angleterre à un arrangement général. — L'Angleterre a agi trop vite.	29
XII. — Opposition de l'Espagne. — Nous obtenons deux décrets fameux : l'un pour une demande en médiation, l'autre pour la liberté du commerce au Nouveau-Monde. — Où devaient conduire ces décrets.	31
XIII. — Suite de l'opposition d'Espagne. — Nous conseillons des emprunts espagnols pour compenser les emprunts des colonies en Angleterre. — A quelles sommes montaient ces derniers emprunts.	32
XIV. — Opposition des colonies espagnoles. — Notre plan généralement adopté, même par l'Angleterre. — Congrès pour une médiation à tenir dans une ville neutre d'Allemagne. — Quelle a été notre politique.	33
XV. — Quelques affaires d'un ordre secondaire. — Amnistie. — Traité d'occupation. — M. de Caraman. — Le maréchal de Bellune. — M. de Polignac. — M. le baron de Damas. — Mort de Pie VII. — Conclave. — M. l'abbé duc de Rohan. — M. de La Fare, archevêque de Sens. — M. le cardinal de Clermont-Tonnerre.	35
XVI. — Suite de la correspondance diplomatique.	37
XVII. — Quelques mots sur cette correspondance.	86
XVIII. — Septennalité. — Bruits divers. — Mon caractère.	87
XIX. — Conversion de la rente. — Mon opinion et ma résolution. — Inhabileté. — Hommes des pouvoirs. — M. de Corbière.	89
XX. — La conversion de la rente rejetée à la Chambre des pairs. — M. le comte Mollien, M. le comte Roy, M. le duc de Crillon, M. l'archevêque de Paris. — Je vote en faveur de la loi. — La septennalité à la Chambre élective. M. de Corbière ne me laisse pas parler.	91
XXI. — Pentecôte. — Je suis chassé.	93
XXII. — L'opposition me suit.	95
XXIII. — Derniers billets diplomatiques.	96
XXIV. — Examen d'un reproche.	100
XXV. — Madame la dauphine.	106
XXVI. — Dernier coup d'œil sur la guerre d'Espagne. — La restauration. — Charles X. — Henri et Louise. — Résumé.	108
XXVII. — Appel des personnages de Vérone et de la guerre d'Espagne.	117
XXVIII. — Fin.	119
Nota. — Lettres de MM. Benjamin Constant, Béranger et Carrel.	121

VIE DE RANCÉ.

Dédicace.	128
Avertissement de la première édition.	129
Avertissement de la seconde édition.	130
Livre premier.	131
Livre II.	154
Livre III.	190
Livre IV.	202

FIN DE LA TABLE.

CLASSEMENT DES GRAVURES

TOME I.
1. Chateaubriand . . . . en regard du titre.
2. Atala et Chactas . . . . Page 30
3. L'orage 34
4. René 68
5. Le dernier Abencerage 102
6. Rome 132
7. Le Vatican 142
8. Naples 150
9. Le Colisée 168
10. Clermont 180
11. Le Mont-Blanc 192
12. Philadelphie 237
13. Washington 240
14. New-York 242
15. Campement chez les Onondagas . . 246
16. Chute du Niagara 253
17. Mœurs des castors 284

TOME II.
18. Outougamiz et René . . . . . en regard du titre.
19. Arrivée de René chez les Natchez . . 31
20. Récit de Chactas 54
21. Combat des Natchez et des Français . 125
22. Céluta poursuivie par les alligators . 228

TOME III.
23. Eudore et Cymodocée . . . . en regard du titre.
24. Récit d'Eudore 48
25. Le champ de bataille 92
26. Velléda 124
27. Eudore et Velléda 138
28. Eudore dans la grotte de saint Paul . 150
29. Gabriel visite l'ange des mers . . . 197
30. Baptême de Cymodocée 247
31. Violence d'Hiéroclès 262

TOME IV.
32. Eudore et Cymodocée au cirque. en regard du titre.

TOME V.
33. La foi, l'espérance et la charité. en regard du titre.
34. Le déluge 78
35. Les deux mères 116
36. Adam et Ève 159
37. Paul et Virginie 200
38. Ruth et Noëmi 265

TOME VI.
39. Le retour du pèlerin . . . . en regard du titre.
40. Les religieux du mont Saint-Bernard . 76
41. Les missions 93
42. Les sœurs grises 136

TOME VII.
43. Venise . . . . en regard du titre.
44. Athènes 135
45. Constantinople 200
46. Église du Saint-Sépulcre 259

TOME VIII.
47. Jérusalem . . . . en regard du titre.
48. Le Caire 32
49. Tunis 49
50. Shakspeare 170
51. Rollin 234
52. Louis XIV 244
53. Malesherbes 275

TOME IX.
54. Mirabeau . . . . en regard du titre.
55. César Auguste 77
56. Constantin 159
57. Théodose 233
58. Mœurs des chrétiens 312

TOME X.
59. Mœurs des païens . . . . . en regard du titre.
60. Mœurs des barbares 67
61. Solon 125
62. Lycurgue 136

TOME XI.
63. Platon . . . . en regard du titre.
64. Fénelon 47
65. J.-J. Rousseau 76
66. Voltaire 77
67. Charlemagne 140
68. Saint Louis 174

TOME XII.
69. Louis XI . . . . en regard du titre.
70. François Ier 37
71. Henri IV 109
72. Le duc de Berry 143
73. Madame la duchesse de Berry . . . 192
74. Cathelineau 263
75. Charette 264
76. Larochejaquelein 268

TOME XIII.
77. Milton . . . . en regard du titre.
78. Fox 246
79. Pitt 248
80. Walter-Scott 260
81. Lord Byron 273

TOME XIV.
82. Ève . . . . en regard du titre.
83. Satan à la porte de l'enfer 37
84. Ève tentée par Satan 73
85. Adam offrant des fruits à Raphaël . . 85
86. Tristesse des anges 159

TOME XV.
87. Napoléon Ier . . . . en regard du titre.

TOME XVI.
88. Louis XVI . . . . en regard du titre.

TOME XVII.
89. Louis XVIII . . . . en regard du titre.
90. Cromwell 215

TOME XVIII.
91. Charles X . . . . en regard du titre.

TOME XIX.
92. Talleyrand . . . . en regard du titre.
93. Villèle 32
94. Wellington 53
95. Metternich 101

TOME XX.
96. L'abbé de Quélen . . . . . . en regard du titre.
97. L'abbé de Rancé 131
98. Mort de madame de Montbazon . . 154
99. Rancé à la Trappe 179
100. Mort de Rancé 252

LAGNY. — Typographie de VIALAT.

EN VENTE CHEZ LES MÊMES ÉDITEURS

Œuvres de M. de Chateaubriand, ancienne édition, 16 vol. grand in-8°, illustrés de 64 gravures sur acier.

Œuvres de Buffon, 10 demi-vol. in-8°, 100 gravures sur acier coloriées à la main, et le portrait de l'auteur.

Histoire de France, 6 beaux vol., 34 gravures.

Histoire de Paris depuis les premiers temps historiques, par J.-A. Dulaure, continuée jusqu'à nos jours par C. Leynadier, 8 vol., 150 gravures dont 50 coloriées à la main.

Histoire maritime de France, par M. Léon Guérin, historien titulaire de la marine, 8 vol. grand in-8°, 50 gravures sur acier ou plans.
    Les quatre derniers volumes, qui comprennent les événements maritimes depuis 1789 jusqu'en 1857, se vendent à part.

Les Héros du Christianisme à travers les Ages, magnifique ouvrage illustré de 48 splendides gravures sur acier. 4 parties de 2 vol. chaque.

Histoire de Napoléon III et de la Dynastie napoléonienne, par Paul Lacroix (Bibliophile Jacob), 4 vol. illustrés de 40 gravures inédites sur acier.

La Collection de l'Écho des Feuilletons, 17 vol., 180 gravures sur acier, et 540 gravures sur bois.

Louis XIV et son siècle, par A. Dumas, 60 gravures, 240 vignettes, 2 vol. grand in-8°.

Histoire de Louis XVI et de Marie-Antoinette, par A. Dumas, 3 vol., 40 gravures.

Monte-Cristo, par A. Dumas, 2 vol. grand in-8°, 30 gravures sur acier.

Les Mousquetaires, par A. Dumas, 1 vol. grand in-8°, 33 gravures.

Vingt ans après, par le même, 1 vol., 37 gravures.

Le Vicomte de Bragelonne, par A. Dumas, 2 très-beaux vol. grand in-8°, 60 gravures.

Mémoires d'un Médecin, par A. Dumas, comprenant : *Joseph Balsamo, le Collier de la Reine, Ange Pitou* et *la Comtesse de Charny*. 6 volumes divisés en 12 tomes ornés de 200 gravures inédites sur papier teinté chine.

EN COURS DE PUBLICATION

Histoire de la dernière guerre de Russie, par Léon Guérin, 2 vol. grand in-8° jésus, divisés en 4 tomes, 12 gravures, 4 cartes et plans, le tout inédit et sur acier.

Œuvres de Chateaubriand, nouvelle et riche édition, 20 vol. grand in-8° jésus, ornés de 100 gravures inédites sur acier.

Géographie universelle de Malte-Brun, revue, rectifiée et complétement mise au niveau de l'état actuel des connaissances géographiques, par M. CORTAMBERT, membre et ancien secrétaire général de la Société de Géographie, 8 forts tomes divisés en 16 vol., illustrés de 80 gravures et types coloriés; plus de 8 cartes inédites.

Nouvelles Œuvres illustrées de A. Dumas, comprenant : *El Salvador, Maître Adam le Calabrais, Aventures de John Davys, un Page du duc de Savoie, les Mohicans de Paris, Salvator le Commissionnaire, Journal de madame Giovanni, les Compagnons de Jehu, le Capitaine Richard*, etc., etc., etc.

LAGNY. — Imprimerie de VIALAT.

www.ingramcontent.com/pod-product-compliance
Lightning Source LLC
Chambersburg PA
CBHW050324170426
43200CB00009BA/1452